昭通扶贫

# 昭通市脱贫攻坚大决战实录

## 挂钩帮扶及社会扶贫卷

政协昭通市委员会 组编

中国文史出版社
CHINA CULTURAL AND HISTORICAL PRESS

**图书在版编目（CIP）数据**

昭通市脱贫攻坚大决战实录.挂钩帮扶及社会扶贫卷/政协昭通市委员会组编.
-- 北京：中国文史出版社，2021.12
ISBN 978-7-5205-3176-4

Ⅰ.①昭… Ⅱ.①政… Ⅲ.①扶贫—工作概况—昭通 Ⅳ.① F127.743

中国版本图书馆 CIP 数据核字 (2021) 第 187196 号

责任编辑：窦忠如　秦千里　方云虎
特约编辑：窦广利　张幼平　邓文华

出版发行：中国文史出版社
社　　址：北京市海淀区西八里庄路 69 号院　邮编：100142
电　　话：010－81136606　81136602　81136603（发行部）
传　　真：010－81136655
印　　装：廊坊市海涛印刷有限公司
经　　销：全国新华书店
开　　本：787 毫米 × 1092 毫米　1/16
印　　张：25.5
字　　数：351 千字
版　　次：2021 年 12 月北京第 1 版
印　　次：2021 年 12 月第 1 次印刷
定　　价：1980.00 元（全 19 册）

# 《昭通市脱贫攻坚大决战实录》丛书

## 编 委 会



## 《挂钩帮扶及社会扶贫卷》

# 总序

成联远

贫困是人类社会的顽疾，消除贫困是人类梦寐以求的理想，人类发展史就是与贫困不懈斗争的历史。

中国共产党从成立之日起，始终高度重视解决贫困问题，持续向贫困宣战。党的十八大以来，以习近平同志为核心的党中央，把脱贫攻坚摆在治国理政的突出位置，团结带领全党全国各族人民打响了人类历史上规模最大、力度最强、惠及人口最多的脱贫攻坚战。经过8年持续奋斗，如期完成了新时代脱贫攻坚目标任务，现行标准下近1亿农村贫困人口全部脱贫，贫困县全部摘帽，消除了绝对贫困和区域性整体贫困，脱贫地区处处呈现山乡巨变、山河锦绣的时代画卷！这是中国共产党团结带领全国各族人民艰苦奋斗所创造的又一个彪炳史册的人间奇迹，生动展示了中华民族摆脱贫困、走向复兴的强大力量。

昭通地处云、贵、川三省接合部的乌蒙山区腹地，是集革命老区、地震灾区、散居民族地区、生态敏感脆弱地区为一体的深度贫困地区，是全国贫困人口最多、贫困程度最深、脱贫任务最重、攻坚压力最大的地级市。全市11个县（市、区）中有国家级贫困县10个，1379个村（社区）中有贫困村1235个，629万人口中有贫困人口185.07万人，正可谓全国脱贫看云南、云南脱贫看昭通。

历史的洪流浩浩荡荡，精彩的答卷壮阔恢宏。近年来，特别是习近平总书记于2015年视察昭通以来，市委、市政府始终铭记习近平总书记的殷殷嘱托，感恩党中央的亲切关怀，始终把脱贫攻坚作为最大的政治任务，全面落实精准扶贫、精准脱贫方略，团结带领全市各族干部群众，攻坚克难、感恩奋进，发扬钉钉子精神，敢于啃硬骨头，奋力夺取了脱贫攻坚大决战全面胜利。全市现行标准下185.07万农村贫困人口、1235个贫困村、10个贫困县全部退出贫困序列，贫困群众人均收入由2015年的2703元增加到9899元，昭通千百年来的绝对贫困问题历史性地画上句号，全面建成小康社会取得历史性成就。昭通的奋力崛起、华丽转身，是云南乃至全国扶贫开发事业的一个缩影。

荆棘载途，玉汝于成。一切向前走，都不能忘记走过的路。在脱贫攻坚工作中，数万名扶贫干部倾力奉献、苦干实干，将最美的年华无私奉献给了脱贫事业，涌现出许多感人肺腑、可歌可泣的先进事迹。“感动南网”的彝良县牛街镇水田村第一书记吴长碧，用柔弱肩膀扛起扶贫重任；把病情报告单“藏”起来去扶贫的女干部金碧琼，一直坚守在扶贫第一线；特别是即将结婚却没有等到婚礼那一刻的“90后”扶贫干部王秋婷、积劳成疾牺牲在扶贫一线的驻村工作队队长李永春等25名扶贫干部，更是用生命诠释了共产党人的初心使命；还有216对“父子兵”、1284对“夫妻档”，572名干部“轻伤不下火线”，他们用身影、心血和汗水，交出了让党和人民满意的答卷。为全面记录新时代昭通艰苦卓绝、波澜壮阔的脱贫攻坚历史进程，客观反映乌蒙大地发生的翻天覆地历史性巨变，真实记录各级干部群众在脱贫攻坚中的感人故事，经市委同意，我们组织相关县市区、部门、专家对2015年至2020年我市开展脱贫攻坚的重大事件、典型故事进行搜集整理，编写《昭通市脱贫攻坚大决战实录》，旨在通过回望昭通脱贫攻坚的壮阔历程，探索总结蕴含其中的宝贵经验和深刻启示，赓续传承伟大的脱贫攻坚精神，从历史回望中照见未来，以更坚定的信心、更昂扬的斗志，继续走好新时代的长征路，奋力谱写昭通高质量跨越发展新篇章。

以昭通脱贫攻坚的壮阔历程资鉴后世。回望昭通脱贫攻坚的壮阔历程，市委、市政府团结带领全市各族人民披荆斩棘、栉风沐雨，攻克了一个又一个贫中之贫、坚中之坚，脱贫攻坚取得了重大历史性成就。昭通脱贫攻坚任务之艰前所未有，全市基础条件薄弱、致贫原因复杂、发展滞后明显，贫困面积大、贫困人口多、贫困程度深，贫困发生率高达34.8%，“大山大水大峡谷、天寒地冻不出种、人多地少矛盾多”是昭通最大的市情。昭通脱贫攻坚规模之大前所未有，全市11个县市区中有国家级贫困县10个，其中深度贫困县7个；1235个贫困村中，有深度贫困村691个；农村贫困人口高达185.07万人，占全省贫困人口的1/5以上，平均每天脱贫人数达到1000人以上。昭通脱贫攻坚成效之巨前所未有，全市累计投资1658亿元，规划的12条高速公路全部落地建设，打通了11个“出滇入川进黔”大通道，通车里程达750公里；累计新建或改造农村住房55.89万户；215.4万人饮水安全得到巩固提升，自来水普及率达94%；累计硬化农村公路1.86万公里，建成公路安全生命防护工程1.05万公里；因地制宜规划建设集中安置区23个，35.47万名搬迁群众全部搬入新居；全市生产总值5年连跨5个百亿级台阶，年均增长8%，达1289亿元。脱贫地区经济社会发展大踏步赶上来，整体面貌发生历史性巨变，极大增强了人民群众的获得感、幸福感、安全感。我们通过收集广大奋战在一线同志的真实故事，以“当事人”的亲身经历，将昭通脱贫攻坚艰苦卓绝、成效卓著的壮阔历程系统完整地记载下来，形成档案性的历史资料，以资后人，以鉴后世。

探索总结昭通打赢脱贫攻坚大决战的深层逻辑。习近平总书记强调：“办好中国的事情，关键在党。”有了党的坚强领导，脱贫攻坚就有了坐镇中军帐的“帅”，亿万人民就有了众志成城的“主心骨”。面对夺取脱贫攻坚大决战全面胜利的历史重任，市委、市政府始终坚持把党的领导贯穿各项工作全过程，坚持以脱贫攻坚统领经济社会发展全局、以党的建设统领推动各项工作落实“双统领”，强化铁的纪律和硬的作风“双保障”，努力实现党的建设和脱贫攻坚“双推进”。始终坚持以人民为中心的发展思想，提出“坚持以人民为中心、以群众工作为主线，抓住精准、统筹、务实三个关键，实现思想、工作和情感三个认同”的“133”工作思路，让人民群众真正成为脱贫攻坚这棵参天大树的主干。始终坚持精准扶贫、精准脱贫方略，围绕“扶持谁”“怎么扶”“怎么退”“退出后怎么办”四个重点，着力扣好精准识别、精准施策、精准退出、巩固提升“四粒扣子”，构建了一整套行之有效的政策体系、工作体系、制度体系，用发展的办法消除贫困根源。始终深入贯彻落实“五级书记抓扶贫”“党政同责促攻坚”的要求，坚持“一把手”负总责，切实强化市县抓落实机制，着力构建各级领导干部责任上肩、挂甲上任的组织体系。始终坚持集中精锐力量投向脱贫攻坚主战场，累计选派4592名驻村工作队队员、823名驻村督导员、6.37万名各级帮扶干部充实到扶贫一线，鲜红的党旗始终在脱贫攻坚主战场上高高飘扬。这些宝贵经验、深刻启示，我们通过编撰实录的形式如实记录，推动脱贫攻坚的认识和实践实现一个新的飞跃，为以后的改革发展提供重要的历史借鉴和方法指导。

赓续传承新时代脱贫攻坚昭通精神。伟大事业孕育伟大精神，伟大精神引领伟大事业。脱贫攻坚伟大斗争，锻造形成了“上下同心、尽锐出战、精准务实、开拓创新、攻坚克难、不负人民”的脱贫攻坚精神，这是中国精神、中国价值、中国力量的充分彰显。回望昭通脱贫攻坚大决战的壮阔历程，市委、市政府团结带领全市各族人民风雨同舟、携手与共、砥砺奋斗，努力闯出了一条以脱贫攻坚统领经济社会发展全局，倒逼产业形态、基础设施、城乡建设、生态文明等各个领域创新突破的“昭通路径”，奋力跑出了争先进位、赶超跨越的“昭通速度”，锻造锤炼了为民务实、实干求真的“昭通作风”，树立展示了“文明友善、开放包容”的“昭通形象”，淬炼形成了敢打善拼、坚韧求成、再硬的骨头也要嚼碎的脱贫攻坚“昭通精神”，这是一笔昭通当代脱贫攻坚人留给后世的宝贵精神财富。我们着力做好时代的忠实记录者，发挥文史资料“存史、资政、团结、育人”功能，赓续传承、大力弘扬新时代脱贫攻坚昭通精神，激励全市600多万名各族儿女在新征程上再鼓干劲、再聚合力、再立新功。

引领我们不断从胜利走向新的更大胜利。春江浩荡暂徘徊，又踏层峰望眼开。脱贫摘帽不是终点，而是新生活、新奋斗的起点。我们如期完成新时代脱贫攻坚目标任务，为实现两个百年奋斗目标以坚定信心、强劲动力，必将激励我们不断从胜利走向新的更大胜利。站在新的历史交汇点上，推动滇东北开发提速和崛起的奋斗史诗正在书写，我们必须从决战决胜脱贫攻坚的实践中汲取智慧和力量，进一步增强“四个意识”、坚定“四个自信”、做到“两个维护”，不断提升政治判断力、政治领悟力、政治执行力，在以习近平同志为核心的党中央的坚强领导下，永远保持慎终如始、戒骄戒躁的清醒头脑，永远保持不畏艰险、锐意进取的奋斗韧劲，永远保持永不懈怠、一往无前的精神状态，真抓实干、埋头苦干，脚踏实地、久久为功，在推动昭通高质量跨越发展的新征程上奋勇前进！

（作者时任中共昭通市政协党组书记、政协昭通市委员会主席）

# 目　录



## 第一编　反思沉淀　光亮未来

## 第二编　人生逆旅　我是行者

# 第三编　他们之光　烛照前路



# 第四编　我们携手　共同富裕

# 第一编　反思沉淀　光亮未来

# 把答卷写在乌蒙大地上

## ——从担当作为看昭通脱贫攻坚力推高质量跨越式发展

徐体义　谭晶纯　乐志伟　蔡侯友　沈迅　谢毅

昭通，一个历史悠久、人杰地灵、演绎传奇、书写奇迹的地方。

秦开“五尺道”、汉筑“南夷道”，“咽喉西蜀、锁钥南滇”，地处“南丝绸之路”要冲的昭通，是云南最早连接中原、沟通世界的“北大门”和商贸重镇。

这是一方红色的热土。中央红军和红二、红六军团长征过昭通，中央红军在威信召开重要的“扎西会议”，红二、红六军团打出经典的“千里乌蒙回旋战”……红色基因深深融入昭通儿女的血脉。

资源富集与过早开发、历史悠久与发展滞后、区位优越与交通不便、资源富集与产业弱小、文化厚重与教育落后、山川秀美与生态脆弱并存，便是昭通的基本市情，昭通是云南乃至全国贫困人口最多、贫困程度最深、贫困面最大的地级市，是脱贫攻坚的主战场。

乌蒙片区的脱贫攻坚牵动着习近平总书记的心。2015 年 1 月 19 日，总书记亲临昭通考察，要求“要以更加明确的目标，更加有力的举措，更加有效的行动抓好脱贫攻坚，确保扶到点上，扶到根上，让贫困群众真正得到实惠”。

总书记的重要指示和殷殷嘱托，为 625 万昭通各族干部群众决战贫困注入了强大动力。在党中央、国务院的关心关怀下，在省委、省政府的坚强领导下，巍巍乌蒙打响了前所未有的脱贫攻坚大决战。截至2018年年底，全市累计减贫125.54万人，贫困发生率从34.8%下降至12.49%。2019年全市将实现7个县区脱贫摘帽、624个贫困村出列、40.07万贫困人口脱贫。

## 勇于担当，以敢打硬拼的决心啃下“硬骨头”

这是集革命老区、地震灾区、散杂居民族地区、生态敏感脆弱地区为一体的深度贫困区，贫困人口占全省贫困人口三分之一。截至2014年年底，全市11个县（市、区）中有国家级贫困县10个，其中，深度贫困县7个，贫困人口高达184.37万。

“坚决打赢脱贫攻坚战，绝不拖全省全国的后腿。”脱贫攻坚战刚打响，在市委召开的动员会上，全市11个县（市、区）委书记站上主席台庄严承诺：“不摘贫困帽，交出乌纱帽！”

乌蒙儿女把脱贫攻坚作为最大的政治任务、最大的历史使命、最大的民生工程、最大的发展机遇，坚定理想信念，牢记初心使命，勇于担当，迎难而上。以敢教日月换新天的气魄，以滚石上山、抓铁留痕的精神，披坚执锐，攻城拔寨；以“咬定青山不放松”的恒心毅力，立下军令状、拿出硬措施，倒排时间表，向贫困发起大决战。

7月下旬，记者在盐津县采访。接连两晚上，县委常委会都在晚上8点召开，一直持续到凌晨。“现在，我们都是白天下乡调研走访，晚上开会研究工作。”县长郑磊说。这样“没有节假日、不分昼与夜”的工作模式，在昭通可谓常态。

“干部的脱皮换来群众的脱贫，不拔穷根誓不罢休。”55岁的昭通市工信局女干部金碧琼，作为驻村工作员、督导员，克服腰椎、膝盖、关节长年疼痛等困难，把病情报告单收起来，从2016年3月至今，辗转永善莲峰镇南林、六井两个村，一直坚守在脱贫攻坚一线。

在脱贫攻坚战中，“90后”扶贫干部王秋婷、驻村工作队队长李永春等14名扶贫干部，用心血生命诠释了党的根本宗旨，用忠诚担当书写出决战贫困的时代传奇。

在脱贫攻坚这场政治大考、时代大考、能力大考中，昭通创新务实地提出了“坚持以人民为中心、以群众工作为主线，抓住精准、统筹、务实三个关键，实现思想、工作和情感三个认同”的“133”工作思路。10.7万名党员干部挂钩帮扶到村到户，5203名驻村工作队队员、督导员沉身一线。其中有216对“父子兵”、1284对“夫妻档”，还有572名干部“轻伤不下火线”，他们用身影、心血和汗水，交出让党和人民满意的答卷。

## 找准差距，以精准务实的举措干在实处干出成效

夏日的雨霏村被浓浓的大雾包裹着。

“我们这里半年雪凌封山，山外很少有人来，村里的人也很少出去。”村支书王明其介绍说。

雨霏村是昭阳区大寨子乡西凉山片区最边远的一个行政村，平均海拔2800米，全村有9个村民小组397户1552人。近三分之二的劳动力守着人均1.25亩耕地种洋芋、燕麦、荞子为生，收入以放牧牛羊、家庭养猪为主，属绝对贫困村。

雨霏村的贫困是昭通“一方水土养不活一方人”的缩影。

昭通穷在山高坡陡、河谷深切，生存环境恶劣、交通不便、产业单一，种植养殖水平不高、人均受教育程度低。

昭通穷在交通不便。截至2014年，全市高速公路通车里程仅占全市公路里程的1.5%，远远低于全省、全国平均水平；机场通航仅有昆明一个城

市，每周 3 个航班；拥有长江黄金水道和长江第一港优势，但通航能力有限；“火车不通省内通省外”，从昭通坐火车到昆明要绕行贵州六盘水，通行时间长达 11 个小时以上。

昭通穷在产业小、散、弱，全市虽有苹果、马铃薯、花椒、天麻、生猪、肉牛、竹子等叫得响的高原特色产品，但集约化程度不高，产出有限……

昭通脱贫攻坚战如何打？答案就是：紧扣“两不愁、三保障”目标，全力做好基础设施改善、产业培育、易地扶贫搬迁、劳动力转移就业“四篇文章”。

易地搬迁集中安置，这是攻坚战硬骨头中最硬的一块。

这是一场史无前例的战役。昭通对生活在深山区、石山区、高寒冷凉地区，贫困发生率 50% 以上的 8.44 万户、36.24 万的贫困群众实施大规模跨乡、跨县搬迁安置，其规模和难度居全省、全国之首。

“让人待在该待的地方，让树长在该长的地方。”昭通市发改委副主任、搬迁安置局副局长施华松介绍，全市 28 个集中安置区，万人以上的有 8 个，其中两个在 3.5 万人以上，相当于新建了两个中等县城。通过大规模的搬迁安置，由山里人向城镇人“直过”，以实现城乡人口重构、产业发展结构重组、山区自然生态环境重塑“三位一体”整体推进。

“脱贫攻坚要扶到根上，只有把贫困人口、贫困程度、致贫原因等搞清楚，做到因户施策、因人施策，才能实现扶真贫、真扶贫。”昭通市扶贫办主任杨仕翰深有感触地说。

推倒重来，但不是从头再来。2017 年 5 月到 7 月，昭通市以全国建档立卡贫困人口动态管理为契机，组织 2.36 万名干部深入全市 146 个乡镇（街道），1251 个村（社区）25856 个村（居）民小组，对全市 129.73 万户，529.03 万农村人口进行全面摸底调查，精准锁定脱贫对象 27.5 万户 113.37 万人，从精准识别入手扣准“第一粒扣子”，为系统建立农村大数据管理平台奠定坚实基础。

开对“药方子”，拔掉“穷根子”。围绕精准施策扣好“第二粒扣子”，以“村村清、户户清”行动为抓手，在找准缺项和短板基础上，科学制定村级施工图、乡级路线图和县级项目库，确保扶到根上、扶到点上。

对照“两不愁、三保障”和贫困退出标准，严格按照“户脱贫、村出列、县摘帽”退出机制，昭通扣好精准退出“第三粒扣子”。2018 年威信、绥江两县在第三方考核评估中，贫困发生率分别为 1.11%、0.76%，分别比国家标准的 3% 低 1.89 和 2.24 个百分点。

围绕做好“四篇文章”，扣准精准识别、精准施策、精准退出“三粒扣子”，昭通着力解决“扶持谁”“怎么扶”“怎么退”等问题，也为乡村振兴、城乡融合发展打下坚实基础。

## 奋发进取，以创新融入的理念推进高质量跨越发展

脱贫攻坚，既是巨大压力，更是极大机遇。

“当前的昭通，正处于决战脱贫攻坚、决胜全面小康的冲刺期，既是着力构建特色鲜明的现代产业体系、全面推进新型城镇化和工业化建设、努力补齐经济社会发展短板的机遇期，也是全力加快高质量跨越发展的黄金期。”杨亚林说。

面对“三期叠加”的历史转折阶段，昭通紧紧抓住脱贫攻坚、国家“一带一路”、长江经济带、打好三大攻坚战等一系列重大战略机遇，增强思谋意识、登顶意识、创新意识、实干意识，找准结合点，打好主动战，全力推动高质量跨越发展。

做好扶贫产业致富大文章，昭通紧扣省委、省政府打造世界一流“三张牌”决策部署，以高度组织化为根本，用新理念、新机制、新技术，着力提高涉及千家万户的马铃薯、苹果、花椒、天麻、特色养殖、竹子六大高原特色产业，让贫困群众“六福临门”。

“采用矮砧密植种植技术，第二年即可挂果，到第三、四年就进入丰产期，比传统种植的苹果可以提早三至四年获得效益，亩产值是传统种植的两三倍。”在昭阳区海升苹果种植苏家院乡示范基地，陕西海升集团昭通公司负责人崔民伟的兴奋之情溢于言表。

海升集团自 2014 年 8 月与昭阳区农投公司合资，组建昭通超越农业有限公司以来，已投资 12.5 亿元，在昭阳区永丰、布嘎、苏家院三个乡镇，建成矮砧密植苹果示范园 5 万亩，成为全国最大示范园。在引进海升集团的同时，昭通与云南省农投公司合作，与海升一道，分别建起现代化的苹果种植、分拣、包装、冷链、物流全产业链，引领昭通 60 多万亩苹果产业向标准化、规模化、现代化迈进。

“一个苹果可以加工出三种产品——果干、饮料、化妆品。”彝良山益宝生物科技有限公司总经理钱武刚说，他们公司研发和运用了 26 项专利，做到了将传统农业与高新科技有机结合，提升了苹果、竹笋和天麻加工科技水平，延伸了产业链，使农民收入快速增长。

昭通是世界上最好的马铃薯种薯种植区域之一，在海升模式示范带动下，昭通着手在昭阳、永善海拔 2000 米左右 5 个乡镇建设 5 万亩种植示范基地，带动全市 320 万亩马铃薯产业向规模化、集约化发展。

苹果、马铃薯产业的成功示范，使贫困群众成为股东、产业工人，彻底告别贫困，更颠覆了昭通传统产业的种植模式，成为我省高起点发展高原特色现代农业的旗帜和标杆，实现了“此苹果向彼苹果”“此马铃薯非彼马铃薯”的美丽蝶变。

破解交通瓶颈，围绕建成“全省区域综合交通枢纽试点州市”目标，2014 年以来，昭通规划建设 12 条高速公路。2018 年，高速公路在建里程、投资完成额均位列全省第一。昭通空中走廊已由昆明一座城市开通昭通至北京、上海等 7 座城市航线。随着成贵铁路今年通车，革命老区威信、镇雄迎来高铁时代，将结束昭通没有高铁的历史。今年年底，全市 50 户以上的自然村道路实现全硬化，所有建制村实现客运全覆盖，外通内畅的交通体系正在形成。

“饮马长江，挥师两洋。”向家坝、溪洛渡两座世界级巨型电站建成，西电东送的同时，高峡平湖带来金沙江航道的改善，到2020年，“七彩云南北大门，万里长江第一港”水富市的运输能力将由现在的500吨提高到3000吨，年吞吐货物将由67万吨上升到540万吨，长江航运黄金水道的效应将助推昭通更快融入国家发展战略。

结合易地搬迁，规划“一城三区、若干小镇、产城融合、城乡一体”，定位“把昭通建设成为引领区域发展的滇川黔省际中心城市”目标，一座“城在园中、园在城中、100万亩苹果、100万人、半城苹果满城香”的“秋韵昭通·苹果之城”呼之欲出。

以脱贫攻坚大决战，推动昭通高质量跨越式发展。践行守住一片蓝天、绿化一方群山、护好一江清水、建设一座果城的“四个一”行动，全力打造“天蓝、山绿、水清、果香”的美丽宜居家园；全面开展“百村示范，万村整治”行动，全面提升城乡人居环境……

古老的昭通，铭刻着历史的荣光，也承载着沉沉重压；如今的昭通，犹如乌蒙之巅展翅振飞的凤凰，翔舞出壮美的图景。

（作者均为《云南日报》记者）

# 红色乌蒙战贫图

徐体义　谭雅竹　蔡侯友

历史的荣耀斑斓多彩，现实的窘困如影随形，攻坚的战鼓声声骤急。时下的昭通，格外引人关注。

到 2015 年年底，全市尚有贫困人口 111.95 万，居全省第一；贫困发生率 21.39%，居全省第三。贫困面大程度深、交通基础设施薄弱、产业规模弱小、城镇化水平较低、教育发展滞后、生态敏感脆弱……如此的重负与重压，让昭通慢不得，也等不起。

按下“快进键”，跑出“加速度”，昭通市委、市政府坚定有力地发出了向贫困发起总攻的动员令，决战贫困，成为乌蒙大地的强劲旋律。

仅 2015 年一年，全市就投入专项扶贫资金 6 亿元，启动实施了 7 个整乡推进项目和 63 个行政村、55 个自然村整村推进项目，全市 21.72 万贫困人口摆脱贫困，从今年开始，全市将力争每年减贫 28 万人以上。

用苦干实干的成效取信于百姓，告慰于乡亲，这份担当与答卷令人感奋。

# 签下“军令状”，铺开“作战图”

贫困，一直是昭通大地褪不去的底色，它与红色老区的荣光太不协调。

昭通地处乌蒙山集中连片特殊贫困地区的腹心地带，全市11个县（市、区）中有10个为国家扶贫开发重点县和乌蒙山昭通片区特困县，集资源型贫困、素质型贫困、灾害型贫困等为一体。在脱贫攻坚进入决战决胜、攻城拔寨的关键阶段，面对的都是贫中之贫、困中之困。

要在2020年实现全面小康目标，昭通没有退路。市委、市政府向省委、省政府递交“军令状”，向全市600万各族群众作出郑重承诺：2020年，要与全国、全省同步迈入小康社会，绝不让一个贫困群众掉队！

啃下硬骨头，底气何来？

昭通市委书记范华平用几个“前所未有”来概括：重视程度之高前所未有、资金投入之大前所未有、工作要求之严前所未有、动员组织之广前所未有。“打赢脱贫攻坚战，我们的机遇大于挑战！”

在昭通市扶贫办，“作战图”一字排开，“时间表”一目了然：2017年，威信县摘帽；2018年，昭阳区、鲁甸县、镇雄县、彝良县、盐津县、绥江县摘帽；2019年，巧家县、大关县、永善县摘帽。到2019年85个贫困乡、825个贫困村出列，建档立卡贫困人口全部脱贫。

签订脱贫“军令状”，实行责任倒逼。市、县、乡层层压实责任，不摘贫困帽，干部就摘帽。被当地干部称为“史上最严”的贫困乡镇党政领导班子和领导干部经济社会发展实绩考核办法等9个考核办法相继出台，上至省管干部，下至基层一线全部纳入考核。同时建立了每月报告、季度约谈，半年小结，年度考核工作机制。问责和激励双重机制的建立，考出了压力，考出了动力，考出了干劲。昭通市还定期由市委主要领导带队，组织各县区乡镇和职能部门到示范点、联系点进行现场观摩，以点带面强力推进。

脱贫攻坚工作千头万绪，必须抓住重点，找准突破口。革命老区镇雄、彝良、威信3县目前有贫困人口46.8万，占全市的41.8%、全省的近10%。三地不突围，昭通难脱贫。目前三地脱贫攻坚专项行动计划已经编制完毕，行动计划完成之日，便是老区脱贫之时。

时间表上的小节点，折射出基层百姓的新变化。记得去年9月，范华平冒雨走进昭阳区靖安镇大耆老村，就脱贫攻坚问需村民。建档立卡贫困户张仁伟脱口而出：最想建新房！

对身有残疾、收入不高的张仁伟而言，建新房谈何容易。没想到仅仅几个月过去，多年来触不可及的梦想竟然一朝实现。“全靠政府补助和提供的贷款，我自己筹了1万多块，就盖起了新房子，好日子越走越近了！”春日暖阳下，张仁伟笑得格外舒心。更多像张仁伟这样的农户梦想成真，正是得益于昭通市实施的易地扶贫搬迁好政策。

## 找对“药方子”，拔掉“穷根子”

这些天，大关县金海村村民项红生终于松了一口气，再过不久他就能从现在居住的山头搬到半山腰。多少年来，顶着裂了一半的危崖生活，他成天提心吊胆。

“过去怎么不搬？”

“到处都是山，往哪搬？”

2016年，昭通全面启动易地扶贫搬迁工作，“十三五”期间，计划易地搬迁6.5万户25万人。越来越多的项红生搭上了这趟“脱贫快车”。

从易地扶贫搬迁到修路、架桥，仅金海一个村，正在开展的项目就有25个，规划资金达4300万元。全市的投入就更为可观。昭通市明确提出今年专项扶贫资金投入要比上年增加4倍以上，并逐年保持较大增长。这对昭通而言殊为不易，因为目前全市对上级财政的依赖程度高达 86.4%，排在全省第二。

行政支出减，扶贫投入增。全市压缩行政经费开支 5% 全部用于扶贫，同时充分利用项目撬动金融资金，运用农发行、国开行等信贷资金加快发展，仅易地扶贫搬迁全市就争取到信贷资金 80.15 亿元。

开对“药方子”，才能拔掉“穷根子”。在全市 2.3 万平方公里的土地上，不同区域致贫原因、贫困状况千差万别。以脱贫攻坚为统揽，昭通市制定了脱贫攻坚、交通先行、产业培育、新型城镇化、教育兴昭、生态文明 6 大战略，对准致贫原因各个击破。其中，通过打响交通建设五年大会战，全力实现县县通高速，机场、高铁、港口建设同步推进，“大交通”格局日渐成型，发展基础进一步夯实。

车刚驶入威信县双河苗族彝族乡，目之所及全是红绿错落的林木在茂盛生长。曾经的荒山荒地不见了，取而代之的是村民们植下的 4800 亩林木。林木产业见效后，每亩将为村民带来上万元收入，成为走向小康的“摇钱树”。

既要坚定信心，又要创新思路。按照中央“五个一批”要求，昭通结合自身实际制定了“劳务输出就业脱贫一批、探索资产收益脱贫一批、灾后恢复重建脱贫一批”等“5+N”战略。全市还分门别类制定教育、产业、金融支持等专项行动计划，确保每一个战略都有实施路径和有力支撑。去年，昭通市对 3.1 万名外出务工人员进行技术技能培训，实现劳务输出 146 万人，每年可带回务工收入 264 亿元，人均收入 1.8 万元。

新思路催生新举措，新举措带来新成效。劳务输出大县镇雄将对全县 36 万名外出务工人员进行整体培训，加快劳务输出脱贫步伐；昭阳区从今年起拿出 8000 万元专项资金重点对贫困学生进行补助，扶贫先扶智；鲁甸县通过恢复重建实现基础设施改善、产业发展。各县区结合自身实际，瞄准“靶心”精准施策，把脱贫攻坚各项措施一一落到实处。

# 干部“上前线”，群众“唱主角”

“有问题，找老主席。”这些日子，水富县太平镇盐井村村民常把这句话挂在嘴边。

“老主席”便是当地驻村扶贫工作队队长袁朝坤，他曾在太平镇担任过人大主席。去年底，57岁的他接到通知当天就进了村。

“我来自农村，农民家庭出身，临近退休只想为贫困群众办些实实在在的事。”袁朝坤诚恳而朴实。4个多月的时间里，他带领工作队队员走遍了盐井村，确定脱贫思路，还牵头成立土鸡养殖协会，发展起68户会员。

事多事难显能力，大事难事看担当。目前，全市825名党员干部到贫困村担任第一书记，1263个挂钩联系单位、3.7万名干部奔向扶贫开发第一线，省、市、县、乡6296名队员、929支驻村扶贫工作队深入贫困地区。干部冲在一线、干在一线，实现了贫困村、贫困户帮扶全覆盖。

没有一平方公里平地的大关县，干部上山、群众下山，让易地扶贫搬迁顺利推进；彝良县实行扶贫工作目标管理，季度检查、半年通报、年度考核、责任期总评，层层传导压力；盐津县在全县推广“摘掉贫困帽，挂上五星牌”“摘帽挂星”公示制度，产生明显激励效应。

基础夯实、产业发展，曾经沉寂贫瘠的土地悄然而变，更大的变化反映在思想观念上。

几个月前，说到“电子商务”，大关县甘顶村的村民们不仅“一头雾水”，还心生抵触：“摆在路边都卖不掉，用个‘网’就能卖了？”没想到，“触电”短短几个月，村里的野生猕猴桃竟然卖到了北京、上海，价格从过去的每市斤1元涨到了10元。如今，全村有200多名群众接受了电商培训，村里的土特产陆续“上线”走出深山。

干部给力，群众发力。更多的基层群众，在脱贫攻坚中“唱主角”。

威信县院门口村村民熊明松主动让出自家2亩多地建设村内广场，“党和政府花大力气帮助我们，为了脱贫，这地说啥都得让！”在他的眼里，一条更加敞亮的大道真真切切。

类似的例子在如今的昭通太多太多。镇雄县旧府街道办脱贫攻坚指挥部门外，一副大红的对联十分显眼：思发展大家共奋斗，谋脱贫你我齐上阵。

掩映在大山深处的威信县水田镇湾子苗寨，绿树红花环绕着古色古香的苗族民居，一拨拨省内外游客慕名而来。这个古老的苗族村寨，在整乡推进项目实施后得到了新生。脱贫攻坚，正让越来越多的湾子苗寨焕发出独特的魅力。

（作者均为《云南日报》记者）

# 得人心者得天下

黄代本

## 初心不忘

治国有常，利民为本；不忘初心，方得始终。总书记经常强调“水滴石穿”久久为功，成功不必在我。我们党的百年奋斗史，一是社会主义革命，一是社会主义建设，在完成了新民主主义革命之后，及时将主要精力转移到民主富强的社会主义建设上来，在经济建设取得举世瞩目成绩的同时，从来就没有忘记为革命和建设做出牺牲的老少边穷地区。在共同富裕的道路上，经过 20 年的探索和努力，从扶贫到脱贫，从量变到质变，随着综合国力的提升，在建党一百年的时候彻底消灭绝对贫困现象，这是我们努力的目标，是当前工作的重中之重，也是我们对世界的承诺。实现了这个目标，世界上百分之八十的贫困人口都是在我们的努力下脱贫的，这是脱贫攻坚的世界意义。

既然下了这么大的决心，就要倾其所能来做这么一件事。这是我们党的宗旨决定的。社会主义的本质是共同富裕，我们党的宗旨是为人民服务，在我们党奋斗的历史上，我们的人民为我们的事业做出了巨大的牺牲。有一首歌的歌词说，“最后一尺布用来缝军装，最后一碗米用来做军粮，最后的老棉袄盖在了担架上，最后的亲骨肉送他上战场。”当初你需要的时候，我倾其所有；如今我需要的时候，你在何方？这是老区人民的期盼，这是我们党的责任，也是我们党的初心和决心，回报养育了我们的人民，必须如此，这是大的潮流，是大势所趋，每个人都不能置身事外。

## 回到老区

在中国革命史上，威信有过浓墨重彩的一笔，那就是扎西会议，毛泽东从这里出发，四渡赤水，用兵如神。威信县三桃乡的鱼洞村，保存有“铁炉红军标语”，尚存 48 条，书写在农民陈兴田家住房墙上，是云南重点文物保护单位。在红军四渡赤水北上之后，滇川黔游击大队殷禄才部在这里开展游击战，一直坚持到 1947 年，在蒋介石重兵围剿下壮烈牺牲。这次我到的环房村，就是当年游击队活动的地方，是真正意义上的老区。

作为老区，三桃乡是威信条件最艰苦的，常年大雾弥漫，天气阴冷潮湿。12 月 29 日下雪，威信有两处实行交通管制，两处都在三桃，一处是木瓦房，一处是新芬坡。12 月 31 日，我从新芬坡过的时候，写过这样一首打油诗：“车过新芬坡，满山大雾多；积雪尚未化，一山一达摩。”但即使是这样，三桃的基础设施在脱贫攻坚开展以来起码提前五年，西南大学组成的第三方摘帽验收考评组于今年 2 月 18 日结束了对威信的考评，对威信的脱贫摘帽工作给予了高度的肯定。

## 感官脱贫，乡村面貌发生了根本变化

我督导的环房村在三桃乡是条件较为艰苦的地方，7 个村民小组 307 户，1352 人，其中苗族 11 户 42 人。建档立卡户 120 户 500 人，此前已经脱贫

47户216人，未脱贫73户284人。贫困的原因很多，因病、因残、因学、因灾，缺技术、缺劳力、缺资金等。按照要求，未脱贫的73户有71户要脱贫，留下两户，一户陈某（要求太高，不还8万贷款，错误理解不签字），一户牟某为因病致贫。也就是说，在摘帽后这两户依旧留在贫困户里。这是允许的。异地搬迁包括林凤12户41人，扎西27户128人。拆除重建108户。

按照去年11月4日动员会市委领导的要求，督察工作态度是否有拖沓懈怠现象，督导就是协调各方力量，形成合力，围绕脱贫摘帽“背对背考核，面对面举证”的目标开展工作。环房村虽然条件艰苦，但各种工作做得很好，因为是一个小村，基层组织得力，村主任和村支书是一人兼任。各种工作都做在前面了。县国土局在环房村包村，此前是市民政局在环房包村。县国土局的范书记说，分到环房村是手气好，因为工作没有压力。

脱贫攻坚是一项伟大的工程，这是毫无疑问的，当然，在这个过程中存在的这样那样的问题，我们要辩证地看，正面地看，发展地看。要正确看待我们的群众，也要正确看待基层组织。要近距离地感受，不能道听途说。我个人觉得，首先一点，脱贫攻坚以来，乡村面貌发生了根本性的改变，这是毫无疑问的。现在的脱贫已经不是原来意义上的扶贫，就环房村来说，当地人形容此前的环房村：站在河堤起眼看去，两面都是一湾的茅草房，一排一排上去，就像半坡氏族一样，10年前才偶尔有几家瓦房。如今的人居环境，可以说是发生了翻天覆地的变化。

最主要的是道路的变化。我遇到一个开挖机的小伙子，是四川人，他说最近几年他都是在深山里修路，公路硬化到每个村的每家每户，脱贫要求两不愁、三保障。上50岁的人都知道，他们都经历过缺吃少穿的年代，如今他们比我们还干净整洁。山村虽然寒冷，但并不萧瑟，随处可见落实“雨露计划”的小学老师刚走，落实大病医保的医生又来了，有时，一天到村上的人就有好几帮，稍微有点良知的人，都不该对脱贫攻坚带来的变化视而不见。

# 脱贫攻坚对基层干部的锻炼和培养

同时，我们也要看到这一项工程对我们的干部的锻炼和培养，环房村的村委委员胡二哥甚至说，脱贫攻坚的最大功绩是对干部的锻炼。品质得到了磨炼，工作方法得到了提升。我们的乡村干部长期扎根在基层，由于种种原因，我们对他们似乎有这样那样的误读，我此前参加的几次扶贫调查，村民们似乎都反映存在这样那样的问题。但设身处地为他们想，村支书 2200 元，副职 1800 元，村委委员 1500 元，早出晚归，一天都绑在村上，一天烧两包烟还有什么。能成为村干部，多数都是有一技之长的人，他们的收入和付出是不成正比的。但我觉得，他们才是脱贫工作中最有战斗力的主体，因为他们熟悉情况，知道每家每户的问题所在。比起他们来，我们是幼稚甚至是可笑的。习近平总书记多次说过，宰相必发于州郡，猛将必起于卒伍。

环房村牟支书有几句名言，和大家分享。关于找领导汇报工作，他说，找比不找好，汇报比不汇报好。关于领导，他说，心胸有好大，能力就有好大；心胸有多小，权力就有多集中。关于工作，他说，干工作就是各人保证各人的娃儿不哭。同样参加劳动，各村的进度，永远都是环房村先干完，步子总是走在其他村的前面。顺便说一句，牟支书开过煤矿，是见过世面的，如今还有魔芋基地和牛场。一百多万的车有两辆，大雪封山我还能通过新芬坡，原因就是他的车是四驱的。在民主革命时期，我们党以前是发动群众打仗，现在是发动群众打工，外出务工是脱贫的第一阶段。当其他村还在准备迎接第三方评估时，环房村的牟支书已经带领大家进入第二阶段，在搞产业振兴了。

另外一个是三桃乡的副乡长袁星，刚好 30 岁，是电脑专家，是从县纪委下去的。袁副乡长和牟支书是环房村脱贫的舵手，每天都到村上，对各种工作进度准确把握。有志不在年高，袁副乡长政治上非常成熟，同时又非常有人情味。11 月 9 日，我和袁副乡长、宗队长、扶贫队员徐涛一起到田湾村袁副乡长的挂包户陈某家，体会了什么是苦口婆心，什么是仁至义尽。

陈某对袁副乡长的工作是满意的，但就是不签字。理由是建房的 8 万元贷款是村上胡副主任带他去贷的款，如果免去这 8 万元就签字，不免就不签字。做不通工作，村委根据有关文件规定陈某暂不出列。一天的工作没有效果，袁副乡长面无表情，依旧和陈某握手告别，并且说，你有事依旧打我的电话。

袁副乡长和牟支书，总让我想到革命和战争年代的电影里团长和政委的关系。袁副乡长派工作队队员徐老师送我到斑鸠沟上车，专门打电话给徐老师交代，要等我上车再走，不能送到斑鸠沟丢下就走。为政之道，在于用人。袁副乡长这样的年轻干部成长起来，是我们的事业长盛不衰的保证。

除此之外，我还想说说另外三个人，一个是工作队队员徐老师，他的名言是在什么地方工作，就在什么地方吃饭。另外一个是河南大学毕业的大学生村干部小曾，彝良龙街人。还有一个是专门招来搞脱贫工作的小陈。数字工作和材料工作都是他们三个在做。由于三桃阴雨连绵，随时大雾弥漫，偶尔太阳出来晃一转，三个年轻人立即打扫球场，宗队长、副主任、副支书一起和他们打篮球。他们身上体现出来的精神，让我们感动。而现实中，我们的许多年轻人确实是身在福中不知福，和他们相比，我们应该感到惭愧。每天晚上，这几个年轻人都会来陪我聊天，我在一首打油诗里说："阴冷潮湿宜烤火，闲来无事且喝茶；童子两三来摆古，亦师亦友话桑麻。"大家都知道的一句话是"厚德载物"，要想想我们自己何德何能享受这么多的资源，《朱子治家格言》有这样的话："伦常乖舛，立见消亡；德不配位，必有灾殃。"

就是这些人奋战在脱贫攻坚的第一线，他们工作的细致和投入，让我们感动。在这里，我和大家分享一段话——他们要求上级来检查验收时对当地向导员的要求——在整个带路（陪同）过程中，要主动驱狗探路，嘘寒问暖，提包拿伞，端茶倒水，做这些事的时候要像追女朋友一样用心，动作干净利落、行云流水、一气呵成，切忌动作生硬，带着情绪工作"。

## 新时期的新气象以及新时期的干群关系

脱贫是乡村振兴的第一步，在这个过程中产生了许多词语，比如“感官脱贫”，比如“疑似贫苦户”，比如“视觉感官贫困”。毫无疑问，乡村的面貌是发生了翻天覆地的变化，但是人的精神面貌呢？人们的意识和思想深处的变化呢？由于众所周知的原因，前几年我们一直在说干群关系，甚至被别有用心的人肆意歪曲和抹黑。虽然我们的工作也还有不尽如人意的地方，但我们要正面地看待我们工作中的问题，甚至要正面地看待我们的人民在这个大潮中的各种表现。如何看待和处理这些问题，体现了我们党的政治智慧。毛泽东说，我们要相信群众，同时，我们要相信党，这是两条基本的原理，如果怀疑这两条原理，那就什么事情也办不成了。

由于乡村道路的改变，各级检查组到乡下，起眼看去，觉得居住条件差的人家就是检查的重点，就是所谓的疑似贫困户。我是搞新闻出身的，对什么是新闻较为敏感。袁副乡长说，在三桃的斑竹村有一户人家，从住房看就是贫困户，政府为他拆除重建，建好后他不准装修，要装修就必须精装修，但政策不允许。两年过去了，这一贫困户请来媒体炒作说政府不作为，两年了还住不进去，门窗都没有安好，且有图有真相。所以，我们不能听一面之词。这就和陈某要求免除他的 8 万贷款一样。达到要求就满意，达不到要求就不满意。所以说，有一种不满意是因为要求太高。而脱贫的一项指标又是群众的满意度，有的群众就用不满意来威胁也是存在的。

为了整治人居环境，袁副乡长、牟书记、陈副书记、胡副主任商量村民王某的旧房拆除问题。王某属于搬迁户，搬迁至林凤。但他提出要搬至扎西。老房子要求拆除，不然影响“感官脱贫”，他要 6000 元，袁副乡长和他算账 3000 元，他讲价还价。宗队长、袁副乡长、牟书记、陈副书记，同时苦口婆心做工作，给小孩糖吃，想尽各种办法。从拆除旧房、搬迁林风以及子女转学、兜底低保、公益岗位。什么是仁至义尽，什么是苦口婆心。看到这样的场景，你就知道我们的基层发生了怎样的变化。这样的场面，拿到世界上的任何国家，不能说绝无仅有，但一定不可多见。管中窥豹，略见一斑。

## 上下同心，其利断金，新时期的上下级关系

感官上的变化固然重要，那些无形的变化，其影响更为长远。上面说的是干群关系的变化，那么，上下级的关系呢？下级服从上级，这是大的原则，但绝非盲从。12 月 25 日晚，村委委员胡纯元在讨论“一弯木头和一根弯木头”以及“荒地和荒坡”的区别。三桃书记赵德平来环房研究魔芋种植的问题，并明确表示支持的原因是牟书记对 30 万的农民股金保底，这样农民就不会吃亏，赵书记希望造就这个典型。毫无疑问，这是为农民着想。牟支书有管理企业的经验，个人有牛场，希望将种植和养殖结合起来，合理合法赚钱，走出一条农村专业合作社的路子来。为此，牟支书多次跑曲靖的富源买魔芋种。牟书记对自己的规划作出说明，赵书记对农民保底的问题作出要求，一直到过了深夜 12 点。大家围炉而坐，开诚布公，实事求是，没有背后操作，论证的是可行性，争的是农民的利益。这样的场景，让我们对国家的未来充满信心。

## 移风易俗和村民们观念的变化

在各种变化中，由此带来的观念的变化尤其重要，有些变化甚至超出了我们的预期，可以这样说，移风易俗就在无形之中开始了。生育观念的

变化是其中之一，村干部都参加过前几年的计划生育落实，而如今，即使是在环房这样的乡村，多生多育的年轻人也很少见了。另外一种变化是对子女教育的变化，田坝村牟某某的女儿在外打工挣钱，凑足学费后又重新到职业学校读书，其目的就是学习一技之长。学有一技之长，就能安身立命。全村有两个适龄儿童辍学，其中一个是孤儿李某某，经常在外被公安局的送到民政局，民政局的直接送到村书记家里，为了让他回到学校，村委牟书记可以说是用心良苦。

（作者时任昭通市中级人民法院监察室主任）

# 以民为本　夺取脱贫攻坚最后胜利

李　辉

我是昭通市投资促进局派驻永善县青胜乡民胜村第一书记、驻村工作队队长。我的老家在吉林省，从东北来到滇东北，从白山黑水来到七彩云南，我迅速适应生活和工作，用双脚沾满的泥巴筑起脱贫攻坚的一砖一瓦，我时刻谨记出发时领导的殷殷嘱托，不辱使命，不负光阴，用心用情做好驻村工作。

习近平总书记说：脱贫攻坚要尽锐出战，鼓励和选派思想好、作风正、能力强、愿意为群众服务的优秀年轻干部到贫困村工作，真正把基层党组织建设成带领群众脱贫致富的坚强战斗堡垒。所以，我深刻认识到组织上把我安排到脱贫攻坚的最前线，既是一种莫大的信任和肯定，也是一种考验和重托。因此我深感责任重大，如履薄冰。

作为第一书记，我时刻谨记自己的角色定位：就是要把以习近平同志为核心的党中央的重要指示精神，贯彻落实到基层；就是要把基层党组织建强，把基层干部队伍建好；就是要充分发挥各单位的优势作用，帮助贫困群众发展经济，解放思想，提高致富能力。开展驻村工作以后，在实际工作中我最大的体会是：所有工作最终的落脚点都是为人民服务，让群众受益。

# 一、务实肯干，你的付出百姓会看在眼里、记在心上

作为一名农村工作的新兵，农村工作对我来说是一个不小的挑战。可基层工作真的是苦中有乐，村民永远是最善良的，只要你是真心做事，踏实做事，百姓就会看在眼里、记在心上。人从出生以后要学习两项基本技能，一项是走路，一项是说话。而我做农村工作，正是从这两项技能开始学起的。首先是走路，作为一个北方人，从小生活在平原，走山路确实不太行，这山实在是太高太陡了，真的是看着都眼晕，不敢开车，下乡完全靠步行，为了走稳一点，我买了一根登山杖，虽然看着有些夸张，但的确帮了我大忙。当然，学习是要付出代价的。一次下队走访中，我狠狠地摔了一跤，是目前为止我人生中摔得最重的一次，当时真的是又痛又委屈。回老家时妈妈问我咋弄的，我说是打篮球摔的，妈妈一直埋怨了我好多天：小心点嘛，多大的人了。下乡拿根登山杖，村民们觉得不解、新奇甚至是好笑，可是去的次数多了，大家越来越多的是感动，他们觉得小伙子真不容易。特别是夏天热的时候，他们都会问，这么大太阳，走路来的啊？人都是以心换心，看着我这么辛苦，大家开始慢慢理解我，工作好开展了不少。

我学习的第二项技能是说话。工作十年，因岗位需要我一直讲的是普通话，可是到农村讲普通话，当地有些人特别是一些老人听起来很吃力。为了便于开展工作，我决心一定要学会方言，认真听，大胆讲。讲方言让村民猜我是哪里人，成了我和村民互动的节目之一，南腔北调、手脚并用，有时逗得村民哈哈大笑。通过半年的学习，现在我已经达到打电话用方言沟通无障碍的水平。

人居环境整治时，临湖路路域负责清扫路面和环境整治的公益岗位村民反映，随时有落石，太危险，不好清扫，我就和乡村两级干部十多人带上骑摩托用的安全头盔去清理。我努力的点滴村民看在眼里，从看着我干到积极参与，最终发自内心地爱护环境。我深刻地感受到：只要实干肯干，工作一定会得到村民的理解和支持。

## 二、关心是解决问题的良药，达到认同难题迎刃而解

做好群众工作我最大的感受是：多问一次“你还有什么困难？”要比多说几次“你该怎么做”效果好。拿操家理务来说，没有法律法规规定村民要把家庭环境打造成什么样子，又不像农村红白喜事那样有道德约束。你让我扫，我就不扫，这是我家。”这个工作怎么做？水星坝安置点有一户村民，只有男主人一个人在家，40多岁，家里特别乱，我第一次和他说让他打扫，他态度极差，只说他腿摔伤了，做不了。他腿确实因为骑车擦伤，可并没有伤到不能打扫卫生的程度；第二次去他干脆锁头把门。后来我反复地去他家，每次去都是先发烟，再问腿伤怎么样，药膏、土偏方都用了吗，顺便帮他简单收拾一下，三次以后他自己就不好意思了，把家里打扫得干干净净。

民胜五社的村民张金法是进城入镇的贫困户，因为到城里生活极其不适应，他多次提出不去了，城里的房子退掉，态度非常坚决。为了动员他搬到城里，我多次上门开展工作。村民遇到的问题和困难具体而真实，我也非常理解，我在当天的驻村日记中写道：虽然民胜村到县城只有100多公里，但对一些目不识丁的村民来说无异于一次远行。他们担心进了城，每天清晨醒来，不再有屋前的豆、屋后的瓜需要他们浇水施肥，不再有前院的猪、后院的鸡等着他们喂；不再有三姑六婆的家长里短惹得耳根不得清净；不再有东山西坡的婚丧嫁娶挂怀于心。所以，改变人的生产生活方式是一个大课题，让搬迁农户有自己的生活圈子至关重要。

就在这个时候，危房拆除工作启动，张金法家的房子在首批拆除之列，怎么办？反复地上门做工作，我和市投资促进局局长陈松来到张金法家，首先是对他的困难和顾虑充分理解，其次是深入地分析对比搬与不搬的利弊得失。陈局长联系同学帮他解决残疾证的问题，大家一起针对他女儿的户口问题出主意想办法，帮助争取经费解决生活困难。最后，张金法不仅

如期拆除了旧房，并且从最初提出的留两间，留一间，到最后全部拆除。

过去半年多的时间里，我通过向单位和上级部门汇报，争取到了民胜小学教师宿舍建设项目资金 50 万元，为民胜村 3 名 500 分以上高考生争取爱心捐赠的助学金共 8000 元，利用自己普通话比较好的优势为民胜小学学生上普通话培训课，被青胜乡评为优秀党员，作为第一书记代表在全乡誓师大会上作了发言。

脱贫攻坚让我懂得要有远虑，要有近忧虑，要有解决实际问题的能力；让我懂得所有的山，都没有看上去那么高，所有的问题也没有看上去那么难。脱贫攻坚，尽锐出战，我一直以精锐的标准要求自己，不辱使命，不负光阴，以民为本，夺取民胜村脱贫攻坚大决战的最后胜利。

（作者时任昭通市投资促进局驻永善县青胜乡民胜村第一书记、扶贫工作队队长）

# 发挥专业优势　当好“四员”干部

胡祖梅

我是昭通市财政局的一名工作人员，于2019年3月派驻鲁甸县江底镇箐脚村，担任工作队队长（第一书记）。箐脚村集体经济基础薄弱、群众增收缓慢、就业不对口的问题突出。一年来，我借助专业优势，当好村情调查员、民生工程服务员、党的政策宣传员、沟通协调联络员，发挥驻村帮扶干部的最大作用，为箐脚村发展稍尽绵薄之力。

## 做好村情民情的“调查员”

从春暖花开到秋风萧瑟，从绿树成荫到天寒地冻，我扎根基层，用心帮扶每一户贫困户，时常用这份承诺提醒自己：人很难在青春时认识青春，只有走过了青春，才能给自己的青春留些不一样的痕迹，我要用实际行动诠释“第一书记”的使命和担当。

没有调查就没有发言权，从机关到基层，面对崭新的工作环境，我驻村帮扶工作的一步，便是摸清村情村貌。全村有建档立卡户249户1015人，我就争取做到入户详细了解每家的基本情况，找准致贫原因，综合分析研判脱贫后“两不愁、三保障”能否平稳达标并稳步提升。箐脚村隶属于江底镇，下辖 10 个村民小组，东邻桃源乡，南邻贵州田坝村，西与本镇坡脚村接壤，北邻桃源乡箐门村，地处云南、贵州两省接合部，箐脚村地势由西北向东南倾斜，为典型的高原山地构造地形，山高谷深。

村委会驻地距县城 18 公里，距镇政府驻地 22 公里。国土面积 14 平方公里，最高海拔 2727 米，最低海拔 1980 米。10 个村民小组，居住着回族、彝族、苗族等少数民族 418 户 1535 人。依托独特的自然优势，粮食作物以玉米为主，马铃薯为辅，经济作物以核桃、烤烟为主，拥有全镇最大的烤烟种植、培育、烘烤基地——磨盘山烤烟基地。但箐脚村的种植业属于传统的农业生产种植模式，经济基础底子薄弱，村民增收缓慢，主要经济作物烤烟种植对基础设施依赖性大。为此，我积极为烟农争取烤房，积极向上级争取各项资金，缓解了村级财力的困难，同时结合村情实际，争取上级优惠政策和民生项目，提高村级经济的“造血能力”，打造一个能生财、聚财的富裕小康村。

马玉遵就是磨盘山社的勤劳种烟人，每年都种 20 余亩，家里的收入主要是烤烟，一到收烟季节最愁的就是没有地方烤烟，邻居都在烤烟，出租金租用都很困难。得知情况后，我积极了解政策，多方协调争取了两间烤烟房，解了他在烤烟当季的燃眉之急。

## 当好民生工程的“服务员”

我作为一名普通的一线扶贫工作者，和全国各地很多扶贫战士一样，在基层踏踏实实践行国家的扶贫攻坚脱贫致富工作方针政策。无论严寒酷暑，还是风霜雨雪，在扶贫的路上我都从未停止前进的步伐。要干事，得有资金、有物资，否则一切都是纸上谈兵。身为财政干部，我非常清楚财政资金如何才能有针对性为基层所用，为箐脚村的发展添砖加瓦。在财政局领导的关心和帮助下，我争取了20万元的产业发展资金支持箐脚村发展仔猪、鸡苗养殖业。以“民生工程”为重点，投入到箐脚村的建设上来。一是积极筹措各项资金约50万元，用于建设4个文化活动广场，现在已全部完工投入使用。二是争取一事一议财政奖补项目资金108万，硬化磨盘山社的入户路。三是联系扶贫对象韦德荣之孙韦开靖前往广州做先天性心脏病手术，减免近5万元的手术费；与市级慈善机构联系，筹集善款2.4万元补助尿毒症患者马靖和糖尿病患者马攀（非卡户）治疗。四是积极落实低保政策。我和村干部李兴省、镇民政所饶燕，一同入户走访核实情况，大力宣传相关惠农政策，打通政策落地“最后一公里”，把党的政策落到实处。对原322人农村低保对象进行政策宣传、耐心解释，通过筛选，最终核减农村低保对象215人，继续享受农村低保政策107人，享受城市低保6人，分散供养2人，集中供养2人。五是抓户户安居，确保安全住房全覆盖。有安全稳定住房是贫困户脱贫出列的六项考核指标之一。截至2019年3月，箐脚村建档立卡贫困户中还有4户未解决安全住房未脱贫，通过多次入户开展工作，截至2019年年底箐脚村农村危房改造实现清零，申请鉴定住房的259户全部鉴定完毕，每家每户住上了安全房。六是疫情期间积极参与防控、组织劳动力输出复工复产。

村级是防控疫情的最后一道防线，也是网格化管理实施最清晰的单元，我作为基层的驻村扶贫帮扶干部，克服交通和饮食不便等诸多困难，积极与村“三委”一道坚守在进村入户的各大路口，设卡排查，查返乡、控输入、防扩散、安人心。遇到从重点疫区回来的人员，冒着被感染的风险，也要义无反顾地坚持测体温，送粮油，从留观点接送隔离人员。

大家常说但愿岁月静好，其实哪里有什么岁月静好，是因为有国家、有很多默默付出的人士在为我们负重前行，他们是边疆战士、值守工作岗位的警察、默默在岗位上付出的党员干部和平凡的人士。

## 当好党的政策“宣传员”

驻村以来，在与村民的多次接触交流中，我发现大部分村民包括一部分村干部对国家的财税优惠政策并不了解，这样极大地限制了村集体经济的发展。我便不断地发挥专业优势，组织开展“自强、诚信、感恩”主题教育，做好贫困群众思想发动、宣传教育和情感沟通工作，激发摆脱贫困的内生动力，注重扶贫同扶志、扶智相结合。在群众会、院坝会上向村民宣传讲解国家财政支农奖补政策，改变了“等、靠、要”、认为项目资金就是国家大包大揽的观念。同时，积极咨询养老保险、医疗保险参保政策、咨询医疗保险报账等制度，动员大家在修订的各项村规民约范围内幸福生活。

能在驻村期间帮助村民做一些实实在在的事情，我切实感受到一个驻村干部的价值。

## 当好沟通协调“联络员”

如果你要问我在驻村收获了什么，那我会告诉你我见证了什么。

一年多来，经多方协调争取，箐脚村得到市财政局、市红十字会和爱心人士的大力支持。市财政局主要领导、挂包箐脚村的分管领导多次到村调研，与村两委多次深入交流，就箐脚村的发展进行探讨，争取资金帮助投入基础设施建设，投入物资改善卡户的基本生活条件。解决爱心超市资金运转资金和村级工作经费。对帮扶指导提出多项中肯的建议。

村庄环境的改善和巷道的整洁，各族群众的理解、信赖和支持，还有党员同志们奋勇争先的旗帜引领，当然还少不了工作队、村干部们的同心协力共克时艰，一手抓疫情防控一手抓脱贫攻坚。这些真实的存在也让我开始真正体会到：只有真正俯下身子，真正用心沉下去，真正走进群众心中去，真正以伟大的人民群众为师，真正从芳香的泥土中体会乡土中国，我才能骄傲地说："这一次我没有白来。"

当然，我也有遗憾。

来箐脚村驻村以来，我的一个梦想便是帮助村集体经济实现"造血"功能，有自我生财能力。但这个梦想未实现，不得不说是个遗憾。

细细分析，箐脚村村级收入后劲不足，基础条件薄弱，村集体经济发展滞后。其实箐脚村还是有优势的，比如具有少数民族村优势，可以利用这一优势争取资金、项目、政策支持，发展一批投资少、见效快的"短、平、快"项目；具有较好的生态环境，背靠大黑山，发展乡村旅游潜力很大；村领导班子亲民、爱民，在村民中有威望、有号召力。

该怎么办呢？做项目要考虑长远，找一个好项目可不断生财，再用来发展和建设公益事业，比什么都好。

所以，我也相信，在镇党委政府的正确领导和关心支持下，村两委与村民团结协作，在乡村振兴战略中，箐脚村一定能走上一条科学发展、跨越发展的致富之路。

（作者时任昭通市财政局派驻江底镇箐脚村第一书记、驻村扶贫工作队队长）

# 驻村三年体会深

郑厚武

根据局党组的安排部署，我于 2015 年 9 月至 2018 年 3 月进驻镇雄县花山乡小米地村开展驻村帮扶工作，担任第一书记、工作队队长。回顾近三年来走过的驻村历程，有辛酸，有收获，有不少真切的体会。

## 体会一：驻得下来是前提

所谓“驻村”，就是要始终驻扎在村里。只有按照上级党委政府有关要求驻在村里，静下心来，让每位队员真正融入村“三委”中，成为他们中的一员，与他们交心谈心，让村干部和党员群众了解你，信任你，相信你能与他们一起战斗，一起付出。只有达到这个前提，你才会被认可，也才会有收获。相反，如果你今天来，明天走，不当战斗员，只当匆匆看客，既浪费了自己的宝贵青春，也会让全村党员干部鄙视你，不欢迎你，不信任你，不但驻村工作无法正常开展，而且会严重损害挂包单位的形象。

近三年来，在我的带领下，所有驻村工作队队员严格按照上级有关规定要求，踏踏实实驻村开展工作。在保证每月驻村 22 天的基础上，结合阶段工作的实际，以完成工作任务为目标，不去算驻村时间的多少，有时一个月只有2天休息时间，但同志们均无怨言。特别是2018年春节前夕，由于要接受国家第三方扶贫评估机构评估，所有驻村队员一直坚守岗位，待到评估机构评估完成离开镇雄后，小米地村至花山乡政府的道路已经严重结冰，所有车辆全部停运。同志们在春节前两天，才冒着严寒，徒步前行，忍着饥饿和疲倦，翻越一座座雪山，从早上一直走到下午花了近5个小时才回到花山乡政府驻地，个别同志还因大量出汗未及时饮水而导致了短暂休克的现象。这样超负荷坚守岗位的案例还有很多很多，但所有队员没有一句怨言，始终坚守一线，忘我工作。

正是有队员们的长期坚守，整个工作队最终赢得了干部群众的理解和信任，树立了我局干部职工的良好形象。

## 体会二：沉得下去是基础

驻村工作的首要任务是要沉下身子，在了解和掌握村情、社情和民意的基础上，帮助村组制定好《脱贫攻坚方案》和到户的具体帮扶措施。而要完成这一任务，就需要驻村队员深入一线，进组入户，摸清村组基础设施建设、产业发展、医疗教育及群众收入等情况，查找分析该村现状与村出列、户脱贫标准之间的差距。

回顾驻村工作以来，工作队队员按照分片包干的任务要求，与乡村干部一道，每天深入村组农户，了解社情民意，帮助村组和农户找出脱贫的短板和不足，理清产业发展、基础设施建设等发展思路，为推动脱贫攻坚工作奠定了坚实基础。特别是在2017年脱贫攻坚精准识别工作期间，长达两个多月的精准识别工作无一人请假，所有工作队队员与其他调查人员分片分组实行任务包干，早上8点准时出发，晚上8点才回到驻地，匆匆吃完饭后，又组织召开数据研判会，对当天入户调查出现的问题和困难进行分析研判，对疑惑的问题及时请示县、乡党委政府予以明确答复。

有关识别数据出来后，就要召开群众大会进行表决公示。而由于该村绝大部分村组长期未召开过群众会，村“三委”干部有顾虑，怕开不下来，不敢组织召开。我意识到如果群众不来开会，就将导致识别工作无法开展，将影响脱贫攻坚工作的进程，于是及时组织驻村工作组召开会议，分析各村民组情况，要求队员主动担当，负责主持各组的群众会议。队员们不畏困难，主动承担任务，呈现了很多值得肯定的事迹。如欧阳喜同志主动承担杉林、长会两个村组的群众会的召开；如王华同志亲自深入每家每户，不厌其烦动员群众参会；如孔令斌、范厚云等同志主动承担少数民族村寨群众会的召开；如陈友平同志在主持会议时，面对个别群众提出的无理要求沉着应对，主动出击，耐心解释，最后得到了群众的理解，既坚持了正义，又树立了驻村队伍的形象。

正是有队员们沉得下身子，敢于承担任务，敢于面对挑战的信心和勇气，才得到了群众的理解和认可。群众对我们组织召开会议的很多图片进行了转发，并发表了“多年未见组织开群众会了，市安监局的同志辛苦了”等正能量感言，干群关系逐渐走上了正轨。

正是有队员们的兢兢业业、任劳任怨，小米地村的精准识别工作才能按时按质完成，我还多次被乡党委请去为全乡精准识别工作队队员进行业务培训，工作方法和工作成效得到了县、乡党委政府的高度认可。

## 体会三：为民解忧是本分

我们工作组刚入驻小米地村时，由于村“三委”干部与群众之间缺乏沟通等原因，干群关系十分不好，普遍存在群众怕找村干部、不愿主动找村干部帮助解决困难问题、村组干部也怕见群众等不良现象。驻村工作队了解情况后，充分认识到问题的严重性，明确提出要紧盯群众的困难问题，要创造条件为群众排忧解难，让工作队成为群众的贴心人、好朋友的工作思路，迅速破解当前的困局，修复党群干群关系。

在我的带领下，所有驻村工作队队员想群众之所想，急群众之所急，多次组织召开联席会议，与村“三委”干部交心谈心，轰轰烈烈开展为群众办好事实事活动，呈现了很多感人的事迹。

针对小米地村集镇由于年久失修，整条街道到处都是“脏乱差”的状况，群众赶集时完全是“雨天一身泥，晴天一身灰”，晚上整个街道黑成一片，全村群众反应非常强烈。驻村工作队主动与镇雄县交运局汇报对接，在工作队的多方努力下，县交运局及时将其纳入硬化的盘子进行修复硬化，同时，工作队将街道无路灯的问题及时向局党组汇报，在较短的时间内，整个集镇装上了路灯，照亮了路人，也照亮了群众的心，迅速拉近了干部与群众的距离。

2016 年 10 月 26 日，新房组一贫困户家房屋因年久失修，房梁断裂，导致户主妻子受伤。得知情况后，工作队队员立即赶往贫困户住处，一方面安排该户及时进行搬迁避险，一方面组织伤者入院治疗，并现场筹集了 500 元现金帮助该户渡过难关，户主流下了感动的泪水。

2017 年 11 月 2 日，工作队接到报告称：贫困户马亮明之前带领全家在新疆打工，两个孩子一直在打工地上学，但由于马亮明生病死亡，两个孩子辍学回到蒿坝村民组家中。工作队得知这一情况后，及时赶到蒿坝了解情况，并组织村小学校长研究解决，当天下午两点，该贫困户的两个小孩就进入村小学继续学习，学校还解决了两个孩子的食宿问题，避免了贫困户子女辍学。

这样的例子还有很多很多，正是有工作队队员们的为民情怀，群众对工作队的各项工作更加理解和支持，全村群众只要遇到困难，就会主动找工作队队员帮助解决，工作队真正成为群众的好朋友、知心人，进一步密切了党群干群关系。

## 体会四：项目落地是保障

驻村的目的是帮扶，最终的落脚点就是按照已制定的帮扶措施，想尽一切办法促使各类脱贫项目落地，帮助村组和农户补齐短板。

驻村工作队积极作为，主动向局党组和有关方面请示汇报，请求帮助该村解决一系列困难问题。通过努力，共协调筹措资金 1984.5 万元，用于改善该村的各类基础设施建设和产业发展。其中：乡村油路建设 1560 万元；村组公路维修 41 万元；村中心完小校舍建设 130 万元；村集镇硬化建设工程 31 万元；村集镇路灯安装 10 万元；蒿坝党员活动室建设 2 万元；蒿坝临时教学点厕所修建及课桌凳更换 3.5 万元；云杉种植 25 万元；花椒种植 50 万元；养殖专业合作社圈舍扩建 5 万元；教育发展奖励基金 15 万元；村干部教育培训资金 2 万元；驻村工作经费 10 万元；村脱贫攻坚工作经费 18 万元；花山乡打非治违工作经费 25 万元；美丽乡村建设资金 45 万元；电脑配备资金 3 万元；群众救助资金 9 万元。

## 体会五：群众脱贫是目标

在局党组和花山乡党委政府的关心支持下，通过全村干部群众的共同努力，全村贫困人口由 2014 年的 928 人减少为 2017 年年底的 555 人，贫困人口数减少 373 人，贫困发生率由 27% 降低为 12%，下降了 15 个百分点，脱贫攻坚工作取得了阶段性胜利。

纵观驻村工作这段历史，有差距，有成功，回味很多，感触颇深，收获不小。在以后的工作中，我将承继驻村时期的精神，继续前行，做一个有真正灵魂的人，做一个对国家和社会有用的人，始终坚守初心和不忘使命，履行自己入党时的誓言。

（作者时任昭通市应急管理局协调科科长）

# 勠力同心　扶贫攻坚不畏难

庄　荣

梅雨蒙蒙，车子在乌蒙山陡急蜿蜒的盘山公路上一直绕了两个多小时，就在我头晕忍不住想吐的时候，终于到达了我对口的扶贫工作点——云南镇雄县母享镇堰沟村委会。

我是参加了头天镇雄县组织的“扶贫试点建设”的经验交流会后，次日一大早就回到村里的。回想昨天团省委驻村工作队的交流发言：投入了多少钱、做了哪些事、怎么做的，效果如何？我沉思着我所在堰沟村贫困状况：山高坡陡，土地瘠薄，水源及水利设施缺乏，道路交通等基础条件落后，散布四周的自然村都为彝族、苗族、白族杂居，村贫困人口比例高，贫困程度严重，生活条件、人居环境、医疗卫生条件差，加之长期的教育水平所限，致使这里文化落后，精神生活贫乏，村民劳作素质和致富意识低，经济开发难度大，基本没有稳定的经济来源。总体情况是：交通基本靠走，通信基本靠吼，用水基本靠抖，致富基本没有。

望着眼前活生生的现实，我不由自主地问：扶贫之路，路在何方？

# 了解民生——人心向背第一招

常规的一次驻村摸底，有一户姓郑的老人，犹豫半天后，小心翼翼开口：“同志，你们真是来帮我们的，就先帮我们接接水，我们吃水太困难了，平时乡亲们都是喝水窖里存了很久的水，都是虫子，经常闹肚子。”水，万物之本源，生命之桎梏。

上下齐心拔穷根，“先让大家把干净水喝上”。通过调查过去铺架的自来水管，发现很多地方出现了破损、老化、淤堵，部分蓄水池干涸荒废，有些老百姓家无法正常供水，又回到了历史上靠接雨水过日子的状态。

“我们来了，就必须让老百姓把水喝上。”说干就干，第二天吃下了两颗索米痛后，在村支书带领下，鸡鸣就起，晚霞落山才返，整整用了两天的时间，走遍了堰沟的地界，确定了几个可能实施引水的水源点后，我们写出了细致的引水方案，规划了最适宜的水池位置，向老乡承诺一定让他们喝上放心水。在县水务局和镇党委的安排下，集中组织对年久失修、通水不畅的管道修缮、疏通；对四个村民小组生活用水水池进行新修……施工中，工地监督施工质量，催促工期，协调水管部门解决各类技术问题。很快，清清泉水汩汩流进了村子，接到了每家每户，多年喝水难的问题，两三个月就得到了解决。

“没文化，干不来”，致富无路，发家无门，有一批村民是个别村干部眼中的“刁民”，村里个别干部早已用“金箍棒”画了一个圈子，一些政策根本惠及不到这些人身上，他们眼里对驻村工作队有太多的渴望和祈求，他们始终在找机会接近驻村工作队。2019 年 5 月，总队长到村听过我们的汇报后，其中的一句话提醒了我们要“动员走出去打工”。但有些人经动员多次无果，我们仍不放弃，认为必须打开这扇门，如联合的一名王姓的汉子今年已 37 岁了，多次登门交心谈话后，暖心的话语让这个汉子打开了心扉，由于 12 岁时父亲死亡，母亲改嫁远走他乡，他成了孤儿。再加上父母之前建房欠下了债，生活的重担一下子压在了这个未成年人的肩上。因家庭贫困、性格孤僻，我们决定把他纳入帮扶重点对象名单，让他要多与人沟通交流，让他和其他人一起参加培训后到广东工作，让他们有了固定的收入，实现真真正正的脱贫致富。

结合市卫健委扶贫优势，在健康扶贫上下功夫，除搞好卫生室规范建设、农村合作医疗保险缴纳外，还多次组织医务人员到村开展健康扶贫义诊，减少村民因病反贫的风险。

## 正思想——戳部分基层干部痛点，引担当呈燎原之势

不用讳言，长期实行的“救济式扶贫”让个别村干部的思维里种上了“惰性”的种子，加之近几年，这里的基层党建薄弱，支部人员年龄老化、履职如同走读，凝聚力、战斗力和影响力急剧下降；年轻人多出外打工，带头团队力量薄弱，扶贫上力不从心；视野狭窄，导致这里的农民脱贫意愿强烈，村干部却不得力。一段时间的观察后，我发现在村委会圈子外竟然还有一批肯干、实干、愿干、苦干的村民。作为村第一书记，我在抓党建促脱贫攻坚时，于2019年6月重新组织改选了村党总支部属下的堰沟、民族、红岩三个支部，使其真正发挥党的战斗堡垒作用，撤换、配齐了部分村委会委员。认真履职搞好党的基层组织建设，做好“三会一课”、主题党日等活动，讲好党课，教育培训党员充分发挥农村党员的先锋模范作用，工作队的做法影响转变了一些村干部的思想，干部深入群众主动解决问题的风气逐渐形成。共同理解了脱贫攻坚是一场没有退路的硬仗！基层干部就是攻坚克难的突击队、排头兵，每一个人都必须带着舍我其谁的责任感、时不我待的使命感，深入一线，脚踏实地，不脱贫就不出村，力争提前实现目标。自脱贫工作开展以来，县、乡、村三级干部养成了认真落实在扶贫攻坚中的各项政策措施，习惯“5+2”、“白加黑”的工作方式。

## 勠力同心——实干担当践初心

脱贫攻坚千头万绪、任务繁重。打赢脱贫攻坚战，重点在一线，关键看干部。为了帮助母享镇彻底打赢脱贫攻坚战，昭通市卫健委先后派出了十多名工作队队员驻村。干实事，说实话，见实效，真正和我们彝乡苗乡以少数民族占绝对主体的老百姓想到一起、干在一起。他们有着火一样的性格，热情、淳朴、善良。只要你用真心待他，他必真心待你。“以心换心，以情换情”，只有真正把老百姓的事情当作自己的事情，把贫困户的心焐热了，才能把他们的内生动力激发出来，工作才能得到他们的支持和配合。

脚下沾有多少泥土，心中就沉淀着多少真情。中华民族几千年的绝对贫困问题将在我们这一代人的手里彻底解决。能参与这样伟大的事业，多么幸运！等我老了，我就给我孙子讲——猪儿海子那个地方，在一个叫堰沟村的地方，爷爷有一群亲人，爷爷曾与他们并肩作战，打了一场漂亮的硬仗……

（作者时任昭通市妇幼保健院工会主席、驻镇雄县母享镇堰沟村委会第一书记、扶贫工作队队长）

# 扶贫路上写忠诚

严玉菊

2018 年 1 月，昭通市住房公积金管理中心派我到长河村担任驻村扶贫工作队队长。两年多来，我始终牢记扶贫的十项工作任务，以市委杨亚林书记提出的 133 工作方法为指导，坚持从严标准，认真负责，真抓实干，积极作为，配合镇、村扎实开展各项扶贫工作，为长河村理思路，解难事，办实事，谋发展，用心用力用情干好工作，用实际行动践行对党忠诚、积极工作的铮铮誓言。

## 一、抓教育发展，扶贫先扶智

长河村占地 30.09 公里，共有 22 个村民小组，有三所完小，但学校都存在教师数量不足、学科结构不合理等问题，有的学生每天上学要走两个小时，而长河村气候阴冷潮湿，上学之路异常艰难。由于各种因素，长河三所学校教学质量长期处于全镇倒数。而长河村群众贫困的主要原因之一是文化程度低，劳动力在外务工只能选择最脏最累最危险的活，因伤致残的家庭有 10 户以上。提高长河村民文化素质已刻不容缓！经过和省委下派驻村扶贫工作队队员的充分调研后，我们提出“优化师资、整全资源，合并学校、提升教学质量”的思路，得到县教育局领导的认可和支持后，我们发动村“两委”干部、驻村扶贫工作队队员和学校教师，挨家挨户做工作，取得他们的支持，通过向县教育局协调项目资金120万元，将原教学楼改造成学生宿舍，满足三公里外的学生在校住宿条件。三校合并后，教学资源得到充分优化，学生每天早晨有更多的学习时间，晚上做作业都有老师辅导，教学成绩明显提升，仅一个学期，长河小学教学成绩就从倒数上升为中间水平，长河小学也成为镇雄县第一个学生可以免费住宿的村级小学之一，2019年年底，我们通过积极争取，被省教育厅定为“全省关爱留守儿童示范学校”。

## 二、抓产业发展，固扶贫之本

由于没有产业的支撑，长河村村民的主要收入来源只是单一的劳动力外出务工，土地长年种植苞谷和洋芋，所产生的经济效益低。如何将长河村土地资源发挥经济效益，成为我思考得最多的问题。镇雄县委翟书记曾说，扶贫工作不能做等米下锅之人，要学会做无米之炊。驻村后，我了解到长河村将种植魔芋和羊肚菌作为产业发展，但长河村从来没有大规模种植过魔芋，也没有种植过羊肚菌，我想，用国家拨付的产业发展资金带领种植魔芋和羊肚菌，如果不成功，将会造成很大的损失，我们也无法向百姓交代，必须先试验种植成功后再向百姓推广。在没有资金、没有项目、没有技术的情况下，我向单位争取资金购买羊肚菌种进行试验种植10亩，发动驻村扶贫工作队队员、村“三委”干部出资购买魔芋种种植100余亩，并带领村“三委”干部和致富带头人先后到曲靖考察魔芋种植技术，到盐源乡学习羊肚菌种植户的种植技术，到五德镇新田村参加产业发展座谈会，到玉溪市学习大棚蔬菜和羊肚菌种植技术等，并聘请专家到长河村实地考察。万事开头难，所有的成功都要付出无数的艰辛，甚至无数次的失败，两年多来，我为长河村产业发展到处筹措资金，从种植技术到管理都全程参与，利用自身资源为长河村争取大棚项目等。按规定，驻村扶贫工作队队员每月可以休息10天，但我从没有按规定休满假期。在忙碌中，我感觉两年的时光一晃而过。到目前为止，虽然长河村的产业发展还没取得巨大成功，但我们积累了丰富的经验，提高了群众科学种植的意识和能力，这为长河村今后发展产业打下了基础。

## 三、抓思想意识，激发群众内生力

扶贫工作长期与贫困户打交道，只有把贫困户当自己的亲人，认真倾听他们的诉求，解决他们的困难，才能得到群众的认可。

为了加强与贫困户的联系，我经常到贫困户家中走访，了解他们的生活情况，帮助他们解决一些实际困难。在走访过程中，我了解到河边村民小组几户村民家住河对面，连接对岸的是一座用木板搭建的简易桥，每到雨季，村民出行就得绕到山上再下来，不到10米宽的河流到对岸就得用一个小时的路程，村民们建桥的愿望十分强烈，可是修好这座桥光材料费就需要3万多元，他们挨家挨户筹集资金，结果只筹到1万多元。针对这种情况，我积极协调资金2万元，帮助他们建起了“连心桥”。建档立卡贫困户李国华因哮喘病引起腹腔大面积积水，没有路费到省级医院治疗，得知这一情况后，我在有限的工作经费中拿出了2000元送到李国华家中，让他及时到省医院进行了治疗。贫困户申宗旭40岁还没有成家，又不幸患上癌症，四处求医花光了他所有积蓄，医生告知他所剩时间最多三个月，他只有回家养病。在一次走访中，单位挂包干部正好听见他和哥哥视频，了解到他正四处借钱用，我便第一时间为他送去 1000 元，并为他向镇上申请了临时救助。贫困户李明玉已丧偶多年，唯一的女儿和女婿已离婚，常年外出务工，家里 80 多岁的老母亲和三个刚上小学的孙女由他一个人照顾，家里卫生非常差，周围邻居都不愿进他的家门，我们充分发挥驻村工作队队员女同志多的优势，给他家购买了新沙发，指导他操家理务，经常把三个小朋友带到村委会洗澡理发，给她们洗衣服。贫困户刘文光多年前儿子因病去，妻子张青美一直生活在失子的悲痛中，我经常到他家走访，耐心开导，生活上处处关照他们，还为他家解决了实际困难，渐渐地，张青美的脸上有了笑容。靛地村民小组修补人行桥资金不够，我们送去 2000 元；大塘小组人行桥没有护栏，存在安全隐患，我们出资 6000 元为他们修缮加固……老百姓有困难，我总是尽力为他们解决。我用心用情用力地工作，终于得到了长河百姓的认可。许多百姓都把我当作贴心人，有什么话都愿意与我交流，我也利用各种机会为他们宣传党的方针政策，教育他们要常怀感恩之心，靠自己的双手和智慧创造幸福的生活。

## 四、抓人居环境，维护好生态环境

一个良好的生活环境会提升人的生活质量和健康水平，提升人居环境，是脱贫攻坚和乡村振兴战略工作的重要组成部分。长河村属深度贫困村，老百姓受教育程度低，人畜混居现象较为普遍，老百姓生活卫生习惯差是长河村最大的问题。让他们改变长年养成的生活习惯成为驻村的重要工作之一。带领群众干，要先做给群众看，为更好地引导村民参与到人居环境提升活动中来，我带领驻村扶贫工作队队员从村委会入手，在房前屋后种上花草树木，随时保持办公室及周围环境干净整洁。同时，我经常利用“三讲三评”会议和村民小组会议的机会，反复给村民宣传干净卫生的生活环境的重要性，并联系单位妇委会同志到村对妇女进行操家理务培训，还充分发挥广大党员的先锋模范作用，利用党员活动日等让广大党员参与清理道路及河道内垃圾。工作队还动员广大学生发挥宣传教育作用，开展“小手牵大手”活动，让一个学生影响一个家庭，同时，我们还组织开展“提升人居环境，我家最干净”评比活动，争取单位支持，出资3万余元购买沙发套、洗衣粉等作为奖品发给群众。通过不断强化，有的村民家庭环境卫生发生翻天覆地的变化，长河村遍地是垃圾和污水的现象得到根本性好转。

正是有了国家的英明决策，我才有幸投入到这场脱贫攻坚的伟大战斗中来，两年半的扶贫，我把百姓当亲人，竭尽全力为长河村百姓谋出路，解难题，得到了镇党委政府和长河村百姓的认可，我感到无比光荣。在大家的共同努力下，长河村正发生着日新月异的变化，贫困发生率由两年前40.3%变成0，这让我倍感欣慰。

（作者时任昭通市住房公积金管理中心资金归集管理科副科长、驻长河村扶贫工作队队长）

# 衣食住行来相问　开怀一笑满堂春

郭运军

连续不断奋战20日有余，紧张激烈的普查工作终于告一段落。在这20余天里，由我和赵宏组成的普查小组（我为组长、赵宏为组员）共完成了262户建档立卡贫困户的普查工作，是整个翠华镇乃至大关县普查工作中普查户数最多、工作体量最大的一个组。尽管如此，我们的工作进度仍然没有落后，普查质量得到了认可、经过了审验。为此，我们普查小组起早贪黑，经常比别人多工作四五个小时。在连续作战10天以后，在8月1日凌晨0点过1刻，终于因为太过劳累和疲惫，我最终晕倒在卫生间，造成肋间皮肤损伤和软组织挫伤，所幸没有造成骨折（头差点撞在了马桶上，若如此，我命休矣）。原本计划8月1日休息一天，然而省办突然通知，要求8月3日前基本完成访问工作，8月6日完成收尾工作，故而没有来得及休息，就带伤继续上阵，在规定的时间内，圆满完成了262户的普查任务。我可以很自豪地说，我战出了一名共产党员的风格！切实履行了一名脱贫攻坚普查员的职责！

不仅如此，我组还冒着其他普查小组没有冒过的风险，深入到麻风病人家中，亲自面访了8户麻风病人户（其中一户本来可以作特殊情况下的电话访问处理，但我们了解其在木杆敬老院后，再次不顾风险，于8月3日亲赴木杆敬老院对其面访）。

过程虽然艰辛，但是吾心甚慰。许多令人感动的瞬间，就发生在这次普查中。这次普查也让我看到了脱贫攻坚这项党的民心工程在群众中间开花结果。每走到一户人家，我们都会享受他们很热情地递烟泡茶的礼遇，那种感觉，就像见到久违的亲人一样。

“衣食住行来相问，开怀一笑满堂春。”

当我们问到“是否吃得饱”时，大多会哈哈大笑，“这年头谁还吃不饱？多亏了党的好政策啊！”那种满足和幸福的笑容感染着我们。当问及“建档立卡前和建档立卡后对比，生产生活条件是否有变化”时，许多人甚至激动起来：“当然有变化，变化太大了，我们要感谢党！感谢政府！感谢你们这些扶贫的干部！”虽是盛夏酷暑，只要听到这些暖心的话、感恩的话，就会让我们如沐春风，再累也不觉累！

访问孤寡老人郭华清的时候，看到他家收拾得很干净，屋里的家私样样都摆放得井井有条。听到我们自报身份、说明来意后，郭老又是递烟又是搬凳子给我们坐，热情得不得了。手上忙着，口中也没闲着，一直念叨着党的好！当问及“卡前卡后生产生活条件的变化”时，他激动地拉着我的手说：“别说是建档立卡前和建档立卡后的生活对比，对我们这种‘生在新中国、长在红旗下’的人来说，亲眼见证了咱们国家翻天覆地的变化！还是共产党好！只有共产党才能让老百姓过上好日子！”说完还朝墙上的总书记的照片躬身敬拜了拜。他的情绪深深地感染了我，让我再次生出自豪，自豪自己是一名共产党员！自豪自己是一名扶贫干部！同时也生出感慨，感慨脱贫攻坚这项伟大的工程，在群众心中深深地扎下了根！多年以后，历史必然会记下这浓墨重彩的一笔！访问完毕，我掏出了身上仅有的100块钱，算是慰问这位年近古稀的孤寡老人。

易迁户马朗花家，本不是我们的普查对象，但是马朗花来村上办事儿的时候遇到了我们，听到我们是脱贫攻坚普查员，紧紧地握住我的手，一时没有说话，但眼里开始涌上了泪花，直到给我们递烟时，嘴里才一直说着“感谢！感谢！”

经村支书介绍和他本人叙述，我们才知道事情的原委。原来他家与对面陈家本是邻里，因为长年的矛盾纠纷，乃至积怨到反目成仇，导致马朗花的弟弟犯下不可饶恕的重罪（陈家的两个幼童被马朗花的弟弟杀害），虽然马朗花的弟弟早已伏诛，但是马朗花一家还是害怕报复，于是老老少少再也不敢住在家里，只得背井离乡、四处飘零。生活相当艰难，不光是居无定所，还经常住在临时搭建的草棚下，或者是废弃的厂房里。

2017 年建档立卡贫困户新识别的时候，村上考虑他家的实际困难，为了在脱贫攻坚中不落下任何一个人，村上几名干部不仅远涉数百公里，亲自赶往他家之前居住的草棚下（因为漏雨，地面积满了水）调查取证，帮助他家建立档案，还为他家申报了易地搬迁指标，在搬进了新家，结束了颠沛流离的生活后，又找政策支撑，帮助他家开创自己的产业，同时，还将他家纳入了农业合作社，一起发展种植花椒的产业。现在，一家人过上了安居乐业的好生活。所以，马朗花非常感谢村里，感激政府，感恩党！这就是为什么听说我们是脱贫攻坚普查员，紧紧握住了我们的手的原因。我也更加深刻地体会到，只有真正为民办实事、扶真贫、真扶贫，才能获得群众的认可和发自内心的拥戴。

像这样“投之以桃，报之以李”的故事还有很多，如黄国超家，一家老小忙前忙后，准备了丰盛的午餐，一定要留我们吃中午饭；如罗显顺老人家，听说我们要坐一个多小时的车，亲自到木杆敬老院看望他的时候，双目失明的他拄着拐杖还频频弯腰致谢，我给老人留了我的电话号码，方便他有问题的时候可以通话……

此次脱贫攻坚普查，在我看来是一次不断摸索、不断总结的过程。尽管之前市、县两级开展过集中培训，然而在“实战”中，还是会遇到许多无法预料的情况。比如，被访问户不清楚自己享受了哪些政策。当然，这是一个共性问题，因为在实际生活中，大部分建档立卡贫困户都习惯将自己所得的政策收入打在同一张银行卡上，这样虽然便于管理，但是多笔款项混合在一起，时间久了，连他们自己都搞不清楚这些款项的来源，故而在普查中，往往会遇到被访问户讲述的与行业数据不相符的情况。针对这种情况，在下步工作中，我有两点建议：一是村上要建立相应的数据库和台账，将每一户贫困户的享受政策情况统计归档，分类标注得清清楚楚，务求规范、完整、数据无遗漏；二是帮扶干部在入户走访时，帮助建档立卡贫困户核实和学会计算政策收入来源。又比如，被访问户不正面、如实回答问题，而是借普查之机诉苦，部分经普查员耐心开导后，仍然不据实回答问题的（尤其是电话访问的），致使普查工作无法正常开展，既拖延了普查进度，又使普查数据无法上报和审验。针对这种情况的两点建议就是：一是驻村工作队、挂村工作组及村两委要经常开展诚信感恩教育，并利用院坝会、群众会、村组会、“三讲三评”等形式全方位开展脱贫攻坚政策宣讲，通过各种措施，提高群众满意度；二是提请镇雄县人民政府，在镇雄县普查前夕，制定出台有关惩治脱贫攻坚普查中瞒报、谎报、不积极认真配合普查工作的文件，以打击和震慑那些恶意阻挠脱贫攻坚普查工作的人和事。

至于在普查过程中，如何合理使用软件和提高普查效率方面，个人也有几点粗浅的看法：一是App的使用上，“在线”状态下缓存数据后，在“离线”状态下来填报，既可以免去App操作中在线“缓存数据”之干扰，亦可减少因“修改”或其他操作带来的麻烦（需要注意的是，在登记填报时，必须直到最后点击“完成登记，上报”按钮，出现“离线状态下不允许上报，数据已全部保存”方才完整，否则会出现数据丢失或图片无法上传等情况）；二是在计划入户之前，先让镇村提供准确、全面的台账以供参考，并大致了解该户的情况，做足准备工作；三是在访问之前，要让与被访问户熟悉情况的镇村干部先预约好该户，再登门进行面访，而电话访问的，更是要让镇村干部先与其做好沟通、告知意图，普查员方可接着电话访问；四是在与被访问户的对话中，不要机械地问问题，而要有的放矢地与被访问户拉家常，不要使用群众难以理解的书面词汇，尽量使用通俗易懂的方言交流和沟通，这样既拉近与群众的距离，又能提高普查的效率；五是普查小组成员要紧密配合，“一唱一和”才能让普查过程不脱节，出现特殊情况及时处理，相互提醒、互为补充，思想要统一、思路要一致，“二人转”式开展工作，才能保证效率最高、问题最少；六是普查员要善于学习、勤于思考，不光是学习统计调查的相关法律法规、要求和技巧，最重要的是，普查员首先得熟悉掌握脱贫攻坚的政策知识。

此次脱贫攻坚普查是一次学习借鉴和取长补短的过程。这次普查不仅让我看到了我们在脱贫攻坚过程中的长处，更看到了我们的短处。首先是产业，村村有特色产业，镇镇有规模化的产业。有的村是种植花椒，有的村是开创菌类培植，有的村主打旅游业，有的镇规模化搞养殖，有的镇是规模化种植邛竹，等等。乡村振兴战略20字方针之第一条便是“产业兴旺”，而只有产业兴旺了，生活才会一天比一天富裕，生态一天比一天更好。《管子·牧民》中说：“仓廪实而知礼节，衣食足而知荣辱。”衣食富足了，大家都讲礼节了，何愁乡风不文明？其次是人居环境治理和提升，我总结了治理提升“三步曲”：一是组成卫生环境治理的镇村组“三级联动机制”，定时和不定时检查环境卫生，一般是每隔两天检查一次，不仅仅是检查村民组的公共卫生，更要检查农户的家庭卫生；二是将检查结果通过张贴“红黑榜”公示，由群众来监督和评判，形成一种环境卫生和操家理屋“比、学、赶、超”的良好风气；三是对上红榜的公开奖励，对上黑榜的及时批评教育，屡教不改的，采取一定的措施，帮助其扭转消极思想。另外，可以结合开展“卫生宣讲进校园”“小手拉大手”等活动来促进巩固提升。

虽然大关普查结束了，但是镇雄普查即将到来。我想，我们接下来要做的工作还有很多很多，简单来说就是，要对照普查的标准和内容，迅速补齐短板，特别是“一收入四保障”，这是刚性指标，任何一项都马虎不得；其次就是建立清晰准确的台账，以备将来随时可查、随手调用，而且要确保市、县、乡、村的数据规范统一，尤其是乡村两级，争取做到“一户一档案”“一户一精准”；再就是抓紧时间搞好“两提升”，特别是群众满意度的提升，要充分利用各种场合宣讲政策、疏通思想阻碍，同时，要帮助建档立卡户算清收入账，只有他清楚自己的政策收入来源，才有利于将来普查和其他工作的开展。

（作者时任昭通市应急管理局协调科副科长）

# 山村蝶变折射市纪委扶贫真情

朱德华　朱　鹏　刘绍清

扶贫帮困动真情。这是一个荡漾着诗意的地方。然而，正是因为大山大河的阻隔，这里成了被现代文明遗忘的角落。长期以来，这里的人们苦苦期盼富足、幸福的生活，一代一代地积攒着乡愁。直到昭通市纪委驻村扶贫工作队的到来，一切才逐渐发生了变化。

2015 年，党中央吹响脱贫攻坚的号角，省委、省政府立即动员并作出安排。昭通市委、市政府更是把脱贫攻坚作为“十三五”时期的头等大事。根据市委、市政府的安排，市纪委监察局挂钩帮扶永善县茂林镇新林、松林、永安三个村。为扎实有效开展精准扶贫工作，市纪委迅速成立了领导小组，组建了 9 人的驻村工作队，第一时间进驻三个村开展各项工作。

据介绍，新林、松林、永安三个村脱贫出列的时间分别为 2017 年、2018 年和 2019 年。市纪委领导班子在调研过程中发现，三个村庄虽然贫困程度都很深，但由于地理、区位、交通、资源等因素的不同，与其三面出击，不如采取分步实施的策略，优先集中力量攻其一点，逐步实现脱贫目标。在三个村中，新林村因国土面积最大、贫困人口最多，而成为第一战场。截至 2016 年 12 月 30 日，市纪委组织机关干部职工到扶贫点开展工作 322 人次，单位结对帮扶 659 户 2304 人；引进人才 20 余人，引进技术 3 项，挂钩帮扶受益人数 5000 之多。

为确保各项工作有序开展，市纪委进一步调整充实了由时任市委常委、市纪委书记的陆维智任组长，三位副书记任副组长，机关各部室办和各纪工委书记为成员的精准扶贫工作领导小组。2016年年初，市纪委监察局制定了《扶贫攻坚“挂包帮”“转走访”工作方案》，明确总体工作要求、具体工作任务、纪律要求等，使帮扶工作有目标、有规划、有步骤、有措施。市纪委还组织全体机关干部职工深入结对帮扶户家进行访谈了解情况，干部职工对帮扶户制定“一户一法”。

市纪委驻村扶贫工作队还配合镇村，通过采取调研、统计、分析、草拟、反复征求意见等多个环节，在基础设施建设、教育、文化、卫生、产业培植等方面制定全面系统的规划。截至目前，市纪委挤出工作经费，直接投入资金59万元，协调引进项目资金3300余万元，各项建设正如火如荼。

干群同心，铺就致富路。“咱们的山太大了，一座连着一座，没有个尽头，光靠两条腿有多少人能走得出去啊！村里很多上了年纪的老人，甚至连汽车都没见过！”

对山里的群众来说，最迫切需要改善的便是交通条件。

在市纪委工作的刘丞云是从新林村走出去的，虽然已在城市生活多年，可他的心从未远离过故乡。他告诉我，以前，没有公路，大家都出不了远门，还以为外面和山里一个样，也就没什么想法；后来，通过外出求学和务工，才知道新林村与外面的差距有多大，于是想修公路的愿望就在大家心里扎了根。

挂钩茂林镇后，群众的呼声引起了市纪委主要领导的高度重视。时任市委常委、市纪委书记的陆维智和领导班子成员多次深入新林村调研，经过多方调查论证，市纪委下定决心要帮助村民们修通出山的道路。

市纪委要给乡亲们修路的消息不胫而走，一石激起千层浪，村民们无不奔走相告，心中那久违的希望之火终于燃烧起来。

为解决交通问题，市纪委领导两次联系市交通局领导到茂林扶贫点就公路建设召开现场推进会，制定规划并迅速推进建设，切实解决“最后一公里”的问题。截至目前，已争取投入资金 869.6 万元，新修或改扩建了新林村石垭口至毛坡营、老房子至瓦厂、寨子至建立溪、寨子至李家坪、松林村小坪至磨子山等 8 条村组公路，共计 60 余公里，解决了 35 个村民小组村民的出行难问题。

地上的路通了，心里的路也就通了。道路的畅通，有力地促进了学校、危房改造、易地扶贫搬迁安置等项目的建设进度，为改善群众的生产、生活环境奠定了坚实的基础。

2015 年 12 月底，石垭口至毛坡营公路竣工通车，小汽车第一次开进了新林村。听着汽车马达的轰鸣声，村民李文全乐不可支地告诉我：“新林村特别适合搞养殖，以前牛、羊、猪都运不出去，就没人敢养，只能受穷。现在通车了，工作队和村里又带着大家谋划发展，准备搞养殖合作社。要是干成了，家家户户都能增加不少收入。”一想到离过上好日子不远了，李文全高兴得合不拢嘴。

土屋换楼房，群众笑开颜。2015 年以前，新林村的民房几乎都是土坯房，而且危房占了很高的比例。这样的住房在洪灾和地震面前几乎没有抵抗力。

“刚来的时候，我被这里的贫穷惊呆了！”驻新林村工作队队员刘绍清说，当时的新林村别说像样点的民房了，连个隐蔽点的厕所都没有，好多人家的厕所其实就是一个露天土坑；条件好一点的人家会弄几根木头在土坑上面搭个茅草棚，里面横枕着几根朽得似乎要断掉的木棒，让人担心掉到粪坑里而不敢蹲上去。

为切实解决老百姓“安全住房有保障”的问题，市纪委把帮助扶贫点建档立卡困难群众完成危房改造作为一项重要工作，以宣传发动督促贷款及政府补贴资金到位为抓手，协助镇村强力推进房屋建设。截至 2016 年 12 月 30 日，全村最终认定建档立卡贫困户 682 户，除 34 户未动工、不愿建外，648 户已建好房屋。团结、河边两个易迁点房屋建设 93 户已全面完工并搬入新居；陆维智亲自考察确定新增的白草坪易迁点 34 户已启动 28 户，建房进度稳步推进。

如今的新林村几乎看不到土坯房了，取而代之的是一栋栋白墙青瓦的“乡村别墅”。茅坡营村民小组村民蒲发明说：“住了半辈子的土坯房，没想到一两年的工夫就换成了楼房，真是太感谢党和政府了。”

培植产业，谋划大发展。挂钩新林、松林、永安以来，市纪委坚持把产业发展作为帮扶贫困群众脱贫致富的重点和难点来抓，树立短、平、快与长效产业相结合的产业发展理念，根据当地的气候、地理、资源条件和外部市场需求，结合贫困群众经济收入情况和主观意愿，制定符合实际的产业扶贫项目，发展增收产业和规范的专业合作社，帮助贫困群众实现增收目标。围绕时间短、见效快、易掌握的技能，尊重贫困群众的特长和意愿，组织开展多层次、多渠道、多形式的技能培训，确保贫困群众技能培训全覆盖，引导贫困群众自力更生，自主创业，引导农村劳动力合理有序流动，切实做到培训一名群众，劳务输出一名群众，带动一户贫困群众脱贫致富。为了解决群众创业资金短缺的问题，市纪委协调争取到产业扶持资金 350 万元，扶持三个村新生的养殖专业合作社。

半边街村民小组小组长国芝贵刚刚搬进了新房，市纪委工作队就鼓励他带着村民发展养殖业。在市纪委的帮助下，国芝贵、蒲发明、余永等人成立了茂发养殖专业合作，股份合作投资养鱼。市纪委还协调争取市农业局渔业站免费为茂发养殖专业合作社提供鱼苗。

国芝贵告诉我，他们准备从养活水鱼起步，先积累经验，然后慢慢拓展到养牛、羊、鸡等。按照国芝贵的计划，茂发养殖专业合作社的鱼塘约 10 亩，年产量可达 30 吨至 100 吨。

茂发养殖专业合作社的例子不过是市纪委挂钩扶贫点产业发展的一个缩影。在三个村子中，像国芝贵这样在市纪委动员帮助下创业的例子不在少数，有新林村的蒲孝文、蒲弟军等成立的文军养殖专业合作社和温飞、李林虎成立的绿乡缘养殖专业合作社，主攻活水鱼养殖；也有松林村的普标成立的永善鑫牛养殖专业合作社和张广彦成立的永善广瑞农民专业合作社，主攻牛羊养殖。

谈到今昔生活的改变，张广彦动情地说：“以前，咱们松林村穷啊，很多老百姓能解决温饱就算不错了，挣钱的事更是想都不敢想。如今，市纪委工作队带着咱们搞产业，奔小康，好日子还在后头呢！”

经过两年多的努力，新林村离今年脱贫出列的目标已经越来越近，而市纪委扶贫工作队的工作重心也逐步向松林村和永安村转移。张广彦说：“有了新林村的示范带动，松林村和永安村的贫困群众也摩拳擦掌，准备甩开膀子大干一场。”

原载《昭通日报》2017 年 7 月 31 日第三版

（作者朱德华系《昭通日报》记者，朱鹏系昭通市纪委市监委干部，刘绍清时任市纪委市监委驻市委宣传部纪检监察组副组长）

# 春风吹战鼓擂　四年战贫终不悔

牟学桃

不是亲身经历，脱贫攻坚这场大决战我无法感同身受；

不是亲身经历，农村广袤大地的巨大变化我不能理解；

不是亲身经历，这一伟大民心工程我不能获得参与感；

不是亲身经历，基层这群最可爱的人我无法与之结缘。

2017 年 2 月，踏上永善莲峰这座高原之城，开始新的征程——驻村扶贫。

## 初识莲峰

2017 年 2 月，按照局党组的安排，在家人的支持下，我简单收拾行囊，没有过多考虑，在老队员的带领下，毅然投入到永善县莲峰镇南林村驻村扶贫工作。刚到莲峰的两个多月时间里，这时候的天气很暖和，万物开始复苏，农活渐渐在这片贫瘠土地上此消彼长。脱贫攻坚工作除了整理一些零碎的档案以外，一是恶补党中央、省、市、县下发的各类脱贫攻坚文件精神和政策，各类条条款款，也只能是有个大概印象，在今后的工作中再慢慢加深理解和运用；二是在村干部的带领下，逐社走访熟悉社情和贫情，为今后的工作开展奠定一个较为清晰的基础；三是一边开展走访、纠纷调解等工作一边向基层干部学习基层的群众工作方法。我虽然是农村走出来的孩子，但是作为一位“三门”生，每天忙于处理公务，基层的实践不是太多，更应该多加强群众工作方法的学习。

## 摸底调查年

从2017年5月开始，按照习总书记提出的精准扶贫和精准脱贫要求，结合户脱贫、村出列的标准，‘挂包帮’‘转走访’、永善“一线挂联”“包片”及逐级下沉开展扶贫工作的部署，镇上也增派了包村工作组，与村两委、驻村队组成了“三支队伍”，逐项进行了全面的摸底调查。第一项摸底调查的工作便是农村贫困人口疾病筛查即健康扶贫，从5月12日开始至23日结束，县上专门抽调了医生到村指导疾病筛查工作，按照行业部门比对，村级入户全面排查等形式，把农村贫困人口健康状况进行了一个全面的摸排掌握。第二项摸底调查工作便是农村人口基本情况摸底调查工作，从5月24日的动员会开始，一直到10月初才完成，这是一场从头再来的扶贫基础性工作，除了驻扎一线的工作人员外，单位专门向南林村增派了一名骨干队员，参加此次的工作。全村410多户做到不漏一户一人，涉及生产生活的方方面面，再对照标准和工作流程重新评定了建档立卡贫困户250多户，工作力度前所未有。事情每天都安排得满满当当，由于正值农忙季节，群众白天都要下地干活，所以我们在“三评四定”阶段都是在晚上到村民小组开展评议工作。这几个月可谓是闻鸡而起戴月而归，风雨无阻，有时候出门还是骄阳当空，归途却是大雨滂沱，只能在公路侧边避避雨头，最忙的时候甚至连续通宵数夜，对国办、省办和市办系统的数据进行清洗，三个多月都没有回过一次家看望自己怀有身孕的妻子和老家年迈的父母。

# 全面巩固提升年

通过摸底调查和动态调整以后，精准扶贫工作终于初显成效，才真正实现扶真贫真扶贫。按照脱贫出列各项标准，2018年至脱贫这段时间，南林村还有许多短板需要补，尤其是住房、交通等基础设施十分薄弱，要如期实现脱贫，还需要下很大的功夫，我和两任驻村第一书记、队长（工作队第一任工作队队长金碧琼和第二任工作队队长郎学伟）带领队员（其实驻村至今，和我一起工作过的队员轮换了五个，我是唯一一个没有轮换回去的队员），按照《驻村管理办法》，与村两委、包村工作组积极配合，主动作为，认真履职，积极投身到脱贫攻坚工作中来，10月以后，脱贫攻坚工作进入了全面的巩固提升阶段。

一是在前期农村贫困人口因病致贫、农村贫困人口摸底调查数据的基础上，对标对表，找准贫情，分析原因，精准施策。按照“四有一超一受益”的标准，对照各贫困户的实际情况，制定帮扶计划、帮扶措施，做到“一户一策，精准施策”，确保扶贫政策落地生根，改善、巩固提高人民群众的生活水平。二是抓实党建，发挥基层组织作用。协助第一书记、村支部书记搞好支部建设。帮钱帮物，不如帮助建个好支部，通过基层党支部规范化建设，建强战斗堡垒，加强党员教育，激发党员内生动力，在脱贫攻坚中发挥好先锋模范作用，带领群众共同脱贫致富，真正实现党建和扶贫的“双统领、双推进”。三是积极配合村“两委”抓好农村危房改造、公共基础设施和产业发展等项目的规划、实施，管控好进度、质量和安全工作。四是充分发挥集体经济在脱贫攻坚中的作用。在村“两委”的努力和驻村工作队的帮助、指导下，顺利组建完成专业合作社1个，依托合作社，整合优势资源，发展产业，共覆盖12个村民小组255户建档立卡贫困户。五是积极宣传政策，抓实抓细群众工作。通过院坝会、村民（代表）大会、党员（代表）大会、转走访等形式，向群众大力宣传扶贫政策，努力做到人民群众人人知晓、人人理解、积极配合，把党和国家的政策落到实处。六是数据维护工作。结合各个行业反馈的数据，再逐项核实以后，对国办系统、省办系统和市办系统的数据进行了清洗，做到账实相符、账账相符、群众认可。七是抓好档案管理工作。认真做好“一户一档”及精准脱贫档案、综合档案、项目档案、特殊载体档案的收集归档，确保档案资料收集齐全、管理规范。八是把南林村当作自己的家，从心里承认自己是南林村的一分子，而不是市级下派的驻村队员，积极参与到开展综治维稳等其他村两委业务工作中去，既完成了工作，也学到了许多机关学不到的工作方法和知识，拓宽了自己的工作思路，在工作中磨砺了自己，让自己更快地成长了起来。

## 脱贫出列年

2019年南林村被列入全县脱贫出列的村之一，脱贫出列谈何容易，要补的短板实在太多太多，题外话，我走过的村很多，这几年一起干工作感受下来，两委团结，公平公正，基础工作干得比较扎实，没有创新，大家都是奋斗的老黄牛，不折不扣地落实上级党委政府安排部署的各项政策，始终秉承落实就是最好的创新这一理念，但还是有不少短板需要下大力气去整改。

即将出列这一年，农危改、群众的感恩教育和补短板算是重头戏中的重头了，每一项工作都可以用农村习惯说的歇后语形容：瞎子打婆娘——松不得手。一是抓好“四类”“非四类”人员农村危房改造工作，切实做到危房清零，真搬实住，质量提升，解决群众安全住房问题，为了这个问题“三支队伍”按照既有分工又有合作的原则开展工作。这一年，我几乎跑遍了每家每户，催促未建房的抓紧建，督促在建的加快进度，要求建好房的抓紧搬迁入住，要求已入住的要抓好环境卫生等，有的时候甚至手把手教群众如何操家理务。二是开展好扶智、扶志教育和感恩教育。习近平总书记曾经说过："小康不小康，关键看老乡，群众是脱贫攻坚工作的根本，扶贫必扶智，治贫先治愚。"习近平总书记对"三大战役"提出要求，要求我们把人民满不满意、认不认可、答不答应作为检验工作成效的标准，小康路上不让一个人掉队，使全体人民在共建共享发展中有更多获得感。群众要脱贫，其中一个考核指标便是群众满意度测评，但部分群众"等靠要"的思想十分严重，动不动就威胁一线工作队伍"我就是不干，我不脱贫，你们吃不了兜着走"，针对这些情况，只能一次又一次，反复利用院坝会、火塘会、扶贫课堂等，对群众进行扶志、感恩教育工作，只有通过这种方式，期许在迎接脱贫攻坚检查的时候，这帮基层队伍的辛苦不会白白打了水漂，得到肯定。三是其他短板。两个"组织化"、户间道硬化、操家理务、群众精神面貌、路域环境、流域环境治理等等。乘着东西部协作对口扶贫的春风，在各级党委政府的大力宣传下，南林村这一年自主外出和有组织外出务工的数量较往年高出大概40个百分点。环境卫生上也采取宣传加村里组织党员、干部带头示范的方式，充分利用公益性岗位的开发，对公共区域环境卫生进行了分段划片，整治提升，花了大半年的时间，慢慢形成一种长效机制，对群众房团屋转，把责任落实到各一线挂联干部，一家一家对照"七改三清"要求，结合爱心超市积分管理制度进行检查、整改。我所挂联的一户特困户环境卫生实在是太差，小孩多，大人比较邋遢，经过无数次督促整改后，才慢慢有所转变。

经过大半年的辛劳付出，按照新的脱贫出列"571"的标准，南林村各个方面也算是差不多达到了及格的水准线以上，关于这个标准，也是仁者见仁智者见智的。脱贫出列年，经常迎接中央、省、市、县的检查和督查，脱贫攻坚涉及的方方面面内容实在是太多，什么都是和脱贫攻坚挂钩的，一个环节出现疏忽或纰漏，那整个脱贫工作的成效就大打折扣，甚至会一票否决，所幸答案都是令人满意的。

# 脱贫攻坚的几点思考

在南林村脱贫出列以后，各项工作依然有条不紊地开展着，重头放在了巩固提升上来，党建、两个“组织化”、疫情防控、数据质量把控、人居环境整治提升等工作都不能懈怠。

南林村虽然已经脱贫出列，但不可否认仍还存在一些需要加强的地方。一是人居环境整治提升的联动机制和村民的自觉性还没有很好地养成，有待加大宣传力度。人居环境整治提升已经开展两年多了，每每都还需要村上安排了督促了才动得起来，没有形成自觉意识。二是群众整体的感恩意识还不是很强，还需加强感恩教育。部分群众的等靠要思想依然严重，内生动力没有被很好地激发出来，不能更好地自觉参与到脱贫致富奔小康的道路上来。三是党建工作有待加强，党员教育不可放松。基层堡垒是建强了，但是很多党员的先锋模范作用基本没有发挥，还把自己等同于一般群众，没有把自己的思想认识提高到一个党员应有的高度上来，不自觉向党组织靠拢看齐；四是宣传工作滞后，需要加强对各项工作开展的宣传报道。

思无尽头，零零碎碎，一纸回忆，止笔于此。

（作者系昭通市工信局驻永善县莲峰镇莲峰社区扶贫工作队队员）

# 扶贫之路　且学且收获

马智国

2020年是决胜全面小康、决战脱贫攻坚之年，也是“十三五”规划的收官之年。全面精准脱贫，全面建成小康社会成了这个时代的主题，在这重要历史时刻，作为驻村工作队队员的我，自豪地将自己的青春镌刻其中。全面小康、全面脱贫是新时代党和人民对驻村工作的时代大考，在时代大考面前精准扶贫、全面脱贫一直在路上，驻村以来500多个昼夜，我们一直在扶贫路上，不忘初心，砥砺前行，从未停歇……

驻村扶贫工作的日子，不仅带着泥土的气息，还跳动着时代的脉搏，精准扶贫是新时代下给贫困地区、困难群众带来切实利益福祉的时代成果，具有划时代的重大意义。针对不同贫困区域环境不同’贫困户状况从客观实际出发，凝聚全社会力量实实在在地精准扶贫，脱贫。在驻村扶贫工作的那些日子里，我们始终严格按照贫困户进入和退出标准积极认真对待扶贫工作，对待困难群众，不经意间的回忆，嘴角总能轻轻上扬，那么踏实，那么柔美，那么幸福。

一路走着，一路学习。2019年5月7日我作为新轮换的驻村队员来到了永善县莲峰镇莲峰社区驻村扶贫。那天，莲峰灰蒙蒙的天，还不时伴有淅沥沥的小雨，我带着“不脱贫，不走人，不获全胜，决不收兵”的信心开启了属于自己的扶贫之路，驻村之路。也是从那天开始，我与莲峰社区结下了不可解的缘。

莲峰社区为莲峰镇所在地，属高海拔地区，海拔 1650~2550 米，冬季气候条件恶劣，经济作物单一少产，这造成了该地区深度贫困。初来乍到，对扶贫工作还不熟悉，干工作也还没有思路和方法，脱贫攻坚对我来说是个庞大而复杂的新课题，想撕掉稚嫩的标签，真正融入村民之中并非一朝一夕之功。

习近平总书记在精准脱贫中对贫困户的要求是“两不愁、三保障”，通过遍访发现还存在问题，还有几户特殊户并没有达到要求，有的因身体不好，因病致贫；有的种植务农，收入较低；有的自身发展动力不足，等靠要思想严重。其中有一户问题较为严重，家庭人员 3 人，户主是一个 90 多岁的老奶奶，带着两个孙儿，一个上大学，另一个上初中，家庭条件十分艰苦，主要收入就是低保收入，全家无一个劳动力，住房破旧，达不到安全保障，也没有纳入建档立卡，存在漏评，精准扶贫“精准”二字要求扶贫工作精准，这户情况也实实在在暴露了扶贫工作的差距。我发现后及时地向村两委和扶贫部门反映，通过“三评四定”程序将其纳入建档立卡贫困户，在乡镇党委政府和社区两委的关心下对其房屋进行维修加固，安全达到保障，并多次给予该户临时救助等一些保障政策，达到“两不愁，三保障”，也让人民群众感受到党和国家送去的温暖，让社会主义的光辉政策照亮每个人的小康之路。在遍访中也了解到莲峰社区近几年基础设施明显改善，随处都能听到群众对道路设施、文化广场‘集镇改造等基础设施的称赞叫好。

以前都说是走在乡间的小路上，现已成为一条条康庄大道，一条条致富之路。2015 年精准扶贫开始后陆续完成村组道路建设，213 国道建成通车，到市区一个小时左右，在建的大永高速也将通车，道路设施的建设也为身边的一切都做好步调一致的准备，为今后的产业发展、农民丰收打下坚实的基础。基础设施建设难免会损害到少数群众的利益，有少数群众并不乐意这是驻村工作的难点，每次遇到问题，作为驻村工作队队员的我没有退缩，始终把广大人民放在最前，通过召开群众会议、感恩教育会议等感化教育工作得到群众的认可和支持，保证工作开展，为人民群众谋福祉谋利益。

现在，莲峰社区建成文化广场两个，晚上村民集结在广场散步、跳舞，为社区带来一道繁荣的色彩。辖区内建成养老院一所，为五保老人，政策兜底保障，老有所依。农贸市场建成使用、集中管理，既美化了环境卫生，脏乱差也得到有效治理。

一路走着，一路收获。时光荏苒，寒来暑往，随着时间的推移和工作业务的叠加，我对扶贫工作也熟悉和深入了，村民对我也熟悉起来了。还记得，以前入户群众都叫我同志，现在都开始叫“小马”了。春节前，在一次入户调查中，遇到一个热心的群众问：“小马，你们还没回去过年吗？”

回来整理驻村日记发现，半年过去了，我们在这片土地上洒下了汗水和泪水，也收获了成功和喜悦：产业扶贫，我们在炎炎夏日里洒下汗水，收获的是金灿灿的、挂满枝头的高原梨；教育扶贫，我们洒下的是一次次入户督促学生上学，得不到理解时委屈的泪水，收获的是学期结束师生满意的成绩；健康扶贫，我们付出的是收缴医疗保险，规范转诊转院，报销医疗保险时的辛苦，收获的是没有一人因病致贫、因病返贫的成效。

还记得，补齐短板为困难群众送去生产、生活用具时他们内心的感激；辅导孩子时家长满脸期待时的激动；去看望、关心、慰问残疾对象，鼓励他们乐观生活时内心的颤动。还记得，通宵与两委成员校对施工图时疲惫却开心不已的我们；在网吧与扶贫办同志整理系统数据又自我感觉是网吧一股清流时的暗喜……

我深知，扶贫工作只要心甘情愿，复杂的事情简单做，简单的事情重复做，不留有任何理由和借口，太多的事情，总能得到有效处理。一直以来，在走访群众中了解他们的生产生活，关切提醒他们提高安全意识；雨露计划申请时，筛查符合条件的学生，并一遍遍通知他们准备材料，生怕他们错失申请良机；在外就读的学子们需要开具证明时，按照程序逐级请人开具，再及时邮寄给他们；在外务工就医的群众不方便报账时，担心错过报账时间，及时帮助家中老人准备材料，并带着老人去交资料等待报账；留守老人不知道如何为新生的孙儿落户，又第一时间与户籍室对接以便他们尽快落户。

我知道“利民之事，丝发必兴；厉民之事，毫末必去”，所以面对群众，需静心沉气，用心用情，真心实意，为此，我也从不谙世事的大孩子，成长为如今能独当一面的扶贫工作者。当然，这期间也不乏部分群众的不理解、不支持，甚至是略有怀疑，但是我们会努力时时刻刻与群众在一起，急群众所急，谋群众所需，尽心尽力做好每一件事，为建设美丽乡村添砖加瓦。

一路走着，一路歌颂。从单位到社区，从家乡到异乡，从单一熟悉的工作到系统繁多的扶贫；曾经以为是五莲峰限制了发展，是它阻挡了莲峰人民的致富，它是致富道路上的障碍，渐渐地，随着扶贫项目的挺进，人民群众致富能力的提升，对莲峰群众淳朴民风的了解，对莲峰人民勤劳致富的认可，我们才真正融入这亦师亦友的人民群众中去，这里也不再是异乡，有了他乡似故乡的真情转变，高耸的五莲峰也不再被认为是致富障碍，它是一种精神、一种鼓励，它时时刻刻鼓励着五莲峰下的儿女勤劳致富，鼓励着驻村工作队不忘初心，砥砺前行。

扶贫工作以来始终不忘初心，从未改变对群众的真心真意。

时代是出卷人，我们是答卷人，人民是阅卷人。2020 年这不平凡的一年决战脱贫攻坚，全面建成小康，又逢疫情、洪水，但五莲峰下的人民从未被打垮、吓倒，作为党员，我们也从未退缩、松懈，始终以忠诚之心追逐党的事业，把党的初心和使命牢记于心，心系群众，扎根五莲峰脚下，给五莲峰脚下的人民交上一份满意答卷，也无悔“驻村”之名。

（作者系昭通市工信局驻永善县莲峰镇莲峰社区扶贫工作队队员）

# 白鹤滩库区普查掠影

白书军

今年7月下旬，我和蒋安乐分别代表绥江县和昭阳区选派到巧家县参与全省扶贫脱贫攻坚普查工作，我们俩共同组成一个工作组，主要承担白鹤滩镇可福村和七里社区的普查工作。普查工作期间，我们战胜高温酷暑和蚊虫叮咬，面对水电建设移民村情况复杂和诉求较多的实际，勤勤恳恳，任劳任怨，以对人民群众高度负责的精神，圆满完成了党和人民交给的光荣任务，赢得了普查村两委以及基层广大人民群众的赞誉和认同。

## 真诚化解矛盾

白鹤滩电站是国家规划建设的重点工程。早在2011年封库令下达后，可福村和七里社区就被划为该镇整体搬迁安置的核心地区，房屋修建等有关民生福祉的工作，按照中央和省市县的全面部署进行转移安置和重新规划实施。

巧家县白鹤滩镇是金沙江干热河谷地带，主要盛产杧果、甘蔗、香蕉、火龙果等地方特产。白鹤滩最高海拔3000多米，最低海拔600米左右，立体气候十分明显，近似火城的气候小有名气。可福和七里毗邻，地处城郊，河谷沟深，热浪滚滚，普查工作环境艰苦。本地同志听说需要全天开展普查，也关心劝说工作组调整时间躲避高温。

可福和七里是整体搬迁安置的移民村，各种诉求与希望并存，愿望与要求各异。近十年来，两村一直是支援国家建设做出贡献和维护社会稳定平安的重点区域。工作组刚入村还未开展工作时，一些得到消息的周边村民便三三两两地赶到村两委所在地聚集诉说各种想法和愿望，令我们措手不及。重担在肩还未开展，就得到了不同寻常的见面礼。但好在工作队临阵不乱，耐心听取群众诉求，细心解释有关政策法规，与大家一起拉家常谈未来，嘘寒问暖了解每家每户的情况，真诚答应群众力争每户到访察看民情，逐渐平复了大家激动的心情。对尾随围观的少数群众，工作组总是热情邀请他们带带路，聊聊天，在不影响普查工作的情况下安排他们坐在一起，听一听党和国家有关扶贫脱贫的政策和实施情况。听到一些与实际情况不相符合的情况时，身旁的群众总是热心地纠正错误言论，将真话毫不隐瞒地讲出来，让被普查的对象要感恩国家要讲良心，没有必要隐瞒家庭条件。有的群众说："同志，你们普查问的26个事情，大部分我都记得了，现在这个社会不愁吃不愁穿了。"

酷热的天气对于普查工作来说，其实不算什么困难，凑热闹的墨墨蚊才是工作组的真正的"拦路虎"。这些不闻其声也不见其影的凶残的家伙总是在你聚精会神忘我工作的时候狠狠叮咬你裸露的皮肤。每天走访下来，蒋安乐的小腿和手臂上都会留下无数的红点包块。见到蒋安乐一边工作一边抓挠痒痛，有的群众热心地拿出自己珍藏的清凉油、风油精或止痒膏让他擦一擦，有的搬出卧室的风扇，让汗流浃背的他吹一吹后再继续工作。

# 落实实践第一

实践是检验真理的唯一标准，没有调查就没有发言权。普查工作进村入户开展前，我们与其他480多名普查员一起多次参加市县区组织的理论培训，这些培训仅是停留在书本理论的知识上，还需要转化实践，才能完善诠释好党和国家有关扶贫脱贫攻坚的政策落实，才能切实体现地方党委政府贯彻落实扶贫工作部署所取得的成效与成果。家家见面，户户走到，是普查工作的最基本的要求。

我们和村两委引路员顶着酷暑，风雨无阻，日出而作，日落而息，有时繁星点点还在工作，耐心细致访问每一家建档立卡贫困户，对贫困户存疑的地方认真核对档案和材料，实事求是地解答疑惑。工作之初，全面梳理问题数据，及时与村两委和驻村工作队、挂钩干部了解核实，分析收集上报各类情况，不断强化理论与实践学习，高标准严要求控制代答和电话访问情况，使最初的问题数据高发生率降到全县阶段性问题数据最低。为了甄别和筛选修正问题，工作组白天开展工作，晚上则挑灯夜战工作到凌晨。第二天早上，大家又拖着疲惫的身体迎着朝霞全身心投入到普查工作中去。

白鹤滩电站是国家重点建设工程，也是世界第二大水电站。可福村和七里社区绝大多数群众都是移民。建档立卡户又是移民中的最特殊的群体。每次入户，工作组总是向带路员详细了解每家的基本情况、特殊个案、致贫原因、脱贫情况，与普查对象进行亲切的沟通交流，对其进行热情赞美或鼓励鼓舞。从群众中来到群众中去，全力宣传扶贫脱贫致富有关政策和措施，全力协调解决群众关切的个案问题和特殊困难。由于普查工作艰巨而繁忙，蒋安乐他们总是不能按时返回居住地点，每天中午总是叫盒饭送到卡户家中解决后继续加班加点工作。遇到卡户家销售不畅的杧果，工作组又热心出资大量购买后转送亲朋好友品尝，尽力帮助移民减轻负担。

# 关爱赢得民心

普查问题数据的修正还原了事实真相，但在规定时限内要完成对各类情绪对象的访问工作，又是普查工作难以逾越的一道坎。卡户胡某武是市县镇村长期的上访户，自己修建有房屋却对外声称无房居住，与儿子几个关系紧张到要政府照顾解决住房。常常借历史遗留问题长期缠访以向镇村施加压力，是一个看见谁都不顺眼，一言不合旋即告状的狠角色。能否完成对胡某武的普查访问，镇村和普查组心里没底、一直在打鼓。在镇村挂钩干部的配合下，工作组从赡养关爱入手，与老人家促膝谈心，渐渐打开了老人的心扉，如实摆谈了家庭情况，他对扶贫关爱政策的落实十分感谢。

卡户李某国家有可观的财产租赁收入，对过去母亲被取消低保极为不满，说一样政策都未享受到，所有的人不是贪官就是污吏，坚决不配合普查工作。我们也不生气，在入户看望其老母亲后对老人没有电风扇以及卫生差等情况，提出了改善环境的批评建议，对家庭偶尔缺水的情况与村两委要求驻村工作队交办落实，对房屋租赁进行了收入核对，见到普查员认真负责，言行一致，李某国改变了拒不配合的态度，坐下来与工作组进行了交流。

黄某某近年来身患疾病，需要长期服用进口药，普查工作中情绪抵触，对自己的病情忧心忡忡，不愿意正面回答任何问题，更不理解和支持普查工作。其兄弟黄某勇在旁边更是情绪激动，质询连连，态度极端，认为任何扶贫脱贫措施都是花架子，不能解决实际问题，出言不逊不让普查组继续开展工作。见两兄弟一唱一和，情绪波动，事态难以掌控，工作组及时中止普查，就扶贫攻坚政策落实情况进行再次核查，详细询问关心黄某某的病情及医疗报销情况，对村委关爱给予救助和低保补贴等政策落实进行交流，心平气和地解读，最后逐渐平息了黄某某两兄弟的不安情绪。

卡户胡某某一人一户未在家居住，刚进入家中还未坐下，胡的母亲、干妈、嫂嫂等七八个家属就拉着普查组，诉说胡某某一个人的困难，并提出种种苛刻的要求，其嫂子边哭边闹拒绝离开现场，严重影响了普查工作的推进。在观察一下周边情况后，我及时将胡某某的干妈和嫂嫂劝离现场，并对其进行了安慰。鉴于胡某某已经外出务工不能返回接受普查的实际，工作组通过申报程序对胡某某进行了电话访问，得到了胡某某实事求是的支持和配合。

每到一户，工作组都要将建档立卡户普查工作涉及的26个指标一项一项地向普查对象介绍清楚，口干舌燥，不厌其烦一遍又一遍进行解释和研判。相同的枯燥问题一天下来要重复20多遍。每当听到你平常是否吃得饱这类问题时，群众总会发出"哈哈哈”的笑声并回答：“哪个还吃不饱，想吃啥就吃啥，党的政策就是好。"普查员总有一种如释重、欣慰开心的感觉，每天再苦再累也觉得很值。

（作者时任昭通市委政法委主任科员）

# 走亲串门　撑起扶贫同心伞

罗　云

昭通市工信局是社区挂钩帮扶部门，自从派驻工作队以来，每月开展“转走访”。

工作队为了帮助贫困户脱贫，确保社区脱贫质量，实现“村村达标、户户过关”的目标，通过对标对表，查就业情况，查辍失学情况，查饮水安全情况，查住房安全情况，查易迁“一户一策”，监测农户收入，真正把自己融入社区整个脱贫攻坚工作中去，社区精准扶贫工作也成为我们驻村队无法割舍的一部分。驻村工作队队员已成为农户家里的常客，了解民意、掌握民情、宣传政策、化解矛盾、解决困难、了解产业扶持……为贫困户安全住房发愁，为贫困户申请雨露计划，为贫困户补齐短板，无处没有驻村队的身影。

为了实现“基层党建与脱贫攻坚”双推进，充分调动和发挥村级基层党组织和党员的战斗堡垒和先锋模范作用，以党建统揽和促进脱贫攻坚的深入开展，巩固莲峰社区支部规范化达标成效，提升创建效果，真正把结对帮扶与党建工作紧密结合。通过不断的努力，让社区成为工信局宣传的基层示范点，把社区打造成莲峰镇政府面向社会的基层党建示范村。这是第一书记必须时刻不忘的工作，也是工信局领导交办的工作任务。

坚持“双统领”“双推进”“乌蒙扶贫先锋行动”等基层党建，驻村工作队紧紧围绕扶贫攻坚目标，扎实地抓好农村党建，充分发挥党组织的战斗堡垒作用和先锋模范作用，严格落实“三会一课”制度，狠抓党员的思想政治教育，建立并完善了会议制度、学习制度、村务公开、党员目标管理责任制和村规民约等长效机制。坚持书记带头讲党课，驻村工作队队长兼任第一书记，给全体党员上党课。总之，无论任何工作，任何情况，时刻牢记第一书记的职责所在。

市工信局主要领导每月至少一次走访，全体机关干部职工像亲戚串门一样走访贫困户，帮助解决生产生活困难。在春节期间慰问困难党员、困难群众。这是自成立挂钩帮扶社区以来局机关领导对每个职工的要求。谋求产业发展思路，心系社区精准扶贫，这些年，社区的变化，让农户切实感受到了，也让局领导放心了……贫困发生率下降、村出列 7 项指标达标。社区方方面面的巨大改变让我们看到了帮扶的成效。贫困村居住 50 户以上自然村村组公路硬化 10.473 公里，投资 628.38 万元。贫困村居住 30 户至 50 户自然村村组公路硬化 4.513 公里，投资 270.78 万元；社区越来越多户间道硬化。建档立卡户院坝硬化全部实施。入股九枝专业合作社 100 万元，覆盖 265 户；入股乙毛养殖专业合作社 9.8 万元，覆盖 7 户实现分红，农户有了收益……脱贫攻坚工作取得这些成效，激励着每一个驻村队员，这是莲峰社区村两委、驻村工作队、包村工作组“三支队伍”共同努力的结果。

驻村工作队已经深入社区 19 个村民小组，农户对我们的工作的肯定，让我们工作队队员心里暖暖的，村民们更加了解党和国家的扶贫惠农政策，同时也认识到脱贫致富不能只靠政府的“抚”“扶”“养”，更重要的还得依靠自身努力来创造美好生活。大部分有劳动能力的村民都行动起来，依靠就业组织化，有的外出务工，有的各找门路，有的自谋职业，勤劳致富。工作队队员们个个眉头舒展，如释重负。

2018 年 3 月我刚到莲峰社区担任驻村第一书记时，还是一个对农村，特别是对精准扶贫啥都不懂的门外汉。驻村队要尽快进入角色，融入基层工作，团结好村两委、包村工作组，发挥好驻村工作队的作用，真正使驻村成为磨炼意志、丰富经验、增长才干、提高素质的过程。在接受多次政策知识培训、学习各级扶贫文件后，队员们立即投入战斗，早出晚归，爬山过坎，在扶贫最前线掌握村情、贫情，把脚步送到每村、每户。“一看房，二看粮，三看劳动力强不强，四看家中有没有读书郎”已成驻村队员的口头禅。

只要一到建档立卡户家中，总是要看看贫困户家里的墙上是否挂着贫困户精准脱贫明白卡。上面介绍了贫困户的基本家庭情况，并详细记录着生产生活条件、住房、饮水、收入、教育、健康、产业帮扶等情况。这是我驻村得出的经验，看看这张“明白卡”，了解帮扶人的姓名和联系方式反其基本情况……解决实际困难和问题。

一次次入户遍访，我对社区的村情、贫情有了进一步的认识。知道建档立卡户 273 户，还有多少户未脱贫户。社区有土地 5780 亩、耕地 2888 亩，森林覆盖率 11.5%……玉米、马铃薯是主要的农作物，经济作物有核桃和梨，畜牧业靠养牛、养猪，有 19 个居民小组等。社区村支书、主任还告诉我，莲峰社区 2016 年已经脱贫……村级活动场所 3 个、已通动力电、广播电视、网络宽带全覆盖、人畜饮水有保障……让我心里的压力小了一些，说心里话，在没来驻村扶贫之前，对脱贫攻坚工作不太了解，扶贫政策更是知之甚少，听到要到莲峰驻村扶贫，心里确实压力山大。

“转走访”要围绕贫困户家庭信息核查、引导就业、人居环境整治等方方面面去做，除此之外，工信局积极组织电信、移动、联通、铁塔永善县工科局，使村里实现通信、网络的覆盖，促进网络宽带全覆盖，加快县域经济发展和工业园区建设，以工业化带动农村产业化发展，依托园区企业，吸纳农村剩余劳动力，真情帮扶，安排落实工作经费，帮助挂钩村（社区）解决实际困难和问题。说真的，刚开始时，我非常紧张，到社区“转走访”，要介绍社区的村情、贫情，以及帮扶贫困户情况，还要落实培训政策，通过驻村工作队，知道农户存在的问题，需要如何来帮扶，对于刚接触精准扶贫的我来说是第一道难题。

遍访农户，了解基本情况，是驻村工作队常态。记得刚刚入户走访时，发现看病难、看病贵，一直是群众关心关注的民生热点。“一人病、全家贫，小病拖、大病熬”是许多贫困家庭的真实写照。全面落实“先诊疗、后付费”和“一站式”即时结报、家庭医生签约等政策措施，全面落实基本医保、大病保险、医疗救助“三重保障”，解决群众“看病贵、看病难”就成了驻村工作队的一项工作，也是向建档立卡户宣讲相关政策最好时机……2018 年 3 月 28 日，傍晚，我一个人入户了解村情贫情，看到一家住房依旧是土木瓦房，走进农户家才知道是东阁一社贫困户林根文家，住房安全还没有得到扶持，对农危改相关政策不了解，我跟村两委了解了林根文家的情况后，连续几天晚上，我到他家详细讲解各方面的扶贫政策，排忧解难，为他解决思想上的顾虑、担忧，帮助拆除危旧房子、设计、放线、浇灌基础、争取农危改补助资金……终于在 7 月份，让他们全家入住安全住房。

回想当年，迎着寒风，踏着泥泞，匆匆地走在去往帮扶对象的路上。脑海里闪现出这些年驻村工作中的一幕幕辛酸：杂草丛生的院落卫生极差，破旧残存的墙面有些沧桑，年久失修的瓦房岌岌可危，昏暗的屋子里凌乱不堪，衣衫褴褛的穿着有些不忍，木讷呆滞的眼神毫无反应。这就是看到五保户高定芬时当初的情景，直击着我内心的痛处。

一条小板凳、熄灭的火塘边摆着些锅盆，她从不堪入目的床上下来颤巍巍，一只手提着裤子，从昏暗无光的狭小空间里出来，我急忙扶住她，才看清是一个 90 多岁的老人……大家为她买衣服、床被、生活用具，帮助她打扫卫生，暂时改善她的生活环境，直到她入住敬老院，过上舒适的生活后我才放下悬着的心。这样的事还有很多，这些年，驻村扶贫工作过程中，这样的事，时时浮现在眼前。

在详细了解村情、民情、贫情的基础上，驻村队员重点对一线挂联的建档立卡贫困户、非卡户全面走访。通过召开“扶贫课堂”“院坝会”“火塘会”和进组入户等各种方式让群众知晓惠农、脱贫攻坚的各项政策，这是驻村工作中最让我难以忘怀的，每当这个时候，才感到自己与农户之间是那么的近，没有隔阂，在情感交流中，听到他们的心里话，让我知道农户的所需、所想，加深了对农户的了解。

了解村情、贫情后，驻村工作转入对农户危房改造、饮水安全、基本医疗保险健康扶贫、教育扶贫的关注。通过摸底调查、找准短板、综合研判、对标整改、查漏评、错退风险的排查推进，队员们对政策的掌握也越来越全面和熟悉，渐渐地我们已能在脱贫工作中独当一面，成为社区不可或缺的生力军。

（作者时任昭通市工信局无线电管理科负责人、驻永善县莲峰镇莲峰社区第一书记）

# 不负重托　对得起所有贫困群众

韩　英

2015年冬，我成为帮扶干部，而且是单位分管扶贫的领导。我第一次到墨黑村委办公室时，当时的村支书王祖刚对我说："老韩，你这个专门与富人打交道的收税人，干不好穷人的事儿的。"

五年的时光一晃而过，我和我的同事们竭尽所能，墨黑村、偏岩村已全部脱贫出列，实现441户共1898人顺利脱贫。经过易地搬迁、危房改造、补短板、抗震安居等安居工程一次次的落实，所有民居焕然一新；一次次动员卡户劳动力外出务工，动员参加培训，帮助寻找工作，鼓励其发展产业，激发群众的内生动力。村社公路全部通畅，水、电基本到家中，网络覆盖到村到社到户；数百场"三讲三评"和数十次的"转走访"，在思想引领、排除矛盾、感恩教育、扶贫扶智等方面发挥了重要的作用，配合村委和驻村工作队扶贫攻坚工作有力地开展，单位和帮扶干部个人在资金和物品上都投入了不少。整个扶贫工作临近结束时，老百姓的生活、精神面貌和对未来的追求有了很大的改变。产业发展从零到现在，虽然仍处于初级发展阶段，但以"党支部+村集体发展公司+农户"发展模式已经建立起来，大力推动产业扶贫工作落地。截至目前，偏岩村累计种植魔芋118亩、猕猴桃58亩、方竹2100亩，建成1个生猪代养场并和猪猪侠养殖公司签订年租金46万元的两年期租赁合同，通过面向社会招租的方式，将标准化游泳池以每年24.2万元的价格对外承包经营。墨黑村累计种植魔芋360余亩、方竹9600余亩、辣椒400余亩，建成1个生猪代养场，年收入预计可达40万元。而今的村是新风焕然的村，而今的民是精神焕发的民。

扶贫至今，我们可以大声地说：我们不负重托，我们对得起挂帮包的所有贫困群众。

可5年的扶贫攻坚工作却给我留下了太多的回忆，有许多扶贫路上的故事于笑谈中增添乐趣，有许多的老百姓成为同事们的亲戚和朋友，他们的家事、大事、难事仍然放在同事们的心里。扶贫这事儿不比税收工作，扶贫的过程就是当你深入参与和了解家家户户甚至到人的生产、吃喝拉撒、思想、情感、人际关系等方面时，在不断解决问题过程中你自然而然地滋生出郁闷、委屈、无力、欣喜、骄傲等情绪，你的身心和情感不得不投入到其中的过程。

## 扶贫之初，我们的心是无比沉重的

2015年年底，挂包帮扶工作正式开始，我和我的局长深入村、户开展调研，当时村组公路全是土石路，有部分社还不通公路，一下雨就泥泞不堪，村民出行非常困难，村委工作情绪低落；2016年年初，我带一个工作组走遍了墨黑村31个社进行摸底，茅草房有163户，石木房瓦顶有897户，这些民居破败不堪、低矮潮湿，有127户人畜混居，56户无房户，许多家庭喝不上干净水、温饱都不能满足，看病就医较难、子女入学需求得不到满足，可以说，我和同事们挂包的村子是一个不折不扣的深度贫困村，贫困群众最大的心愿是吃饱、有住、有老婆，他们不但口袋穷，而且头脑也很穷，我向党委汇报后，领导班子的心无比沉重。2016年年初，我们开展第一次“转走访”活动，全体帮扶干部跋山涉水、走家串户，详细了解了每一户的基本情况后，所有帮扶干部的心情更加沉重。我们班子成员相互鼓劲，认真分析研判挂包村的贫困现状，落实好一把手负总责、我分管扶贫具体抓、专人负责扶贫工作的要求，累计抽调15名精兵悍将组建驻村工作队，专职开展驻村扶贫工作，派遣两名副局长下沉村社具体抓扶贫工作，采取分户到人的方式，建立挂包干部长效帮扶机制。我们的局长要求大家说："我们少喝杯酒，少抽包烟，少穿件漂亮衣服，老百姓的小事谁遇上谁自己解决，大事难事才能上交。"我们班子成员带头下村下社、遍访贫困户，挂包干部定期入户走访、倾听群众声音，同心同力，切实为贫困群众办实事、办好事。

## 扶贫，就是解决各种问题的过程

扶贫过程中这样那样的问题不断凸显，我和同事们就沉下心一个一个地处理。我们所帮扶的村，虽然房子修好了，但是卫生很差，做思想工作效果也不理想，于是我们把单位50岁以上的同事52人全部组织起来，成立了老年志愿队，墨黑、偏岩两村分别21人下户近半年，天天分组轮流下社做情感工作和开展卫生整治工作，同事中有几个人在自己家里都没干过这样又苦又累的活，有些还有高血压、糖尿病等，但没有一个人说"不"的，他们抬着冲水机，扛着扫把等工具，选择那些卫生最差的打扫，或者组织农户自己打扫。由于他们年龄较大，很多群众很不好意思，表明以后不要他们帮助打扫，自己随时把卫生打扫干净。如果谁家被他们多打扫几次，就会被别人嘲笑，久而久之，两村的群众都形成了较好的卫生习惯。村里组织贫困户发展洋芋产业，结果洋芋栽出来了，销售陷入困境，同事们不但大量买来吃，还利用各种关系帮助销售，虽然没能全部销售完，但却暖了贫困户的心。

## 扶贫，就是关爱与教育结合的过程

大部分卡户是勤劳的，然而小部分卡户却是懒惰的、偏激的，但凡能成为卡户，就是他们某一方面或者某几方面需要别人帮助的。单位王宗富所帮扶的卡户马某一家，在建房粉糊过程中都是王宗富找人来做，她的两个儿子熊二、熊三20多岁天天坐家里，不看一眼不帮一把，房子糊完后，王宗富要求她的儿子签字确认下，结果她的两个儿子不但不签字，还说谁叫他干的，我听说了后就主动上门做思想工作，结果熊二指着门对我说："门就在那，你自己滚！"我经过思考后，就找了社长和她家族内长辈，把情况说明后，并对他们说：既然这家人认为我们帮扶单位和村上帮他们建房干错了，我们就叫挖机来挖掉算了，至于材料钱和工程钱，我们个人愿意赔。结果，社长和那个长辈把我们的想法告诉她一家人，并对其进行批评，熊二、熊三向我和王宗富道歉，我又进一步了解到熊二因心脏瓣膜不全，大学毕业后无法就业只好呆在家里，人郁闷而又偏激，后来我帮他找了份工作，王宗富还经常指导熊二如何开展工作，现在马某一家思想有很大进步，人的精神面貌也彻底改变。单位刚毕业的女大学生李畅怡帮扶的李某一家，李某外出打工，其儿子王某在家里天天睡在床上不动，床的周围丢满烟头、卫生纸、空饮料瓶等，李畅怡每次去他家都帮他打扫，和他说话他也不理，听说后我和李畅怡一起去了李某家，王某果然躺床上，我和他说话他就掀开被子角，漏出个头很不耐烦地瞪了我几眼继续睡，我从他邻居那里了解到他因腿伤在家休养，但腿早就好几个月了，只因人懒才天天睡，我气得捡了根大棍子，朝着他睡的床上打去，结果他整个人一下蹦了起来，质问我为什么打他，我才好好教育了他一顿，后来他把屋里屋外收拾干净外出打工去了。这样的事情，我的同事们经常遇上，他们以自己的方式教育自己的贫困户或者帮助其他同事教育贫困户。

## 扶贫，也有委屈和掉泪的时候

同事曹忠说："我以为扶贫是做好事，做好事别人应该很感激我，工作应该很好开展，所以我来当第一书记、工作队队长，可是没想是这样的复杂这样的难干。"因为政策执行中有差别，贫困户总是攀比，就算是执行一样的政策，此家都会怀疑彼家得到的东西更好，就算村里进行了公示他们都不相信。贫困户唐某，是危房改造，他自己把房子从山上修到山下，政府危房改造补助 3.5 万元，但他以为自己应该享受异地搬迁政策，多次到村上到镇上到县里闹，最后把他的帮扶干部王宗富告到中纪委，说王宗富不兑现异地搬迁政策给他，他应享受 16 万元补助政策。单位同事陶娜所帮扶的王某，在省际交叉检查中对检查组说：他的帮扶单位是哪个他不知道，帮扶人他从未见过。结果陶娜委屈地哭了，幸好她存有好多次转走访的图片和视频。

## 扶贫，更有快乐和成就

随着时间的推移，同事们也和部分贫困户建立了友好的感情，我们经常和贫困户买鸡蛋、土鸡、鲜笋等土特产，他们的苞谷成熟了，会打电话叫我的同事们去品尝，他们的儿女外出打工挣到钱，庄稼收成不错等都会和同事们分享。今年贫困户李秀余的儿子通过国考成为我们单位的公务员，这让全体帮扶干部都很兴奋。如今走在扶贫的小路上，看到处处新村盎然，我们心里充满成就感。

纸短情长，扶贫的故事更多地只能记在同事们心头。去年，一个移居美国的老友回来探亲，她说："中国的扶贫就是修房、修路，我不明白你们还那么多人花那么多精力和时间下乡去做什么。”我告诉她说：“扶贫的关键在于扶智、扶志，我们不但要改善人居环境，还要激发其内生动力，比如一个年轻力壮又懒的人，我们就是要不断地教育他，无数次做思想工作直到他出去劳动。”她说：“让一个不想干活的人去干活，中国确实了不得。在美国，别人不想干活了，那是他的自由，没人敢去干涉，而且政府还要养着他。”听了她的话，我顿时感觉我和我的同事们的扶贫工作平凡而又伟大。

（作者时任威信县税务局分管扶贫领导）

# 魂牵梦绕的驻村记忆

刘绍清

2015年9月，我陆续参与驻村扶贫的前期工作，式驻村是2016年1月26日至2017年10月30日。关于这两年的工作，我学习和思考了很多，我本农村人，我的父母和兄弟姊妹都还在农村，我去后像对待亲人一样认真、用情、用智，尽量与百姓把关系搞好，发挥一些力所能及的帮扶和引导作用。对我来说每一天都是宝贵的，我都没有虚度！我在坚决服从工作的总体安排之外，还尽量用文字描绘农业农村农民的生活画卷，既为今后的工作提供借鉴和参考，也算是给自己的人生一个圆满的交代。在记录过程中，尽量每天都有记录，有内容则多，无内容则短，不为其他什么负责，只为真实的工作记录，只为自己的生命和流逝的时光负责。

关于扶贫，我不仅圆满完成了驻村工作，还为后来研究文化扶贫和推进文学发展道路，提供了鲜活的素材与体验。我主编的《中国农村文化扶贫研究》和《大一这年》都由团结出版社公开出版。其中，《中国农村文化扶贫研究》还被选作2020年全市纳入农家书屋推广的五部作品之一，这是一位文学爱好者的荣誉，更是体现了参与精准扶贫这个事业的价值和意义。

借这次全市编撰脱贫攻坚实录，单位要求全体参与过驻村扶贫的同志提供驻村“日记”和“纪事”的机会，我将这些文字简单整理在一起，挑选几则作为当时工作的资料和素材，为后续工作提供一定的参考。

## 一、精准扶贫要发挥好优势和特长

2016.1.19

2016 年 1 月 18 日、19 日两日，参加市委组织的一系列扶贫工作培训会，我们单位的 9 人都按时积极参与，圆满完成培训任务。我个人在动员大会和培训中收获都很大，完成了心得体会文章《精准扶贫要发挥好优势和特长》，算是我的培训报告，后在《昭通日报》2016 年 2 月 18 日第三版发表：

得知单位今年将我确定为到永善县扶贫点参加精准扶贫工作的成员之一，内心既兴奋又紧张，既激动又畏难。因为自己就是一名农村人，自小在农村生活长大，完成学业后又回到农村工作。时隔四年，又到城市工作。如今工作已 16 年，在外将近 10 年很少真正亲近农村、深入农村了，只是偶尔有工作安排，才跑马观花地到农村转转走走，或者偶尔回趟老家，但实际参加劳动和做事的机会都不是很多。农村这个广阔的天地到底变化成什么样？自己能否胜任好工作？无数的疑问在心底盘旋。但不管怎样，从农村走出来的我，依然心系农村，牵挂农村的人和事。我想，有这份执着和热情就应该是做好工作的前提。何况，市委、市政府高度重视扶贫工作，2016 年 1 月 17 日至 19 日召开了全市驻村扶贫工作队下派动员大会暨培训会，这就是解惑释疑的一次创举。

在动员大会上，市委书记范华平结合对农村工作的经验和体会作动员，可以说既是鼓劲，也可说是下令，可以说是作指示，更可以说是教方法，我们听者感触颇深。范书记从紧扣目标抓工作、强化措施抓工作、立足本职抓工作、发挥优势抓工作、树好形象抓工作五个方面，作了要用心用情用力抓好扶贫工作的具体要求。脱贫攻坚工作要最终实现百姓不愁吃、不愁穿，要制定脱贫工作时间表，描绘村图，做到因人因地施策，哪家是什么情况，怎么才能致富，哪些区域怎么样，具体采用哪些办法和措施，等等，这些要求都看得见摸得着，都事关百姓生活幸福与否，整个会场里的人都静静地聆听和品味着，也许大家的心情都一样地沉重，都触动了思维。

到农村去怎么开展工作？面对这个疑问有了明确的解答，有了具体的思路和方法，有了可操作的工作措施……到扶贫村后，我将用“五看法”了解农民的生活和生存现状，用“5+N”法指导农村脱贫、农民致富。作为一名扶贫工作队队员，要当好政策宣传员，前提是自己要熟悉和掌握政策；要当好社情民意的联络员，换句话说就是，自己要在百姓和党委、政府之间做好“上情下达、下情上报”的联络工作；要当好项目实施的战斗员，就是在面对急难险重的任务，或者有重大项目实施时，要融入老百姓中，与老百姓并肩战斗。

我本职在纪检监察机关工作，业余还是一名文学爱好者。对如何发挥部门和个人优势抓工作方面，也有待努力和思考探索。如何让纪检监察工作得到广大百姓的理解和认可，如何让他们融入工作中来，这是一个值得花心思和精力深入研究的大课题。作为文学爱好者，当然要在工作中发挥好文学的优势和特长。范书记在指导昭通文学发展时要求，创作要关注基层，要激发作家作者深入基层、深入实践的创作精神，特别是在“挂包帮”“转走访”精准扶贫工作中，更要发挥好作家作者的智力优势，多创作反映人民、反映农村的精品力作。范书记的这一要求，与精准扶贫工作中要求撰写工作日志一脉相承。我们即将深入一线，要按照职责收集各项支农惠农和扶贫开发政策在实施过程中出现的新情况、新问题和农民群众的意见建议，尽量将群众的现状、群众的呼声、群众的期盼，以及遇到的困难和问题，总结出来的成功经验等，及时梳理逐级反馈，让工作日志管用实用，成为推进精准扶贫工作的翔实参考资料和真实“农村见闻”图。

永善县茂林镇新林村是我今年即将前去工作的国家级特困村，我的老家却是在鲁甸县乐红镇同样也叫“新林”的一个村庄。“新林”是生我养我的地方，我将带着激情去亲近和深入这片神奇的土地，去感知这片魂牵梦萦的土地！

## 二、在扶贫点新林村安家了

2016.1.28

今天，我们终于正式地在扶贫点新林村安家了。

这间临时的房子成了一个“新家”。但晚上没有去住，还有一种漂泊的感觉。床是新买的，但由于难得搬了换，就用村上以前的，床上用品是在茂林镇街上集中买的，感觉与城里买的差不了多少。由于要到镇上配合镇村策划200万元的一事一议项目公告，就让新房空着，继续回到集镇上的湿地小旅馆。由于前几天停水，就没好好洗，有一天甚至连脸都没洗。今天集镇的水终于通啦，晚上进到房间就迅速准备洗澡，可洗着洗着，热水就停了，只有冷水还可继续流淌。因为身上还有不少沐浴露，所以就根本顾不了冷水有多冷，冲洗干净后，立即跳到床上的被子里，幸好提前把电热毯开了，床上热乎乎的，焐了一会儿终于回过神来。

深夜，我无法入睡。要是别人，还可以看看电视，但我不喜欢。每逢睡不着的时候，我都有阅读和思考的习惯。面对我们负责的茂林镇新林村2016年必须脱贫的精准扶贫任务，重读云南昭通作家夏天敏老师以扶贫为题材并荣获第三届鲁迅文学奖的获奖作品《好大一对羊》。

凌晨2：05，当我合上书准备再次睡觉时，还是没有一点儿睡意，这茂林镇的一间小旅馆，却因为大师的智慧和思想，以及对扶贫工作的思考，让我陷入了工作状态中。我把这段话发到微信上，主要是激励我自己。几分钟后，山西的文学朋友尚亚龙进行点评，老师，农村的脱贫任务很艰巨，加油！我一直以为老师只是文学工作者，还是公务员呢。我也是农村的，关于农村的贫困，我深有感触，希望老师作为公务员去完成好扶贫任务，真正把自己放到农村去，让自己成为农民，深入农家，深入农民的心里，确切了解他们需要什么，能把农村的疾苦挂心中，这也不枉我们这些远在天边的朋友的挂念。

我的简单表白，换来的是充满激情的鼓励。好的，我一定会好好珍惜这服务老百姓的机会，好好做好驻村帮扶工作！

## 三、夜访马路自然村

2016.5.11

白天在河边胡廷华家召开群众大会，晚上10点与刘鑫一个组到马路进行“回头看”，形成民情日记《夜访马路自然村》，这是我真实的农村见闻和感受！

到永善县茂林镇新林村开展精准扶贫工作已经好几个月了，由于农村工作事无巨细、千头万绪，加之本身对那个地方的情况不熟，很多工作就仍然不熟悉，各方面反映的数据还不完全精准。当然，这是全国开展精准扶贫工作面临的共性问题，全省就号召再次对建档立卡贫困户进行“回头看”。按照茂林镇和新林村的分工安排，我和茂林镇计生服务所的刘鑫在一个组，所负责的是新林村马路村民小组。

这次下村“回头看”之前，茂林镇召开了业务工作培训会，会议传达了一些上级文件精神，讲话的领导加了一些自己的见解，归纳起来是“五看、六不入、六优先”。由于我们担心标准和口径不统一，多次找镇村协调，终于在新林村见到了一份正式的“文件”。5月11日晚，我们到马路后，按照县转发省的文件开展工作。马路村民小组共42户143人，最初“转走访”确定建档立卡户19户76人，后排查中掌握黄开友家已享受过补助并且人均年收入已超过2850元，属于退出范围。还有建档立卡的18户71人，就是我们重点回访的对象。

我们到达马路时，已是晚上近10点，村民们按李文有社长的通知已提前集中到他的家中。我们先与社长简单沟通情况后，村民会议就及时在社长的主持中有序召开，社长先作了简单介绍，刘鑫传达了县上转发省的文件通知，我简单作了一些政策上的讲解和工作程序上的说明，就开始逐户排查。在18户71人建档立卡贫困人口中，没有属于永善县和云南省文件规定该剔除的对象，从中也暴露出了一些以前统计中不精准的问题需要修改完善：更换户主姓名的有三户，夏银学已死亡、户主更换成儿子夏开友，彭光发的户主更换成彭勇，李世朝已死亡、户主更换成妻子黄发芝；全户纳入的16户中减少人口5人，包括夏开友家人口减少3人、李文全家人口减少1人、李世朝家人口减少1人，未全户纳入的2户中全部纳入则增加2人，彭文乖家增1人、李世敖家增1人。

按这次精准扶贫标准，习近平总书记提出的“两不愁，三保障”是基本要求，其中保障安全住房就是核心。在这些人家中，安居住房已建好的有徐龙银、徐兴富两家，正在修建的有李章明、徐龙友、彭光友三家，还未动工的共十三户，需统建的有夏开友，预计在年内修好的有彭勇和李文全两户，未确定怎么修的还有十户，这些人中大多都因为经济困难，既想建大的房，自身又无力筹款，靠政府补助的22000元，只能统建20平方，又觉得这房不适合居住，李文云家就是一例，父子二人，李文云60多岁了、儿子已20多岁但未婚，都不符合现规定的贷款条件，想争取贷款修大一些的房子居住，李文才是一个人，倒是比较干脆，能贷款则自建，若不能贷款就统建，其余8户人家还需过后商量再确定怎么修建。无论怎么修，这些人家对共产党的帮扶政策都很是感激，特别是提到已修通的轱辘河公路解决他们的通行问题，更是每个人的脸上都洋溢着幸福之花。

访谈结束时，已是深夜12点。村民们的谈兴正浓，似乎还有很多话想对我们说，有的聊生活的改变，有的聊家庭困难，还有极少几个聊未来致富的发展思路，本想与他们多作些交谈，但考虑到时间太晚，我们就只是劝大家都早回去休息，过后再找机会交流。为了他们脱贫这个共同的目标聚在一起，他们是不舍的，我们也是不舍的，但全村的脱贫任务一样地重，我们还有更坚决的任务，只得理智地返回。由于手机信号的原因，无法与开车到河边和姚家沟的两个工作队联系，我们就只好打着手电筒踏上回村的路，路虽然有一段距离，但与群众的感情沟通了，我们走着觉得踏实。

回望这次轻松愉快的“回头看”工作，我们明显地意识到自身平时工作中的不足。由于该村不通网络，原单位无法传输文件给我们，镇村也没给我们相关的文件，就导致我们对政策不熟悉、不掌握，这次能拿到文件去开展工作，都是由于一位领导白天在一个临时场合的培训中，记不清培训内容，我们在场的人就说应该依据文件进行培训，他才说文件是有的，只是放在车里了。在场的工作人员你一言我一语，既然是要分片各人负责一个村民小组了，就应该将文件复印给大家，我们晚间才有了复印的文件，这是我到新林村工作后看到的“第一份”文件。另外，平时的工作大家都聚在一起统一行动，表面看人多势众，形成了工作的阵势，殊不知这些农村工作是得一桩桩一件件去与老百姓在实际的接触中才能解决的，何况工作队的职责是去“帮”，工作队队员重点要当好民情调研员、扶贫政策宣传员、项目实施的技术员和协调员、产业发展信息员、扶贫资金监督员。这些工作，只有用心用情用力，才能逐项推进和取得实效。

这次“回头看”工作也给了我们启发：一是上级政策文件传达及时迅速，工作队要提前学习认真学习，做到学以致用；二是工作既要形成整体一盘棋，更要合理分工，发挥出各自的主观能动性；三是推进工作与汇总工作要并驾齐驱两手抓，特别是对推进精准脱贫工作不能用模糊的表述来蒙混过关，一定要用准确的数据来反映工作动态，比如这个建房进度，要随时掌握哪些是已建好、正在修建、还未动工的各类情况，未动工的，哪些需统建、哪些自建资金有困难等，这些涉及纯朴善良的老百姓的事都是民生大事。

# 四、情牵白草坪

2016.10.21

我的结队帮扶户是新林村白草坪的李文高、李文明、李世金、陈书国、陈书全5家。从“转走访”及建档立卡统计数据来看，李文高家有6人，因学致贫，年人均纯收入2250元；李文明家有3人，因灾致贫，属低保户，年人均纯收入2342元；李世金家有4人，也是因灾致贫，年人均纯收入2251元；陈书国家5人，因缺劳动力致贫，年人均纯收入2203元；陈书全家3人，因缺资金致贫，属低保户。通过走访掌握到一些更具体的情况，李文高家属农村条件较好一些的，家中喂有猪16头，大的4头，小的12头；牛3头，其中的一头很快就要下崽了；母马1匹，也很快就要下儿了；羊70余只，鸡30余只；另外还有100多棵核桃树，希望对就学的孩子获得助学补助。

白草坪是一个贫困边远的村庄，我经常去他们几家交流攀谈。去的路途中，很多地方极危险，路上方伸出高高的悬崖，我们很担心长年风化了的石头会掉下来；从山坡往下看去，不远处有些房屋很是低矮，这里一家，那里一户，我们又担心后面不稳定的山石，生怕滚落下去砸了他们。路是山路，上一段，下一段，周围的山，有起伏绵延的，更多的险峻得让人心慌。每次去他们几家，他们都很欢迎，最初几次，看家的狗咬得特别凶，似乎他们有强烈的排外和抗拒心理，去的次数多了，那几条狗也变得熟悉起来，偶尔还会展现出上窜下跳的欢迎姿态。主人们大声地呵斥，它们才低着头不情愿地跑开，那些鸡、马、牛、羊、猪，在村子里或村外的草地上游走、觅食、晒太阳，自由自在，很是惬意。偶尔也会看到羊群在山顶的草丛中，大多数是村民们这家几只那家几只集中在一起放养的，远远望去，很像挂在山坡上的一片片云朵。当然，还听说山林中有野猪出没，可我们一次也没有遇见，只偶尔看到过一些或深或浅的脚印。他们几家都还是土坯房，土墙、石瓦、茅草构成了房屋，牛、犁铧、土地、粮食，构成了他们的生活。按习近平总书记对农村生活的“两不愁，三保障”定位，他们的生活已基本实现不愁吃、不愁穿、农村教育有保障、基本医疗有保障，但离住房安全保障还有一定距离，仍需大力发展。幸运的是，他们几家都勤劳、节俭，都有了一定的积蓄，在计划修房，特别是李文明很年轻，有经营头脑，在甘砂经营小餐馆，正准备在那里修建新房。陈书国为了抚养子女读书，长年在茂林街上居住，家里的屋基已出好，贷款到就及时修房。李世金去年重病花去医药费十八九万元，预计七八月领到工资就回来修建。李文高、陈书全等人家也都做好了修房的准备，待易迁点正式确定后就动工，给人感觉都很有发展的希望。

作为驻村扶贫工作队队员，我们也随时遇到“困惑”。特别是政府的补助标准不一样，各地各类群众产生不平衡心理，还有部分抱着等待观望的态度。当前的补助主要分三类：一类是县级易迁点的团结、河边、茅坡营三个村民小组建档立卡户政府补助 4 万元，一般贫困户政府补助 2.2 万元，贷款最高都可贷 10 万元；二类是镇级易迁点的苏家坪、小火地、椿树坪、毛家沟四个村民小组，建档立卡户政府补助 4 万元，一般贫困户政府补助 2.2 万元，贷款最高可贷 6 万元；三类是其余大面积 C、D 级危房，政府补助 20200 元，最多可贷款 2 万元。面对几万元之差的不同补助标准，他们的攀比完全可以理解，对这里收入微薄的农村群众，几万元的差距是汇集他们一生的劳动或许也无法积累的收入！

## 五、在农村实现自我价值

2016.12.30

我总结自己的扶贫工作：在农村实现自我价值！

有的人认为扶贫工作只是一种形式，工作总结更是形式中的形式。我却不这样认为，抱着严肃认真的态度进行自我总结，我觉得这是自己一年的生命的见证，过了一年，时光就已经流逝了一年。我对自己的工作从四方面进行总结。

（一）强化学习，注重领会和贯彻落实各级党委、政府对扶贫工作的安排部署。精准扶贫工作，是全国人民的大事。习近平总书记和党中央直接推动，各级党委、政府层层安排部署，2016 年 1 月 17 日至 19 日，昭通市驻村扶贫工作队下派动员大会暨培训会在昭通会场召开，全体扶贫工作队队员参加了会议和培训。我遵守纪律，专心听讲，认真记笔记，就像一个勤奋好学的中学生。特别是认真学习市委书记范华平的讲话精神，并撰写了心得体会文章，后在《昭通日报》发表。同时，还认真学习纳云德副书记、成联远副市长的讲话精神和有关专题培训内容，抽空以自学为主，注重搜集网络资料及相关政策文件，还注重农业农村工作的政策法规学习，为自己到农村工作打下坚实的理论基础，做到了学有所思，学有所悟，学有所得，学有所会。

（二）注重实践，融入农村和农户中开展驻村帮扶工作。我们到新林村后，既服从委局机关要求统筹联络三村的总体安排部署，又服从镇、村的安排参与分片负责，并直接挂包 6 户农户。一是切实掌握和参与总体工作。新林村最终认定建档立卡贫困户 682 户，其中 62 户 278 人已享受 2015 年危房改造补助建好房屋，还有重点对象 620 户 2307 人，累计已建好房屋 586 户，未动工、不愿建的 34 户，已领到贷款 377 户 2000 余万元。团结、河边两个易迁点房屋建设 93 户 234 人已全面完工，预计春节前将全部搬入新居；陆书记亲自考察确定新增的白草坪易迁点 34 户 133 人，已启动 28 户 109 人，建房进度稳步推进。二是对接协调机关干部职工的帮扶工作。今年 3 月，市纪委机关干部职工分三批累计 210 人次到新林各村民小组调研走访；5 月中旬，机关干部和镇村干部职工进一步落实“挂包帮，转走访”回头看工作，对建档立卡贫困户进行再核定、再精准，通过对 737 户进行再落实、再精准进出平衡；10 月，再次组织机关全体干部职工分两批到老百姓家进行入户走访，最终核定建档立卡户 682 户 2585 人。根据机关干部职工 30 余人的委托，帮助联络和收集整理贫困户的各类信息资料。三是经常联络和服务个人包保的 5 户的帮扶工作。白草坪的李文高、陈书国、李世金、陈书全，毛家沟的周仕万，五户人家都已享受到了政府的帮扶政策，都已修建了完全住房，其他产业培育正在陆续实施中。

（三）勤思好动，完成驻村扶贫工作队的主要文稿和联络工作。参与完成工作推进类文稿《昭通市纪委监察局扶贫攻坚“挂包帮”“转走访”工作方案》《昭通市纪委监察局对永善县茂林镇挂钩帮扶规划》《茂林镇新林村 2016 年精准扶贫方案》《市纪委对永善县茂林镇新林村开展“精准扶贫・结对帮扶”活动实施计划》等 10 余篇；撰写了宣传稿《情牵乡村送恩情——陆维智到永善县挂钩扶贫点新林村检查指导侧记》《市纪委监察局向精准扶贫点组织捐物 10 万余元》《在扶贫过程中回报乡情——记永善县茂林镇新林村扶贫工作队队长刘丞云》《夜访马路自然村》等 20 余篇；完成了《市纪委常委会议决定事项暨领导交办批示件落实情况》半月和月报告 23 则；完成其他临时报告 30 余次、报表 110 余份。

（四）统筹兼顾，完成市纪委机关交办的其他工作。1 月 16 日，编印了《昭通市纪检监察理论文集》和《昭通市纪委书记讲话汇编》；根据委局领导的安排参与筹办了云南省纪检监察学会滇东滇南学联组（昭通）会议的筹办；根据机关党委的安排完成了手抄《党章》；根据办公室的安排完成了网上在线学法考试。当然，由于我兼任昭通市星火文学学会的工作，还见缝插针地做了一些文学发展道路的推广工作。

来的时候觉得一年时光不短，过起来却很快，不知不觉就到年底，扶贫时光就要结束了，虽然还没接到上级的通知，但我们还是尽量做一些扫尾工作。无论是集体的档案，还是个人的资料都整理了一遍，内心感慨万千，这一年是人生中宝贵的一年，这一年亲眼见证了农村的巨大变化，特别是目睹了老百姓居住房屋的改变，用翻天覆地来形容是一点也不夸张的。

当然，万事万物都不可能完美，也有一些遗憾。一是虽做了不少工作，但感觉不是很圆满。市纪委监察局坚持真挂、真包、真帮，及时成立由委局主要领导任组长的机关扶贫工作领导小组，专设机关扶贫办公室，明确对驻村帮扶的协调、指导、督促和服务四项主要职责，坚持帮扶联席制度，压实帮扶责任。我们在村里对照贫困村“九有一降”、贫困户“四有一超一受益”的脱贫出列标准开展工作，但农村工作涉及千家万户、面面俱到，尽管做了很多事，出了不少力，但始终与老百姓的期望有差距，特别是有些事是涉及各级各部门与老百姓争利产生的，我们根本无法解决，内心有时就会困惑，到底老百姓期望的事哪里才能解决？基层觉得权力小，而高层不掌握实际情况，而高层也期望通过基层来办理，这样周而复始，始终停留在徘徊阶段。二是对农村工作有了新的认识，但自身推进作用有待提高。要开展农村工作，只有结合村情实际，先得了解什么是农村，农村有什么样的特点，农村有些什么样的人和事，然后再坚持缺什么、补什么的原则，因地制宜、因户施策、对症下药，道理很简单，但我们驻村帮扶，是去“帮”而不是自己作主，见到很多管理不科学、决策不科学的现象，说了再说，商量了再商量，而基层干部一旦做起来，还是原样推进，比如，农村一点不重视档案工作，我至少说了不少于50遍，最终仍然没有规范的档案，更没有档案的科学管理方式，仍然是每次做的工作完成了，资料什么的全飞天了，一年扶贫时间收集老百姓的身份证和银行账号，不低于20次，严重影响了老百姓的正常生活。三是对基层组织和基层政权建设有思考，有待进一步系统化和理论化。无论是驻村工作，还是挂钩帮扶，都不是长久的事，因为一批人不可能长久在农村，刚熟悉情况又要换人了，而基本不换的就是基层村社干部，有些一干就是10多年20多年，所以强化基层组织和基层政权建设，才是解决问题的根本大计，至少如何强化基层组织和基层政权建设，这是一个系统性的问题，有待更多的人参与共同研究共同推进，才能更好地开展农村工作。

# 六、精准扶贫重在办实事

2017.12.12

又是一年了，完成自己的扶贫纪事《精准扶贫重在办实事》，作为自己对扶贫工作的回顾，也是给未来留下一点痕迹。2017年，是我驻村扶贫的第二年，全年累计驻村251天，达到了驻村要求，我切身体会到精准扶贫重在办实事。

这一年的工作虽然辛苦，但我觉得还是有满满的成就感。虽然我已经离开扶贫点了，但还是作了认真的回忆与梳理。

体会之一：吃透政策精神，严格按照各级要求开展精准扶贫工作。精准扶贫工作，是全国人民的大事。习近平总书记和党中央直接推动，各级党委、政府层层安排部署，我有幸运继续开展第二年的驻村扶贫工作。我强化学习领会，吃透政策精神，严格按照各级要求开展精准扶贫工作。特别是认真学习市委、市政府主要领导的讲话精神，注重搜集网络资料及相关政策文件，认真学习各地的有效经验和做法，为自己在农村开展驻村扶贫工作取得实效找到理论支撑，并撰写心得体会文章，做到学有所思，学有所悟，学有所得，学有所会，学有所成。坚决服从原单位和工作队的领导，配合争取扶贫资金1600余万元。其中，投资980万元的石漠化治理项目、投资175万元的四个美丽乡村建设项目已启动，投资200万元修通了寨子、建立溪、李家坪15公里村组公路。

体会之二：精心调查摸底，全面完成两个村民小组的重新调查核实工作。自5月22日至9月21日这4个月时间中，重点与单位新增派到新林村的10人一道展开精准扶贫摸底调查工作。根据镇党委、政府和村的安排，我负责团结、半边街两个村民小组。通过对团结52户231人、半边街20户77人走访，明显感觉到这里的极度贫困有几个因素，一是文化素质普遍偏低，渴望读书改变命运的人极少。团结仅有高中文化的4人都没读书了，罗志贵、罗治金分别在昭通、上海打工，浦松在贵阳当兵，卢启凤今年丽江卫校毕业；有初中文化的 39 人，在读的只有 8 人；小学及学前班 117 人，在读的只有 48 人。半边街仅有高中文化的 1 人，毕业升入专科却放弃就读外出务工了；有初中文化的 6 人，在读的只有 1 人；小学及学前班 53 人，在读的只有 12 人；二是务工是脱贫的主要手段和途径，而这种方式又不稳定，可能今年有收入明年又陷入贫困。团结组有务工 49 户 91 人，本地务工 22 人、外地务工 69 人，经商 1 人，当兵 1 人，社长 1 人；半边街组有务工 14 户 28 人，本地务工 15 人、外地务工 12 人、不固定的 1 人；三是社会保障成为基本生活的有力补充。团结组享受低保 26 户 31 人、参加新农保 29 户 53 人、享受养老保险 12 户 16 人、特困供养 1 户 1 人；半边街组享受低保 12 户 15 人、养老保险 5 户 6 人、孤儿补助 1 户 2 人、特困供养 1 户 1 人，参加新农保 12 户 29 人；四是参加城乡居民医疗保险积极，团结 48 户 224 人，半边街 18 户 67 人。但该项医疗救助不会带来收入，只能在有疾病的时候尽量报销一部分减轻群众负担；五是修建住房基本靠政府补助和贷款。团结组享受建房补助 51 户 230 人，半边街组享受建房补助 17 户 56 人、享受补助 37.22 万元。

体会之三：突出文化扶贫，落实“在智和志上进行帮扶”取得成效。一是为大学生筹资 54976 元。针对茂林镇新林村极度贫困、文化落后的现状，通过网络平台为 2017 年新考入大学的七名贫困大学生筹集报名费，五天筹资 4.6 万元，包括武汉理工大学史凡跃 8000 元，江西景德镇陶瓷大学肖显奎、曲靖师范学院朱家丹各 7000 元，河南工业大学高德平、昆明理工大学张玉宝、保山学院丁兰、云南能源职业技术学院范沛彪各 6000 元。9 月 5 日上午，市纪委驻村扶贫工作队、茂林镇党委政府在茂林中学举行助学款现场发放仪式。同时，为茂林镇 30 名贫困大学生进行“爱心逐梦”筹资活动，截至 10 月 25 日，已筹资 8976 元点对点进行帮扶，最高的已筹资 1000 元，最低的 200 元，还在继续筹资中。参与筹资的文化志愿者，遍布全国各地，他们的爱心关怀像暖流一样滋润了贫困大学生们的心灵，激动了他们的梦想和动力；二是协调政策支持解决入学交通费5500元；三是对大中学生进行文学文化帮扶并指导进行创作，特别是指导就读于茂林中学的许金娥、唐贤奎两名中学生进行作文创作并推荐参加全国“中华情·中国梦”征文活动，7月19日至26日历时8天在北京参加总决赛，终获全国三等奖表彰奖励；四是帮助劝返辍学中小学生返校10余人。

体会之四：注重资料积累，充实完善驻村扶贫工作新模式。撰写编辑《驻村扶贫工作动态》11期5万字；各月进行社会扶贫项目和资金统计共10次；为贯彻落实十九大精神，牵头策划组织编撰《中国农村文化扶贫研究》一书，主要以昭通市纪委驻村扶贫工作队组织开展的文化扶贫为切入点，收录了全国各地专家学者的经典言论和案例，实现取农村样本来研究和探索普遍现象。撰写的新闻报道，被各级媒体刊发20余篇。

体会之五：完成委局领导和机关单位临时交办的各项工作。根据委局领导的安排，向省纪检监察学会组织上报了论文八篇；10月25日至28日，到曲靖参加了省纪检监察学会滇东滇南学联组（曲靖）会议，在会上作了题为《整治侵害群众利益不正之风和腐败问题探讨》的交流发言；根据机关党委的安排，完成了网上在线学习任务并考试合格。今年12月5日，昭通市精神文明建设指导委员会印发了《关于表彰昭通市志愿服务优秀团队和先进个人的决定》（昭市文明委〔2017〕3号）。由于我扎实工作，在驻村扶贫工作中，积极开展公益活动，被授予“先进个人”荣誉称号。

（作者时任昭通市纪委市监委驻市委宣传部纪检监察组副组长）

# 第二编　人生逆旅　我是行者

# 多年后　这段日子会是何人的乡愁

张旭峰

## 2019年8月3日　星期六　多雨间晴

匆匆吃过午饭，沿松沙线前往大寨组，路面坑坑洼洼，由于持续降雨，路上一片泥泞。坐在车上摇晃得厉害，“像跳舞一样”，颠簸强烈时车底盘还会被刮到。七八公里的路程要走上40多分钟，碰到会车那就更麻烦了，看到前面有车来，得赶紧找地方停下来，让对方车辆先过去。

今天入户走访的大寨村民小组位于松林村西北面，陪同前往的还有我所在的松林村委委员王应秀和付阳兵。大寨组共有44户人家，从山腰到山脚分3块依坡坐落，时值盛夏，大寨组满目翠绿、温暖葱郁。

虽然已经去过了无数次，但大寨组建档立卡贫困户田时美家还是不同意进行危旧住房改造。听村民小组长沈开亮讲，田时美最近从务工地镇雄县回到了松林村，今天我再次过去，给田时美做做思想工作，动员他享受国家的好政策，实施农村危旧住房改造，早日住上安全舒适的新房子。贫困户田时美全家4口人，有一男一女两个孩子都在读书上学，一家人住的房子是20世纪八九十年代修建的土坯房，土房子年久失修，四面透风，夏漏冬冷，随时有可能垮塌，是全村住房最不安全的D级危房家庭。之前，驻村扶贫工作队和村“村三委”干部曾几次动员田时美进行危房改造，但都没有说动他。田时美的心思我很清楚，他看到国家政策越来越好，扶贫攻坚力度不断加大，遂产生了让国家出钱给他翻建新房的想法，即使国家不能出全款建房，最次也要先拿到补助钱再进行危房改造。他的这些想法都不符合国家目前的扶贫政策，因此，尽管他家的房子属于又旧又危险的D级住房，拖到现在仍然没有进行农村危房改造，搬进安全住房。

走到田时美家门口，推开虚掩着的大门进去，门后的黄狗轻轻叫了两声就跑了。刚来松林村入户走访时，每家养的狗都一直叫唤个不停，总要等到主人喝住自家的狗，才敢走进农户家中。现在经常到村民家中串门走访，跟每家的狗也熟悉了，许多狗见了我不但不叫唤了，还会摇起尾巴向我靠过来。入夏之后气温越来越高，村里部分外出务工的人都回来避暑了。田时美和松林村许多村民一样，家里养着几头猪和牛，男主人外出打工挣钱，女主人就在家里带孩子、喂猪、喂牛从事农业生产。

我踏进田时美家屋门时，他正在家里用柴烧炕，低矮破旧的房子里冒着黑色浓烟，呛得人待不住，于是我和他一起站在院子里聊开了。我又动员他，现在住的房子又旧又破，漏风漏雨的，墙体也已经开裂，再住下去会危及一家人的生命安全，还是按照国家农村危房改造政策把房子翻建了吧，让娃娃们也住上宽敞明亮的新房子，读书学习也能有个好的空间。

他总是一句话，没钱建新房，要求国家给他盖房。

我就又向他解释，住危旧房子的都是贫困家庭，国家农村危旧住房改造政策，就是针对贫困户制定的，都说没钱，等着国家给盖房子那肯定不行。

他还是老态度，说国家不给建房子也行，把危房改造补助的钱先给了，他就翻建新房。我又明确向他解释，这么做同样不符合国家政策，按照政策要先把房子改造好，经过验收合格后才能把危房改造款给个人。接着他又提出房子修建好了，验收也合格了，改造补助款村里不给他怎么办，我看他态度有所松动，就紧接着给他解释，危房改造款就不经过村委会，只要符合政策要求和规定，危房改造补助款是直接打到个人的账户上。这一点可以直接向村上已经进行农村危房改造的村民了解情况。听了我的解释后，田时美答应抽空找已享受危房改造的邻居孙发云了解政策和改造补助款到位情况。

田时美的想法在建档立卡户中有一定的代表性，他们总想着让国家为他们解决一切问题，对需要自己出钱的惠农政策都有抵触，不信任乡村里的干部。我到松林村担任驻村工作队队员后，经常到他家里串门入户。了解到其女田丰琴高考成绩不高，心灰意冷想出门打工后，经过与田时美充分的沟通，细致地开导田丰琴，并积极与相关教育部门沟通对接，田丰琴最终被深圳的一所职业学校录取，成了一名大学生，田时美一家对我很亲切很信任。

通过这次聊天，我感觉他已经放弃了靠国家改造和先给补助款再改造的思想，我走出他家门后，田时美还跟着我到他家外问这问那，对危房改造的事非常挂心。今后一段时间，我再趁热打铁多来他家几回，做通田时美的思想工作，拿下松林村危房改造的“钉子户”。

刚到陶万学家门口，女主人王孝美就热情地搬出椅子给我们坐，给我们倒茶，忙着用塘灰盖鸡屎。他家现有的房屋是20世纪九十年代修建的B级安全住房。户主陶万学因背部摔伤致残，目前已基本丧失了劳动力，只能拄着拐杖勉强行走。其儿媳妇王渐罹患癫痫病，也基本上不能劳作。女主人王孝美说：“前些年，因为勤劳，我家在村里算是比较富裕的。这几年陶万学和儿媳妇都有病，治病花了不少钱，所以成了贫困户，给村里和政府添麻烦了。我可以不吃不穿，但是给儿媳妇治病买药要花钱，还有两个孙子和一个孙女需要抚养。”闲谈中，刚割完猪草、满身泥水的儿媳妇王渐回家了。这个刚30岁出头的人，满脸的憔悴和沧桑，看上去比实际年龄大出许多。不善言辞、胆怯害羞的她，见到我们只是笑笑，又出去忙了。

女主人王孝美走出门外把王渐拉到我们面前，让她叫人。王渐腼腆地看了我们一眼，低声说了一句：“领导好！”就躲到房间里去了。王孝美看着儿媳妇的背影说：“自从驻村工作队和村里的干部带儿媳妇去医院做了检查，吃了药，病情有所好转。现在也很少发疯摔东西了，还能做点小事！”看着王孝美一脸满足的样子，我感受到农民那种骨子里的淳朴。

王孝美一家是典型的勤劳农民，但家里有两个病人，生活过得确实比较难。针对这一情况，我主动向村上汇报，并代王孝美提出申请，然后经村委会集体研判，决定通过陶万学、王渐2人的低保和王孝美公益性岗位的申请。王孝美得知我们是来看望陶万学和王渐，并再次为王渐送药时，感动得不知说什么好，只得连声道谢。我问王孝美还有什么需求，王孝美连忙摆手说："没有别的需求，只要老公陶万学的病慢慢康复，儿媳妇不再犯病，我们就高兴，真是给村里和你们添麻烦了！"听了这一席话，我越发觉得农民的淳朴与可敬。那一刻我再次感悟到了，精准扶贫工作架起了我们帮扶人和贫困户之间的桥，让我们感受群众生活，倾听群众心声，了解群众需求，真扶贫，扶真贫，无愧于肩上的责任。

今年6月初我在例行入户走访时发现，贫困学生小成在该上课的日子里仍然待在家中无所事事。后经了解得知，小成因和同学发生矛盾加之学习跟不上不愿读书。小成是留守儿童，其父母长期在外打工，只能由家中年迈的爷爷奶奶照看。经过与小成交谈，我发现小成不仅具有留守儿童的情感冷漠、行为孤僻、道德约束较弱等特征，而且正处在青春叛逆期，情绪容易失控和冲动，容易对周围的人产生戒备和敌对心理，多种因素交织在一起，小成产生了厌学的心理。

在了解了小成不去上学的原因后，我来回在小成、小成家长及学校之间进行联系和沟通，给小成和家长做了大量的思想劝导工作，帮小成和其家长分析了完成义务教育的必要性以及不上学的坏处。最终，小成愿意返校继续上学，其父亲也答应停下手中的工作带小成返回学校。

来到小成家门口，就看见小成正跟着爷爷奶奶做农活。现在正值暑假，下半年小成也要升初三了，要抓住暑假这个关键时点稳定好小成的上学意愿。经过与小成和其爷爷奶奶的交流，小成向我真诚保证，自己今后一定遵守纪律，与他人建立良好的人际关系，努力完成学业。看来小成已经意识到了自己在学校表现的不足和任性的缺点。接下来，我要再接再厉，和小成、小成家长和学校多沟通交流，稳定好小成的上学意愿，对其进行思想引导、心理疏导，督促其改正自己的不足和缺点。

……

因病因残、缺技术缺资金、产业发展滞后、交通不便、地质条件恶劣、贫困代际相传，是农民致贫的主要原因。找准“穷根”，在精准上下功夫，是实事求是、因地制宜制订帮扶计划的前提。因户施策、因人施策，是把帮扶计划落到实处的保障。

走访结束，已近黄昏，天空开始飘起了小雨，此时的大寨异常安静，雨水打在苞谷田里的声音清晰可闻，就连一向聒噪的知了都没有了声音。不远处农家小院一角的三角梅，在夏日雨水不断地浇灌下，正肆意盛开，繁茂的花束压得枝条向四面八方延展。

“小康要包括望得见山、看得见水、记得住乡愁。”习近平总书记这番话透出的是浓浓的人文关怀。毕竟，在小康这幅绚烂多彩的画卷上，民生是最厚重的底色，共享是最温暖的主题。全面脱贫奔小康，要实现这一目标，任务艰巨，使命光荣！

多年后，这一抹姹紫嫣红又会是何人的乡愁？

（作者系中共昭通市委党校教师、市委党校派驻彝良县奎香乡松林村工作队队员）

# 不忘初心　不负韶华

聂琼蕾

2018 年 9 月 18 日，因为工作安排，我来到昭通市彝良县海子镇大坪村担任驻村扶贫工作队队员。在此之前我已经作为挂包帮扶干部到大坪村走访过多次，这一次我的内心充满了激动和担心，因为我这次来了，就不走了。

初到大坪村，映入眼帘的就是“大坪村”三个字的牌坊，高高大大地屹立在村口，默默守护着大坪村。这是全村 1428 口人的港湾，到这就算是到家了。车沿着公路一直往山上开，大约 20 分钟车程，我们就来到山上的村委会所在地，气温明显比村口低很多，朦胧的白雾缠绕在山间，给人一种人间仙境的感觉。村委会是一栋两层高的小楼，开会、办公、吃饭、睡觉全在这栋小楼里，楼顶正中央竖着一面鲜红的五星红旗，好似一位战士在同我们一起并肩作战。

在来之前，我通过各种渠道搜集了脱贫攻坚相关信息，想提前了解并思考如何开展工作，当我放下行李，急切地走入农户之后，才发现之前我了解到的与现实还相差甚远。大坪村看上去是青山绿水、风景宜人，但在这亮丽的外表下隐藏着的是极度的贫穷落后。全村人口 1428 人，其中建档立卡人口 1199 人，主要居住苗、汉两种民族，自然条件差，土地贫瘠，以种养为主，产业结构单一，道路交通、水利等基础设施落后，属于深度贫困村。

大坪村是个少数民族聚居村，如何让大坪老乡接受我这个“外来人”是我面临的第一个难题。没有调查，就没有发言权，走访就是调查，就是深入实际调查真实情况的手段和方法，是做好一切工作的基础。于是我同大坪村挂片干部一道走遍了大坪村的山山水水、沟沟岔岔，记不清吃了多少闭门羹，记不清踩过多少泥泞，记不清腿上划出过多少道血痕。

我走访的第一户贫困户是柒树组的柏方学户。在经历下坡上坡山路十八弯的起起落落后，终于到达了半山腰的柏方学家。说是家，其实全是泥巴土坯，中间的主屋、右边的耳房和左边的牲口圈，在我看来，长得都一样……当看到将近一米八的男子，撩开低矮屋檐上的稻草，推开木板钉成的门板，去给我拿户口簿，我的心就哽咽了。我快速扫了一眼眼前的房间，进门左边有灶有地坑，地坑三脚架上还放着已经看不清本色的茶壶，正对门的墙上，还贴着“天地君亲师”，摆着香炉，再看右边，似乎还有一道门可以进去，但摆满了杂物，其中有个我都分不清年代的录音机，我甚至不知道那是不是他们家算得上电器的电器。

父亲去世得早，他就一直和年近八十体弱多病的老母亲相依为命，在本该长见识、学东西的年纪，却因无学可上，连自己母亲的名字，对照着户口簿写都没办法写全；在本该在外打拼的年纪，却只弱弱地说离不开，只能在家种地。从青年熬到了将近天命之年，错过了大好的年华；山里交通不便，自己又没有技能，加上年迈、多病的老母亲，种种原因导致他至今仍然单身。就这样，他一直守在家里，一边照顾着母亲，一边与山谋食，日复一日，年复一年，母子俩相依为命，无望地重复着……像这种情况，我都没办法开口询问他们有何困难，因为家里的困难已如此赤裸，如此显而易见。我不禁问自己：到底该怎样做，才能让他们的日子好过一点？

每次去他家，摩托车骑到不能骑的地方，就必须再步行 20 多分钟的羊肠小道才能到达，这段路蜿蜒曲折、雨天泥泞、晴天流沙。有一次硬生生把我的肾结石给抖了下来，让我疼了好些天。这还不算什么，最要命的是山里没有信号，每次去他家能否见到他，只能凭运气，遇到他下地干活或者去放牛，我就只能白跑一趟，这类状况还时有发生。

好在功夫不负有心人，借着脱贫攻坚的一系列惠农政策，党和国家以举国之力帮扶贫困人口，再结合柏方学的实际情况，经过多次走访研判，因其家有老母亲需要照顾无法安心外出务工，就给柏方学安排了公益性岗位。2018 年农危改补助 2.6 万元建了新房，因地制宜对该户实施了种植大竹、养殖黄牛等产业扶持，目前他们已经买了新家电，搬入了新家，一日三餐也可以吃上白米饭和猪肉片。

健康是每一个人最朴素的愿望，可仍有不幸降临的家庭，一人患病动了全家的根本，让原本困苦的家庭雪上加霜。大坪村大坪组村民张明友（家庭人口 7 人，为建档立卡户贫困户），其孙张燕君今年 8 岁，在 2 岁时就发现眼睛患病，长期流眼泪、左眼视力急剧下降，多方求医问药无效。先后在昭通市中医院、昆明医科大学第二附属医院就诊，昭通市中医院诊断患角膜炎，建议转院治疗；昆明医科大学第二附属医院诊断患者左眼病毒性角膜炎、左眼角膜白斑，亟须做角膜移植。该户群众文化水平较低，主要经济来源靠零星务工，收入微薄。张燕君生病后，高额的医疗费用给原本贫困的家庭带来巨大压力，负债累累，长久以来的病痛折磨和奔走问药，经济和精神上的双重折磨，让这个平凡而又贫瘠的家庭不堪重负，濒临奔溃边缘，小燕君面临失明的厄运。

我的父母告诉我：“咱们也是农村人，为老百姓做事就要实实在在的。”我的领导告诉我：“俯下身子、沉下去，带着感情去扶贫，我们就是你坚强的后盾。”于是，在我们了解到大坪村大坪组张燕君小朋友生病后，第一时间向单位汇报，为小燕君奔走联系并进行了“献爱心”捐款活动。

昭通市市场监管局了解这一情况后，积极作为，多方协调，为小燕君联系了昆明医科大学第二附属医院入院治疗，减免了治疗费 1.5 万元，并进行了角膜移植手术，手术很成功。为缓解小燕君一家沉重的负担，同时为了小燕君的后续康复，市市场监管局及昭通市质量技术监督综合检测中心开展了“献爱心”活动，全体干部职工纷纷伸出友爱和援助之手，为小燕君踊跃捐款，共筹集捐款 10400 元。所得捐款，已在第一时间送交小燕君家人，用于其病情的治疗，目前，小燕君已经恢复正常视力，回到学校继续学习。

两年的脱贫攻坚有讲不完的故事，说不完的经历，大家有目共睹的就是大坪村翻天覆地的变化。

近年来，昭通市市场监管局累计拨付 45 万余元扶贫资金，用于各类基础设施建设。为大坪村援建了 489.68 平方米支部活动场所，建成后辐射大坪村柒树、林脚、沙湾、二坪、双寨五个村民小组 138 户 550 名村民，为五个村民小组提供了村民小组活动场所、为林脚党支部提供了党员活动场所。修通了岩口到村委会所在地的 180 米公路连接线，极大地解决了群众生产生活上的不便和出行问题。组织核桃嫁接技术员为核桃连片种植区进行高枝改良，新种植核桃 410 亩。建设具有现代农业特色的无公害蔬菜标准化种植示范基地，规划种植蔬菜 300 亩，实现产值 30 万余元。累计投入 6.5 万余元的扶贫物资，购买防寒服、手套、冻疮膏等物资，为海子镇大坪村詹明桥心小学 169 名学生送去爱心，让祖国的花朵们在寒冬腊月真切感受到党和政府的温暖和关怀。按照每户一袋大米、两桶食用油的标准，为大坪村 9 个村民小组的困难群众送去慰问和关心。市市场监管局 30 名在职在编干部职工结对帮扶大坪村建档立卡户 247 户 1012 人，经过四年的不懈努力，从 2017 年 42.4% 的贫困发生率降低到 2019 年年底的 1.89%，全面实现了“两不愁，三保障”的基本要求，达到脱贫出列标准，于 2019 年脱贫出列，其中的艰辛不言而喻。

如今，再去柏方学家，宽敞的水泥路已经修通到山脚下，远远地就能看见那套崭新的小平房在阳光下熠熠生辉，再看不见原来那似家不似家的泥巴土坯房，堂屋右边的耳房也变成了冲水式的卫生厕所，沙发、电视、橱柜、餐桌一应俱全，有序地摆放在客厅。现在我每次去他家，那位年近八十的老奶奶都要拉着我的手，让我留下吃饭，还要跟我说上半天党的好、国家的好、政策的好，我知道老奶奶脸上洋溢的微笑是发自内心的幸福，朴素的话语也是对我们脱贫攻坚工作最大的肯定，看着他们开心的笑脸，我也打心底里为他们高兴。

两年的脱贫攻坚让老百姓在医疗扶贫、教育扶贫、产业扶贫上得到了真金白银的实惠，脱贫攻坚的这些事，成就了我的人生积淀，作为千万名参与脱贫攻坚战战士中的一员，我深感自豪。

唯其艰难，才更显勇毅；唯其笃行，才弥足珍贵。在大坪村广袤的土地上，我们将继续奋战在精准扶贫最前线，带领每一户贫困群众把日子过得好起来，用心用情去扶贫，真正兑现“小康路上一个也不掉队”的庄严承诺。

（作者时任昭通市市场监督管理局一级科员）

# 安家坝的“朋友圈”

毛利辉

2020 年 3 月，作为市委督战队的普通一员，我来到镇雄县场坝镇安家坝村，参加安家坝的脱贫攻坚工作。半年来，我在朋友圈、抖音、快手和微博等，记录着安家坝的点点滴滴。安家坝的山山水水、特产美食、好人和好事的图文、视频，得到大家的喜欢和共鸣，多条播放、点赞、评论超数百万。抽空整理安家坝的“朋友圈”，这些点点滴滴的碎碎念仍感动着我，净化着我，激励着我不忘初心、砥砺前行。

## 3月6日　小雪

3 月的昭通，柳丝已抽条，但仍春寒料峭、雪花飘飘。

收拾好行囊，依依不舍地吻别了沉睡中还未满月的儿子，心里暗暗地对儿子说：爸爸要进山扶贫去了，一年半载回不来，你要乖乖地听妈妈的话。

到安家坝已是中午。吃了饭先去学校看看。路上遇到几个也去看学校的小朋友。受疫情影响，开学季遥遥无期。他们说想读书了。下午去看安家坝村养兔场。这个规模不小的集体经济，每年要送 8 万只胖嘟嘟的大白兔子去重庆，产值 400 多万元。全村多数卡户入了股，实现了分红。但今年受疫情影响，兔舍里存栏的四五千只兔子，至今还一只都没卖出去。

### 3月16日　阴有小雨

晚饭后继续走访。到贫困户张朝友家，天已黑尽。听支书咳嗽得厉害，老张忙爬上二楼，在阳台外扯下几牙带根的绿叶，“岩白菜，熬水喝，治咳嗽。”

昨天也是傍晚，去访文顺军家。文家全户外出浙江多年，老家石屋已淹没在密林之中。回程时天快黑了，带路的老袁动了双手，鼓捣要拉我去他家吃饭，喝口苞谷酒……镇雄老乡简单纯粹而又浓浓的情意，让来自异乡陌生的我，深深地感动着！

有时候会看见网上有不少对镇雄和镇雄人的偏见，有不同的声音。作为外乡人，在镇雄这些时间，我见到的是镇雄乡亲的淳朴与善良，镇雄基层干部的艰辛和付出！

### 4月4日　清明节

清明时节雨纷纷。饭吃得早，本地的同志们都回去了，一个人在村上。开车去沟门口王礼聪家查看农危改建设情况。柱墩被老王修成了一米的直径，看来是要大干一场。

这些年，国家对安家坝村农村危房改造、抗震房建设等投入很大，走到全村的哪个旮旯，都能看到一栋栋拔地而起的新楼房，宽敞明亮的院坝，很多农户还种了花草。

乌蒙山深处的农村生活，正在发生着翻天覆地的变化。

### 4月15日　阴

在丁木树走访。老远看到碧山脚下，郁郁葱葱的树林间，有袅袅的炊烟、婉转的鸟鸣，还有一个认真读书的女童。询问得知，姑娘三年级了，爸妈都在浙江打工，和同样留守的奶奶相依为命。家在深山里，奶奶做农活去了，姑娘用学校图书室借的《希腊神话故事》打发时间。远山的深处，孤寂的童年，零落在鸟语花香和青草树木间，诗意亦浪漫。

走到下一家，在门廊上遇到这么一副对联，上联：不多事百福同春，下联：人让人天地有眼，横批：一本萬利！字写得不算工整甚至还稚嫩，但内容却有些禅意。

这些天来在镇雄村里走访，发现家家户户都有写对联的习惯，而且时常旧了就更换，内容也家家不同，各有千秋。

房门贴新联，娃娃爱读书，都是镇雄安家坝和其他县区村落文化不同的地方。这也应该是为什么镇雄有那么多能人的原因吧。

文化，是能潜移默化的，我想。

## 4月18日　晴

村里也有集市。集市有羊肉馆。镇雄人爱羊肉。20元一碗羊肉汤，村民三人一人一碗，白酒两罐一人一杯。

久违的阳光下，一位穿汉服的卖笋姑娘，惹人注意。姑娘说自己昭通学院大二在读，清早刚上完网课。笋子是母亲进山采的，中午没事，就来街上帮妈妈卖笋子。真是懂事的姑娘。

这些天走访下来，遇到的村里在家的大学生很多，不少如中国人民大学等重点大学在读的学生。疫情影响，大家都在老家村里上网课。网络时常不好，影响网课质量。

我拿出手机，给市移动公司的韩冀总经理发了个微信，希望帮助解决一下安家坝村少数地方4G信号弱的问题，很快得到了韩总的回复。

## 4月23日　阴

村里召开了安家坝村四月的脱贫攻坚研判会。会上，与会同志梳理了一些客观存在的短板问题。

黑租湾村民组的贫困户黄朝成患胰腺炎，妻又确诊肾炎，夫妻双双病倒，带几个幼娃熬过的日子很艰难。和村支书、驻村队长上门走访，深入了解并实地解决他家的困难问题。村委帮他申请新增了5个低保，又帮助联系适合慢性病人做的轻巧工作。

泡桐湾张义宽卧病在床，妻子丢下4个不满6岁的孩子离家出走，留下一对嗷嗷待哺、不满周岁的双胞胎。两个可怜婴儿，只能靠年迈的奶奶在镇上买来廉价的奶粉，艰难养活。两个娃娃，一个熟睡，一个在床上撕心裂肺地哭……带我来的村支书，一个大男人忍不住转身抹泪。初为人父的我，想起家里3个月大的可爱宝宝，心想只要我家娃有口奶喝，就要让这对宝宝也有勺奶喝。只遗憾不习惯带现金，摸遍全身也只找出400多元，跟奶奶说，先给俩孩子添一盒奶粉吧。随后，村委会落实了全家6个人低保，安排张义宽去了医院看病。

为了茶坊和上寨那几户缺水源的人家，支书和驻村工作队队长们多次带着村三委和扶贫队员徒步进山找水源。前天晚上9点了，他们还饿着肚子徒步在返程的深山里。

大家时常组队，动手帮助建档立卡户解决感官贫困问题。我手机里有个视频，工作队队长张忠银笑容可掬地扶着楼梯，水管站长王盼提着钳子电线电胶布，正专心致志地往上爬。王盼的头顶上，电线和蜘蛛网在天花板上搅成一团。视频里的画外音，是镇政府的小姑娘尤正艳，在语重心长地做着主人家要爱卫生的思想工作。

扶楼梯的张忠银队长，多年前就是场坝的副镇长、人大常委会主席，并长期担任安家坝村的挂村领导。村民都熟悉他，亲切地称他张主席。调财政局后，张主席又回到安家坝村当扶贫队长，一干就是四年，各种苦活累活冲在前面。为了解决小湾子等7个村民小组出行难问题，张队长又回单位，争取到村组公路硬化资金600多万，项目实施后，安家坝各组的通行条件将得到大大改善。

确实是这样的。在安家坝村，我看到很多人，都在用心地付出！

### 4月29日　晴

疫情控制进一步向好，场坝镇中学在万众期待中开学了。安家坝村的父母们也都深深地松了口气，终于把神兽们送回笼了。其实，我们大家都很开心，笼罩了几个月的低沉迷雾，终于开始渐渐散开。

重感冒一个星期了，没有好转迹象。去村私营小诊所买药。诊所医生小妹过来，找出几个药盒倒出一堆药，认真清数后用纸包好，递过来说：“三顿的。就几颗不要钱了。乡亲们小病用药少时，都没兴算的。”城里看病，感冒也要买一大堆药，却久治不愈；村小诊所看病，几乎不用花钱，几颗药就给治得服服帖帖的。这就是安家坝的村医。

### 5月17日 晴

离村，去市里参加政协会议。分组讨论发言时，突然想到前段时间，村里一位独居的留守老人，子女全部在外打工，被发现去世在家里已多时的事情。

也想到那天走访核查安家坝村劳务输出情况。年过花甲的老陶，甩着一只空空的裤腿，拄着拐杖靠在门框里，眼里的光如身后的炕房一样暗淡，“今年条件你晓得的，娃们在外面找不到工作又回来，这才又出去了没几天。”老陶家8口人，5个劳动力，3人在外省打工。老陶说如果娃儿不外出打工，脱贫就是个问题。

还想到沟门口的韩文梦，因为娃娃还小，小韩不能外出打工，就近选了个砖厂，拼死苦活一个月也就3千来块工资，娃娃奶粉、一家人开支紧巴巴的。

所以分组讨论的发言，我建议脱贫攻坚结束后，乡村振兴的农村产业发展、就近务工、发展家庭经济等应纳入重要议程！

### 5月28日 阴

村里有个水果小卖部。和店主闲聊，他也是建档立卡户。为照顾瘫痪弟弟、年迈的老人和年幼的孩子，他和妻子不能外出打工，在家摆了个水果摊维持生计。几爪芭蕉卖了好多天，快坏了也还剩很多。他说五元钱随便你捡。我捡了几个，他又往我口袋里塞了两大提……

窝氹村民小组长黄奶奶来我宿舍，倾诉她家的故事。大儿子多年前病逝，不久后儿媳也丢下两个嗷嗷待哺的孩子，离家出走。她和老伴靠在村子里磨豆花卖，含辛茹苦养大孙子孙女。孙女初中毕业那年，以非常优异的成绩考取了县城高中，却因家里没钱，含恨放弃心爱的学业，外出打工。现仍在浙江一家小餐馆擦盘子的20岁孙女，是她和老伴心里最大的痛。老黄奶奶说，小孙子王童现在重庆读职中，明天就要去学校了，她说再难，也不能让孙子再走辍学的老路。

黄奶奶走了后，我总觉心里哽得慌。

中午吃完饭，我来到黄奶奶家，和即将外出读书的王童见面聊了聊，加了微信，转了三百元钱。心里安慰了许多。

### 6月10日　阴

又来到泡桐湾组张义宽家。

张义宽的房屋鉴定为B级安全住房，但因其病重、带着四个幼儿无能力装修，屋内又黑又脏，人居环境太差，镇村组织施工队帮其粉刷墙面，改善居住环境。之前因为张义宽的病和孩子没人照管，发了朋友圈，网友手心里的猫、拈花笑、杨雪捐了钱。我把几位爱心人士的捐款转给张义宽。看他去医院治疗了几天，身体有明显好转，很欣慰。

回来在村口，遇到贫困户王忠富。这几天，他背着自己找的二斤三两野生天麻，在场坝镇、安家坝村集镇转了好几圈，还是没卖掉。我跟他说想试试朋友圈，看能不能帮他卖出去。不一会儿，同是市政协委员的鲁甸昊龙集团锁芳同志转了1000元过来。我把1000元转给了王忠富，他说天麻钱才552元，不能多要，喊我一定要把锁芳多给的钱退还回去。

后来，天麻我给寄了出去，退的钱锁芳没有领取。

### 6月25日　端午节

每年端午节这天，安家坝村罗汉林的草坡上，总会自然形成一个市场，县城、附近乡镇、贵州毕节等地的人们自发聚集在此，爬山、烧烤、喝啤酒、唱歌跳舞，热闹非凡，堪比彝族火把节、苗族花山节。因为这个热闹的草坡是在安家坝境内，虽然我没回家，也不过节，但得去看看。

看到一小贩在叫卖“野生崖蜂蜜”，称可以养身心、治百病，吸引了一群村里大妈蠢蠢欲试，打算购买。120元一市斤的，我看青苔和蜂巢的新鲜及相融合程度，预判是人造假货，应该是白糖溶化加颜料和香精凝固的。但我犹豫了很久，最终没有鼓起勇气上前揭穿。

### 7月8日　阴

下午开车出去，查看发嘎湾、马尾坝和大地村民组的住房安全保障情况。

路遇一对走路回家的夫妻，邀请上车，想带他们一程。他们犹豫了一下，说不用了，不远。

走访完一个村民组，再到下一组时，见又是这对夫妻跟了上来。可能见我像是来检查什么的，就类似于投诉似的问我：“同志，国家给贫困户修的房子，一部分用瓦盖，要得吗？”

我说你们上车，带我去看。跟着夫妻俩，来到一新房前，俩人指我看，就那，弟弟家的，在外打工多年没回来过了，政府给帮忙修的房子，居然还有一间是用瓦来盖的。

我问他们，弟弟自己花了多少钱？夫妻俩说，弟弟一分都不愿意出。

我说政府出的钱，只有那么一点，本来是抛砖引玉，贫困户自己也要自力更生，共同改变现状，努力创造美好生活。但自己一点力都不愿意出，全靠政府的帮助，政府补助的钱，能修这么一间很不错了。何况村里看他家没厨房，又专门再想办法筹了几千元，帮助修了一间哪怕是瓦盖的厨房，要懂得感恩和知足！

然后我又问夫妻俩，旁边这栋新修的大房子，是你家的吧？他俩说是。我问，投入了多少？政府补助了多少？俩人说，投了几十万，我们不是贫困户，没有一分补助。我又问他们，为什么有的人，比如你家弟弟，政府全力扶持，却还连一间小屋都修不起？而你们，政府一分补助没有，却修起了大楼房？

俩人似乎听懂了些什么，红着脸，连称是道理，是道理。忙热情地招呼我吃了饭再走，我忙推辞，说还有几家要去看看。

告别了夫妻俩，我深深呼了口气，似乎轻松了许多，却似乎又沉重了许多！

## 7月15日　晴

村里组织财政局挂钩包保干部、驻村工作队和村三委人员，分成几个组全面开展人居环境整治工作。

一个工作组在发嘎湾一重病无劳力户洗碗正嗨。一位当地人走过来问，你们是要挨家挨户帮助贫困户打扫卫生吗？我忽然气上心头，回他一句：好脚好手的，最起码的卫生都要别人打扫，不觉丢人吗？

小湾子村民小组。周元章老人听我是市里来的督导，忙拉着我进屋说，他是独人独户，没扶贫没照顾。国家政策一分没享受过。出门我一抬头，猛见墙上挂着“特困供养户”几个大字，不禁气压瞬间飙高。特困供养户，国家每年给的现金是9600元，老人撒谎了。冷静思考片刻，我语重心长地对老人说：老人家，人生一世，不管男女老少，一要诚实，二要感恩，三还要自力更生。你看你房前屋后，又脏又乱，晚辈都不忍心说您什么才好？老人自觉理亏，说：同志，你说得对！

在村里工作，实干精神和工作方法同样重要。有次看到几位村民在村委反映问题，在场坝镇挂片安家坝村指挥长常爽的开导下，原本乌云密布的几个村民喜笑颜开了。农村的问题，一部分是急需解决的实际困难和问题，更多的是思想上疑惑不解，或暂时堵塞。解开了，一切亦会如若云烟，风吹即散。

## 7月23日 阴

对面宿舍的兄弟黄林去我老家大关了。是去大关县承担脱贫攻坚的普查工作任务。一个月时间。

黄林不在，总觉得生活中缺少了什么。记得我来安家坝的第一天，我的督战队长勇哥在村口等着我，支书给我安排好了房间，张主席送来棉被和后来我给了老黄的新毛毯，黄林提着扫帚和拖把就进来了，一身运动装，年轻高个，帅帅的。不一会儿，我的宿舍在勇哥、支书、张队长和黄林的帮助下，很快就收拾出来了。队长勇哥开玩笑说，得照个照片发个朋友圈，小毛住的可是标间哦！

黄林住我对面，相差几岁的年龄，一些相近的工作生活经历。同是昭通学院毕业，他在异乡盐津县、乡、村里教过书，后来也是考公务员，回了老家镇雄县财政局，然后就被派驻到安家坝当驻村扶贫工作队队员。

黄林在的时候，总有各种嘘寒问暖，“哥，吃饭了。”“哥，出去走走？”“哥，给你来桶方便面？”“哥，进城去我家喝茶去我家住？”“哥，回家路上慢点！”还在半路，电话铃响起，“哥，安全到家了吗？”……

黄林去普查的是大关县寿山镇中坪村，和安家坝差不多海拔的高寒山区。知道另一个好弟兄晏开荣在寿山镇当党委副书记，电话给他说，帮忙照顾一下我的镇雄好弟兄。

再电话给黄林，过几天轮休回老家，来我老家吃菌子。

## 8月1日 晴

又是一个赶集天。清晨八点，我正在食堂煮面。丁木树的老黄推门而入，坐在凳子上，和我拉起了家常。老黄是一位可爱的苗族老爷爷，见面的第一件事，总是跷起大拇指，给我说无数次“共产党好”！老黄说他最近刚搬了新家，工作队张队长给他送去了新床。他说只差被子了。拉他进了我的宿舍，把那床没用过的新毛毯分享给了他。

中午，来赶场办事的人越来越多。一群村民围着值班的老袁支书开分户证明。证明开好了，村民不知道上面办事流程，老支书又摸出电话打给派出所：请帮个忙哈，嗯哈嗯哈……老袁从支书岗位退下来，改任村委员，虽然级别和工资都降了，但为民服务的责任一直装在心中。

还记得在3月初的村三委集体评定低保户会议上，轮到退休支书老袁发言：我们村评选低保户，什么关系都不要谈，我们的唯一标准，就只看一个“穷”字！很赞！

### 8月25日　晴

为进一步提升安家坝村民用网幸福感，受市移动公司韩总委托，镇雄移动公司经理张晓洁率技术团队，专程到安家坝村，实地测试全村22个村民组的移动信号，通过增建基站、优化设备等措施，来提高全村群众通信和用网质量，确保4G信号全覆盖。丁木树的小蔡后来跟我说，他们组的宽带很快就全部拉通了，一家一个宽带猫，用起来很安逸。

### 8月30日　阴

走村入户查看教育扶贫和控辍保学情况。

仓房小组卡户唐应成在县城打工，女儿以570多分（满分600）考取云师大附中城南中学，满墙奖状。我鼓励她三年后上清华北大，要得，她腼腆答道。

栅子门周太银家女儿今年也考上了大学。妈妈说，因为自己小时没读着书，不认识字，吃了很多苦。现在哪怕自己再苦再累，都要送子女读书！

环岩村民老黄孙子中考考了高分。被镇雄芒部中学录取了，水富一中又大老远地发信息来村里“抢”人。说起自己爱孙，老黄一脸的自豪！

付明高是镇长包保的贫困户。夫妻共9个子女。夫妻俩靠打工、种地，赡养年迈母亲，9个娃全供着读书，小学到大学每个阶段都有。为帮助他家，村里研究再给他家增两个低保，镇长也在想办法，联系人力物力帮其装修房屋。

夜深了，踩山坪组的残疾建档立卡户周美昌夫妇还在整理烤烟。今年老周家种烟3万棵，预计收入10万元。老周说若不是两个小孩读大学，他不愿意要这个卡户名额，“丢人得很。”大儿子周林今年大学毕业，已应征入伍，过几天就要去部队了。周林说他应征的是义务兵，去部队还想继续读军校，在部队建功立业，回报父母，报效国家！

等娃读出书就了业，这些有希望的家庭，苦日子就熬出头了。

## 9月9日 晴

和祖国的很多地方一样，安家坝村留守在家的老人很多。村里老人离不开土地，城里再好，也是别人的家。

中午到谭家湾，遇到83岁的尤爷爷在劈柴。沉睡的木头也上了些年岁，干且绵，得慢慢地打开。

环岩村民小组。国家给91岁贫困户黄从先发放了养老保险、高龄补贴，60多岁儿子儿媳也有养老保险。孙子孙媳浙江打工挣钱，去年回家掀了茅草房，修了五层楼大平房，日子越过越红火。

花红坪村民小组的老周说，儿子懒不理事，儿媳又离家出走没了音讯。政府给了低保。老周也不等不靠，养了头母牛，种些庄稼，养活自己、儿子和孙子。

回程的路上遇着两个扛大桶的人。我停下车来让路。走在前面的是一个50来岁的男子。他在车窗前径直停了下来，直勾勾地痴望着我，哈哈地傻笑而不言语。一旁头发花白的大娘忙走上来解围，我儿子，70元买个大桶，回家腌酸菜……我知道，镇雄人有句话叫“一天不吃酸，走路打捞蹿……”

夕阳西下，天边的红云渐淡，微微渐起的秋风里，飘来一阵沁人心脾的桂花香。后视镜里，母子俩的背影慢慢地消失在了路的尽头，我猜想儿子可能有智力障碍，但母亲并没有放弃他。

我慢慢地回想着他哈哈笑的样子，猜想他的内心里，一定是一直开心幸福着。因为，他有一个伟大的母亲！

而我们大家，也都幸福着。因为我们生活在一个无比幸福的时代，也有一个伟大的祖国母亲！祝福祖国母亲，生日快乐！

后记：安家坝的驻村工作生活还在继续，朋友圈的记录照旧会继续，也会有更多的感动触动着我，也愿意去参与和做更多的事情，为这方厚重的水土，和6000多淳朴善良的安家坝人！

（作者时任昭通市委网信办网络传播和管理科科长）

# 龙头山的远方亲戚

毛利辉

那年我的帮扶对象，从龙头山镇西屏村的大丫口，转移到西屏村的谢家梁子和岩头上，后来又转移到龙头山镇光明村的黄家林。

## 大丫口

对大丫口的印象很浅，浅到只是在村民小组长的带领下，做了一个摸底调查。

那是2015年的冬天。大丫口很远，远到要开一整天的越野车踩着星星到村上，又要坐一个半小时的摩托车，才能抵达。特别感谢鲁甸翠屏村的青年作家戚忠波，开着他的新车送我去西屏。还记得路上石头刮掉了他新车的底盘，挺过意不去的。去大丫口的山路更窄更险更崎岖。摩托车爬上巍巍大佛山，山顶上蓝天上飘着白云，还有满山荒凉的黄土，以及热情的小组长，村民淳朴好客，家家户户几乎家徒四壁，地上爬着如花猫一样的孩子，满地满山坡的鸡、牛、羊、狗、猪。

后来，我被调整到了谢家梁子和岩头上。但会时常想起，大丫口村民们无光但亦期望的眼神。

# 谢家梁子和岩头上

谢家梁子和岩头上离村委会比大丫口近得多。但山路和山民的住所，依然很惊险。

2016年2月28日，时隔一年，去西屏村的路已经好走了许多。那天是早晨六点出发，九点半到西屏村，在村民小组长何昌学的带领下，走访了我新调整挂钩的14户包扶贫困户，复核了贫困户的基本情况，钉挂了“结对帮扶门牌卡”，了解了他们一些脱贫致富的想法和需求。总体来说，14户农户缺水特别严重，缺资金、缺技术、缺劳力、缺文化、缺资源现象普遍存在，因老、因病、因残致贫等也有好几户，老少边穷且老弱病残，挂钩帮扶的任务艰巨。

严重缺水是影响谢家梁子村民们生产生活的最大难题，也是制约当地发展的最大瓶颈。村民小组长骑着摩托车带着我走了近一个小时寻找水源，方圆几公里内，我们仅发现两处水源，从荒凉的山体里沁出的“水”仅有细线大小，且均低于村民居住的地方。夏季囤积在水窖的雨水，是村民一年主要的生活用水，靠天吃水，让水比柴米油盐酱醋茶更加金贵。

那天走到谢家梁子沈大妈家。开学了，沈大妈只拿出了100元钱，给15岁的姐姐沈承贤先去了龙头山中学，但13岁的妹妹沈承欢的开学费用仍没有着落。沈大妈说：“欢欢你等两天，我正在想办法凑钱。”可自尊心强的妹妹一赌气，就去了学校，要收拾被子和书辍学回家。沈家爸爸去世10多年，据说当年也是为了几百元债务，他选择了结束自己的生命，留下孤苦伶仃的母女艰难度日。想起自己小时一直到中师毕业，每当开学时间临近，父母也总是到处找人借钱，四处碰壁的他们，很多时候不得不借高利贷给我们读书。想到儿时的自己，再看到眼前的她们，忍不住鼻子酸酸的……我翻出身上带的所有现金，交给沈大妈，告诉她，一定不能让孩子辍学！只有读书，才能改变命运！

那一年郑吉有家姑娘5岁多了，但仍不会说话，急的时候，孩子会哦哦哦地吼。他说市、县医院都带去看了，看不出结果。但从孩子的长相和他描述的“饿了渴了会在院坝里舀粪汤喝”及“耳朵声音刺激反应较大”等症状来看，我初步判断可能不是聋哑，而是类似于脑膜炎等烧坏了脑子。他说小的时候确实有过一次大的发烧。他想给孩子确诊，因为县残联需要确诊病历才给办残疾证，那样每年可有些补助。“昭通医院建议带去昆明检查，但没有钱去。”郑吉有说。

沈妈妈和郑吉有的故事，我发在了朋友圈和微博上，很多朋友给他们捐款，也有朋友想办法联系医院。微友捐给沈承贤、沈承欢两姊妹读书的1100元，捐给郑吉有家哑巴小姑娘的180元，我一并请昭通市委宣传部在西屏村当驻村帮扶干部的吴强同志带转给家长。

想起有次无意翻书看到的一句话：“小夕说，她看见明媚的阳光照耀在山上。我只是对着她微笑，没有说我看见整片悲伤的轮廓压在突兀的群山绿影中。”也许一个人要走很长的路，经历过生命中无数突如其来的繁华和苍凉，才会变得成熟，而阳光，总会冲破乌云，明媚地到来。

## 光明村的黄家林

再后来，2018年，我们变更了单位，挂钩帮扶的对象又再次被变更。

我来到了鲁甸县龙头山镇光明村。

光明村属于鲁甸地震镇中。这里家家户户都种植有花椒树。那年地震的时候，村里很多人都在摘花椒，有幸躲过了房屋倒塌一劫，所以很多人都称花椒树为救命树。

习近平总书记莅临鲁甸视察时曾给鲁甸花椒一个定位：小小花椒树，致富大产业。

2019年9月去扶贫点，正是鲁甸花椒成熟的季节。我包保的9户建档立卡户，每一户都有很多花椒树。可以说，花椒卖得好不好，直接关系到贫困户们能否按期脱贫，稳定脱贫。

去挂钩户张绍国大哥家走访。孩子们在广东打工，张大哥身体不好，冬天了花椒还没摘完。想着跟他买些花椒，减少点销售上的难题。一口袋青花椒，他开始说送不要钱，我们坚持必须要买。后来他说只收200，我们说给400。他说就收300，多一分都不干！

张家女主人的身上手上，深深浅浅地“栽”满了花椒刺，“碰着就疼。”她说。看她用针给自己挑刺，挑出了少数，那些挑不出的会慢慢长成肉刺，碰着依然还会疼。记得小时在老家山林里打猪草捡柴，常被刺钻进手心手背、插进光脚板里，也是钻心的疼。母亲挑出了一些钻得浅的、肉眼看得见的，也照样还有一些藏得好的长在肉里，成为身体疼痛的一部分。每每想起，那些不易都成了财富，所以总认为生活需要拼搏。

张绍国说，今年花椒价格不好，极品干花椒都才50一斤。郭德华家还剩最后一簸箕花椒，张口吐籽好，属优质上品，但依然无法卖出好价钱。

花椒质量很好，但卖不出好价钱。而很多朋友花了很多钱，却买不到好花椒。于是我在朋友圈和微博上做了推荐，获得网友积极响应，很短时间帮几户贫困户高于当地两倍的价格，把花椒全部销售出去。

## 郭德华的家事

光明村驻村队长李仁安同志跟我说，你那9户，最恼火的就是郭德华家。

第一次去郭德华家走访，一间政府帮建的平房，坝子也打了水泥板。安全住所是有了，但是室内室外脏乱到下不了脚。我找了一个凳子，擦干净垫着，记录他家的信息。

妻子前年去世，留下郭德华和一对未成年儿女。儿子刚辍学溜到外面玩去了，女儿在外打工。68 岁的他独自在家。郑林兄弟在跟他说养老保险和低保的事情；他不识字，我帮他在老人机里存上我的电话号码。老郭家的灯头坏了，又帮他接通了灯泡。他说他抹黑了好些天，他之前接的时候被电击过一次，所以不敢再接。

后来几天，我们把他辍学的儿子追了回来，送去县城的学校学电脑。

7 月，应大理宣传部邀请，要出差几天。想着修了新房但家徒四壁的挂钩户郭德华家，总觉不安。带着刚怀孕的妻子去超市买了被子，带到村里，请驻村的仁安兄弟帮忙，给郭德华送了去。

后来又去郭德华家，想着他家那一屋乱七八糟的电线，于是喊着表弟阿春当义工，买了灯和开关电线，把郭德华家的线路、开关、插板和电灯泡全部进行重新安装。阿春是我小姑的大儿子，家里也是建档立卡。这些年阿春在宽窄巷子酒店上班，工程部负责人，年薪 6 万，家里也因他脱了贫。

2020 年 1 月底，新冠肺炎疫情正严重。接到电话，郭德华家俩熊孩子吵架，弟弟喝了敌草快，正在医院抢救。急忙赶去医院，当时看他情况还好，以为挺得过去。第二早再打电话询问情况，姐姐哭着说，人昨晚走了。

郭德华的儿子和姐姐吵架喝农药去世后，16 岁多的姐姐郭文春多次打电话给我，说她初中毕业后没选择继续读书，表达强烈的继续读书愿望，要把弟弟没读完的书读完，要承担起照顾年迈父亲的责任。在龙头山镇光明村挂村领导和市委宣传部、市委网信办驻村干部们的帮助下，给郭文春联系好了学校，开学便可去报名读书。镇村和驻村干部们还为郭德华家送去慰问品和个人募集的慰问金，帮助处理逝者后事。

回顾这几年的挂钩包保工作，零零碎碎的事情很多，令自己感动的事情也不少，建档立卡户自力更生、艰苦奋斗，都顺利脱了贫致了富。只是觉得自己做得还不够。虽然已脱贫，但远方的亲戚们，亦会相互牵挂，不时联系。唯愿大家明天更好！

（作者时任昭通市委网信办网络传播和管理科科长）

# 带着孩子来扶贫

刘琼蔚

一直想记录一下两年来的扶贫工作，但不知道以什么形式更合适，感觉每天都在重复同样的事，却每天都有不一样的经历和心得。想了很久，决定以小片段的形式，把我这两年的扶贫工作和驻村生活中的酸甜苦辣写下来，留作纪念。

## 初　到

2019 年 3 月 25 日，面前的腰凳上坐着一岁零两个月的宝宝，我带着对未知人际关系和扶贫工作的一丝丝恐惧，第一次以驻村工作队队员的身份，站在驻村工作队办公室里面，努力地扯起微笑跟队长和两位队员打招呼。队长诧异地看着我面前的孩子，“你……是新来的驻村队员？！怎么还带着孩子？”

我也不知道怎么解释，只能尴尬地笑了笑。

抱着孩子坐在办公室，大家热情地招待，时任村支书特意过来打招呼，可总感觉自己是个格格不入的外人。

## 乘 凉

刚来驻村的时候，没有住的地方，只能带着孩子住在车上，孩子吃喝拉撒睡也都在车上。白天太阳晒、气温高的时候，只能开着车在村委会附近到处找可以乘凉的地方。两周下来，小巷子里、大树边、村委办公室楼下，什么时间什么地点可以乘凉，什么时候比较清静被我摸得透透的。可即便是这样，孩子还是经常汗流浃背地醒过来。那段时间，过得既开心又心酸，开心的是在兼顾工作的同时能跟孩子朝夕相处，心酸的是让还不会走路的孩子过着这样“颠沛流离”的日子。不过日后回忆起来，这也算是她人生中的一段“传奇历程”吧！

## 佩 奇

终于迎来了一个跟我专业有关的工作，照壁小学六一儿童节要举办活动，希望我们能为他们编排节目，当时是一口答应下来，但想到还不会走路的孩子，又不知道该怎么处理……

一转眼到了正式见学生的这天，我和另一位舞蹈演员出身的驻村队员负责编排、教授舞蹈，队长负责给我们打下手。我在上课的时候，队长戴上腰凳，帮我抱着孩子在旁边散步。一切看起来平静又和谐，只可惜这样和谐的画面只坚持了十分钟，十分钟后，队长已经感觉快要哄不住了，不得已使出了杀手锏——掏出手机放起了《小猪佩奇》。

## 数拍子

一手抱着孩子，另一只手带着学生做动作，耳濡目染下，孩子竟然学会了数拍子。软糯的小奶音跟着我“一二三四五六七八，二二三四五六七八”，学生们很惊奇，“她竟然会数？！”我笑了笑，决定给他们一点压力，“对啊，宝宝只有一岁就会数拍子了，哥哥姐姐们要加油，不要被比下去哦！快，再来两遍！”

顿时排练室一阵哀号……

## 鼓　励

不知不觉，半个月的排练时间过去了，今天是上舞台的日子，学生们极少有登台的机会，平时练得挺不错的，彩排的时候在台上就变得缩手缩脚，甚至于审节目的老师悄悄跟我说，要不要换人，或者跳不好的干脆别上了。

学生们也整个士气低落，全都低着头不说话。

怎么能看着学生的努力付之东流呢，我把他们拉到一边，“只有我知道你们平时有多努力，为了这个节目，不但排练的时候练，课间休息的时候也练，甚至放学路上也练。但就在刚才，因为你们的不自信，你们这半个月的努力被别人否定了。上舞台就是这样，没有人在乎你私底下的付出，只有在台上表现出来，别人才会认可你曾经的努力。我知道你们为什么紧张，因为有观众了，可你们仔细想一想，我们辛苦排练不就是为了给观众看的吗？！不要在意台下有多少人，你们就把他们当成地里的萝卜白菜。”听到“萝卜白菜”，学生们都笑起来，“面对萝卜白菜没什么好紧张的了吧！

平时我们排练怎么跳，上台就怎么跳，你们可以做到的！”

庆六一活动正式开始，面对着上百位“萝卜白菜”，学生们完美地完成了演出。也就是在这一天，我的孩子第一次依靠自己站了起来，并没有人搀扶的情况下迈出了独立的第一步。

## 进村

住在村里，虽然不像在城里有各式各样的玩具和娱乐项目，但见到动物的概率大大增加！张家的牛、李家的马，哦，不对！在我们村应该是石家的牛、赵家的马、邵家的鸭子嘎嘎嘎。气温适宜的时候，总是带着孩子出去转转，看到什么就告诉她名称，跟她描述形状颜色，她也努力地用她仅有的词汇表达出她的感受。看到鸭子下河，她指着鸭子远去的身影说“鸭子游了”，等鸭子上岸，她一步三摇地跟在后面说“鸭子走了”。

孩子最喜欢看牛，一看就是半个小时，满脸的惊奇和敬畏，对于这个小小的人儿来说，那是怎样巨大而未知的生物啊！

除了是驻村工作队队员，我同时也是包保干部，入户走访的时候，有时也会带上孩子，一路上耳边都回荡着她的童言童语，无聊的路途也变得有趣起来。孩子对沿途的所有东西都充满好奇，一只蝴蝶、一片树叶都引得她惊叹连连。

而今天迎接她的是路中间一坨巨大无比的牛粪，我本想拉着她快步离开，没想到她在牛粪边停了下来，先是认真地打量了一下，然后装模作样捏着鼻子叹了口气，“唉……好臭好臭。”

# 入　户

贫困户 A 是个眼神不好，腿脚也不好的奶奶，而且从来不记得我的名字，就连站在她面前，她也要好半天才反应过来，每次都会问“你是上次来过的那个吗？”。她老伴去年去世了，儿媳跑了，儿子常年不回家，只留了尚且年幼的三个孙子在身边。我入户走访时经常陪她闲聊，偶尔也会在走访的路上看到她那佝偻的身影，吃力地背着个老旧、脏得发亮的背篓，里面装着刚刚挖来的小半篓土豆。

我上前打招呼，她抬起头认真看我，半晌，她笑了：“你是上次来过的那个！走，去家里吃洋芋！”

贫困户 B 是个老兵，是我挂包的卡户里为数不多能识字的，也是我最常在村里见到的：有时是放牛，有时是给别人家红白事帮忙。他说话声轻轻柔柔的，笑起来也是腼腆的样子，给人的感觉该怎么说呢，很老实，非常老实，老实到我这个还不到而立之年的人偶尔会担心他这个即将半百的人会被人欺负。他妻子前几年病逝，那时精准脱贫专项计划还没开始，为了给妻子治病家里负债累累，可还是没能留住妻子，只剩下爷仨面对着摇摇欲坠的家。纳入建档立卡户的前两年也过得困难，要还债，还要供孩子读书。后来两个儿子大了，也出去打工养活自己，大儿子尤其懂事，自己认真工作好好存钱，还监督着弟弟。年前回到村里，爷仨自己动手自建房，虽然修到一半因为疫情影响停工了，可日子总在往好的方向迈进。前天在村里遇到，他刚放牛回来，还是一如既往地笑得腼腆。

贫困户 C 是一家四口，两个孩子都在上小学，我走访时都没遇见过孩子，最常见到的还是夫妻俩。俩人都是瘦小身材，男的不识字，女的上过初中。在我所有挂包的贫困户里，他们家情况最艰难：祖辈留下的老房子年久失修已经塌了，不能住人；但跟兄弟姊妹的关系闹僵了，想翻修老房子又受阻，一家四口只能租住在半山腰的一座非常破旧的土坯房里。那房子我只进去过两次，虽然不至于黑得伸手不见五指，但也只能看见个大概，那还是在白天。就这么模模糊糊地看个大概，也让我心酸了很久。他们家没有一件像样的家具，沙发是自制的木头架子上铺了一层薄薄的海绵，再用一块农村常见的大花绒布一盖，坐上去凹凸不平还硌屁股；沙发前面放着个已经看不出颜色的四方炉子，看得出已经擦拭过，但仍糊着油污，还散落着铅笔和橡皮擦的碎屑；对面墙边放了个掉漆的高脚凳，上面放了个电磁炉，电磁炉上摆着一口铁锅，铁锅里还躺着块砧板；紧挨着高脚凳还有一个坑坑洼洼的铝盆，这就算是厨房了。跟女主人闲聊过一次，令我意外的是她从头到尾都没有怨天尤人，她说："现在因为娃娃读书，我必须在家里做饭，不能出去做工，但只要村里有技能培训我都去学，学了本事在身上，以后出去打工早晚用得上，我们都不怕苦不怕累，好手好脚的没想着坐在家里靠政府养着。"

后来他们纳入易地搬迁项目，搬进卯家湾，第一次拿钥匙看房的时候是我陪着去的。房子虽然不大，但比起之前的干净整洁了不少，看得出他们激动又紧张，摸摸墙壁，推推窗子，当即就决定留下打扫卫生。两天后的晚上 11 点，我收到女主人发来的新房子照片，新沙发、新电视柜、新床，还有一台系着红绸的冰箱。

## 日 常

不走访入户的时候，我们都待在办公室，聊聊走访趣事，交流工作心得，但更多的是为登门的贫困户答疑解惑。早上，一位残疾老兵拿着一叠厚厚的住院证明，想为他的老伴申请一个低保；下午，一位父亲急急地闯进来，想要给他在外地读书的孩子开一个贫困户证明；临近晚饭时间，一个在校大学生找到办公室，想打听一下雨露计划。听起来都是些不起眼的琐事，但基层工作不就是这样嘛。看村民们从局促不安的神情，变成得到答案后的满意笑容，一声声“谢谢你”更坚定了我在扶贫路上走下去的信心。

脱贫攻坚是民心工程。

回顾我的驻村扶贫工作，真情付出、真心帮扶是我最大的工作感受。扶贫两年，收获一生，但我的驻村工作还没有结束，我的驻村故事也还在继续，一如既往，不忘初心！

（作者系昭通市文旅局派驻鲁甸县龙树镇照壁村驻村工作队队员）

# 米家湾的亲人

温　州

## 老大妈的一车苞谷

“同志，现在可以交新农合？”2019年冬季的某一天，天气阴冷、昏暗，我正坐在社区的电脑边，聚精会神地统计着医疗保险缴费人数，苍老嘶哑的声音从门边传来，一个衣着朴实的老大妈佝偻着身体，小心翼翼地走了过来。“可以的，可以的，孃孃。”我赶紧对她说，“把你家户口本给我。”老大妈说的新农合就是农村最初的医疗保险，老百姓喊惯了，一时半会儿改不过口来。

老大妈从手中的塑料袋中拿出户口本，户口本有些破旧但看得出保管得很好。我翻看了一眼户主的名字，发现她家不是建档立卡户。我们社区139户贫困户，户主我都记得。“孃孃，是不是户口本上的人，个个都要交？”她家户口本上有5个人，按照我们云南省2019年非建档立卡户每人220元的的医保缴费标准，全部缴交的话要1100元。对于普通农户来说，要一次性拿出这笔钱来，还是有点困难，我就多了句嘴问她。

老大妈“嗯”了一声，接着费力地把手伸进怀里掏了好一阵子，又掏出一个塑料袋裹着的包袱来慢慢解开，里面是个灰黄色的手帕。老大妈抖抖索索地打开手帕，把一叠折得有些整齐的纸币递给我。我赶紧伸手去接过钱来，老大妈的手苍老粗糙还有些僵硬，有个手指关节还缠着胶布。那叠钱带着老大妈的体温，还是热乎乎的。那叠钱新新旧旧、大大小小，看得出不是一时半会儿凑的。

“同志，早就想来交了呢，就是找不着钱……”，老大妈神色有些不自在，像在祈求我原谅她。“还是这几天拉了一大车苞谷到城头卖掉，才凑齐这点钱呢，苞谷也不值钱，才一块五一斤……”

我赶紧为老大妈把缴费手续办了，等她蹒跚着走出门，才用手抹干眼窝里那不争气的泪水。

## 老奶奶的一个“口罩”

按照上级对新冠肺炎的防控要求，和谐社区从正月初六起就开始封村封路，不允许外乡甚至外村的车辆和人员进入。王家营和米家湾两个自然村特地弄了很多脚手架上用的钢管来，安装成固定的栏杆横在路口严防死守外地车辆，本村人要进出都只能弯腰从钢管空隙中钻来钻去。

除了这种简单粗暴的技防，社区还充分发挥人防作用，通过微信群发布防控通知，通过宣传栏张贴防控要求，通过广播宣传防控知识，并经常进村入户查看是否有老百姓请客吃饭办事，是否有人员聚集扎堆活动。

我和驻村工作队队员保利梅、马殿传等人一道，到我们所包保的米家湾去张贴禁止跳广场舞等聚众活动的公告。走在米家湾的大路小道，我们都竖起了耳朵仔细辨听哪家在打麻将或掷骰子，哪家在偷偷地请亲戚朋友喝酒吃饭。

“你们是整啥子呢？”村中的岔路口遇到一位老奶奶，看我们几个都戴着口罩，一副公事公办的干部模样，就好奇地向我们打听。老奶奶七八十岁的样子，穿着老旧灰暗的衣服，头上顶着一块黄绿斑驳的方巾，方巾捂着脸打了个结在下巴。她的旁边还有个七八岁的小男孩，看模样应该是孙子或者外孙，戴着一个黑色的布口罩，正用有些好奇和敬畏的目光打量着我们这群行色匆匆的“陌生人”。他的口罩看上去很旧很脏，就是农村人冬天骑摩托车戴了防风保暖的那种。

小保赶紧凑上去，大声地对她说：“老人家，不要在外边乱了，没得事情的话就坐在家头不要出门，这段时间肺炎病凶得很，怕传染着。”

老奶奶还在咕哝着说些什么，好像是奇怪我们大过年的，来他们村子里窜些啥子。小男孩一只手扯着老奶奶的衣服，想把她拉走，另外一只手不断地伸向老奶奶的下巴，把方巾的结扒拉上去，想盖住老奶奶的嘴巴。小男孩扒拉上去，老奶奶又抹下来，扒拉上去又被抹下来。

“你家出门要整个口罩戴着……”小马也上前去大声地交代老奶奶。实际上，我们都知道也只能这么说说而已，仿佛这才表示尽到了自己的职责。口罩这段时间紧缺得要命，城里的大药房都断货，农村人哪里买得到。

大家都沉默不语，实在是无法掏出哪怕一个口罩给她。我们几个戴的口罩，都至少是戴了三天以上的。

匆匆离开米家湾，我的脑海里一直反复不断地播放那个场景：小男孩不断地扒拉老奶奶的方巾疙瘩，想要堵住老奶奶的口鼻，因为这就是他们家当时能有的“口罩”。

## 赵吉彩的一只“线”鸡

“温书记，好久都没看到你了，我还以为你们检查过了，就不来了噻……”赵吉彩在昭鲁快捷通道与米家湾的岔路口遇到我，拖着手里的扫帚就迎了上来。

“咋个不来？人家还没喊我们撤呢。”我也实打实地告诉她，“这几天是我请公休假才没来上班呢，你看，我们今早上又要来你们村子里乱几转。”赵吉彩是我的包保户，在鲁甸明洁环卫公司上班，就负责打扫米家湾到柳树闸这段快捷通道的半幅路面，一个月 1450 块钱。

赵吉彩有两个儿子，大儿子在昆明读口腔专业的医学院校，算是快盘出个大学生来了，小儿子智力残疾，在鲁甸特殊教育学校读书。“老师倒说算是初二了，实际上他连自己的名字都不会写。”赵吉彩经常无可奈何地向我诉苦，“他爹又不拿事，懒了烧死老麻蛇吃，钱也苦不来……”

赵吉彩问我她大儿子的“雨露计划”补助这个学期打到卡上没有，问我忙不赢去社区上参加电工培训，会不会有啥子影响，问我检查过了我怕要调回昭通不来鲁甸了……末了，还有些神秘地交代我：等哈儿到她家的时候等她，有事情跟我说。

在米家湾乱了一早上，挨家挨户地检查贫困户的明白卡还贴在墙上没有，家庭档案里的资料齐全没有。转到赵吉彩家时，她竟然早早下班在家等着我。

“温书记，其他也没得啥子，就喂了几只线鸡，我捉一个给你带回昭通去吃。”赵吉彩突然逮住我的衣袖，硬是要我等着她去捉一只来。

我赶紧挣脱她的手，边跑边说：“我老家是洒渔农村的，我妈在老家也养了二三十只呢。”赵吉彩追了几步追不到我，一脸不高兴，还大声责怪我：“咋个恁个妖精嘛，我这个线鸡是喂粮食的……”

（作者时任鲁甸县公积金分中心副主任、鲁甸县茨院乡和谐社区第一书记）

# 我的扶贫日常

程云峰

2017 年 3 月，我单位派驻盐津县庙坝镇石笋村的总队长张俊同志因公受伤，我临时受命接替他的岗位，从此成为驻村扶贫工作队的一员。

报到那天阴雨绵绵，寒冷潮湿，午饭在我单位帮扶的三个村之一的楠木村吃，是一顿夹生饭，因为电压太弱饭煮不熟。楠木村公所的条件很差，天花板角落有燕子筑巢，到处都很潮湿，没有卫生间，光线阴暗，门外是路，满是泥泞。楠木驻村工作队队长孟嘉洪告诉我，他住的地方在二楼，夏天会有蛇从窗户里钻进来，房间两天不住人，枕头就生霉，所以离开时必须把枕头竖起来。

“……这是我们长期总结出的经验。”他乐呵呵地说着，花白的胡子已有寸长，“不方便就没刮胡子，看着有点显老哈。你别担心，你要去的石笋条件比这里好，女同志安全地洗个澡、上个卫生间是没问题的。”我暗暗松了一口气，干净方便的卫生间实在太重要了。

吃过午饭，我们冒着雾雨前往石笋村。石笋村坐落于半山上，距离镇政府有半小时车程，狭窄崎岖的盘山路只能容许一辆车通行，一边是高高的山壁，另一边是悬崖，遇到对头车必须小心翼翼地后退很久才能找到会车的地方，转弯时坐在外侧的我看着悬崖下缭绕的云雾，感觉半边身子已经凌空，于是情不自禁抠紧了脚趾头，只能转头不往外看。说来奇怪，之前也曾经多次下来走访，却没有哪次的感受有这次深刻。盘旋向上半小时后，终于在崇山峻岭间看到一块相对宽阔的平地，多幢新建的三层小洋楼排列得整整齐齐，广场上国旗招展，一座崭新的村公所出现在我眼前。村支书范厚本告诉我，这是新修的异地搬迁示范点。他指着不远处的一片山峰说："看那里，有很大一条裂缝，那一片不能住人了，随时可能滑坡发生泥石流……这片安置点的人家就是从那儿搬过来的。"

我大吃一惊，抬头看着那片高大险峻的山，突然间感到了一阵强烈的压迫感和恐惧感，总觉得它随时都会滑坡，泥石流分分钟都会发生——毕竟盐津是个常年多发地质灾害之地。范支书看着我的表情，"嘿嘿"笑了："程队长害怕了！别怕哈，这边是经过科学测算的，安全，滑坡也到不了这里。"我怕被嫌弃女同志胆子小，赶紧昂首挺胸："你们都不怕，我也不怕。"

安顿好了。带队的领导和同事离开后，看着寂静潮湿的山村，我特别想念温暖舒适的家，挂念家里3岁多的儿子，不知道他从幼儿园回家后有没有找妈妈。傍晚时分，我和孩子爸视频，想要看看孩子，信号很差，断断续续的，只来得及告诉他我在哪里，在做什么就不得不中断视频。牵挂孩子的惆怅很快就被繁忙的工作冲淡了，我完全没想到驻村工作队的任务有这么繁重琐碎，也大大低估了山村里的各种不便：生活不便犹在其次，交通不便带来的困扰最大。从村里回家休息要转两道车，奔波一天尚在其次，要命的是开会。

基层的工作模式和市级机关不太一样，经常深夜通知第二天一大早开会，有一次我深夜11点半接到镇政府电话，通知第二天早上8点半在盐津县政府开会，不许迟到请假。人生地不熟，山村里更没有车可打，我只好厚着脸皮给村支书打电话，请他帮忙找车，清晨五点半把我从村公所送到镇上，再从镇上乘车赶到县城开会。我孤零零站在黑乎乎的村口等车，紧张害怕又委屈，怨镇政府的工作人员为什么不早一点通知，我算是近的，两个多小时能赶到县城，住在偏远山村的扶贫驻村队员又该怎么办。类似的事接连发生了几次后，我认识到环境就是这样，不是环境将就我，而是我去将就环境，总不能次次都麻烦村支书给我找车。我买了一辆二手车，专用于往来交通，如此才算解决了一个大问题。

石笋是个5000多人的大村，人多地少、无产业支撑、地理交通条件十分恶劣，许多村民小组未通公路，交通工具以摩托车为主，运输效率很低，贫困面大，建档立卡户数量多，要干好脱贫攻坚工作非常不容易。我原本打算先用1个月左右的时间把相关照片、联系卡、表册等档案资料搜集整理齐全，谁想才开了个头，各种摸底填表的任务就来了。时间紧、任务重，我和另外两个队员都是新来的，对当地群众的情况不了解，每填一张表就要翻找一次档案，而档案还没整理归拢，忙乱之中我们不得不连夜填表赶工。

山村的春夜寒冷又潮湿，村公所里没什么吃的，我们几个人常常穿得厚厚的，饿着肚子工作到凌晨，再饥肠辘辘地在透着潮气的床上躺下。工作不顺手，加强了我“必须抓紧时间整理档案”的决心，我们趁着填表的同时顺便把档案归类给做了，每个档案盒备一张白纸注明差什么资料，方便下一步搜集整理。半个多月后，档案整理初步成型，我也对石笋村的基本情况大概有了数。努力的人最幸运，档案刚整理好没几天，盐津县人大领导突然带队来到石笋村委会督查扶贫工作，当场抽查档案之后很满意，我特别开心，把这次检查看作是驻村扶贫工作中的第一次考试。

之后的工作按照常规推着走，我们日常走访贫困户、和老乡聊天吹牛，下到猪圈里看有几头猪，再数数鸡鸭，了解田亩产出、家中人口生产等情况信息。我第一次分清了公鸭和母鸭；知道稻子是风媒，同品种的稻子必须大面积种植，不然就会窜种；知道当地产的方竹笋是八月从高山顶上往下采收，鲜笋、干笋需要经过哪些工序；学会了怎样和老乡打交道，用他们听得懂的话摆龙门阵套近乎；也算清楚了一亩庄稼刨除人工、肥料、除虫剂等支出后只能赚到一两百块钱；还知道了当年的生猪价格跌得厉害，导致养猪的农户骑虎难下——生猪正常半年出槽，跌价之后卖了是亏本，继续养着还是亏本，杀了吃不掉，养又养不起。知道得越多，越是忍不住心生同情和忧虑，更是明白了为什么党和政府要让市直机关的干部下乡驻村扶贫。脱离群众，四体不勤五谷不分，不知农民的辛苦和需要，什么都不懂，怎么执政为民？怎么一心为公？

随着时间的推移，天气炎热起来，我见识到了什么是盐津式的闷热潮湿，当地特色——铺天盖地的飞蚂蚁更是让我记忆深刻。那天傍晚下了雨，晚间村公所外的路灯下盘旋着许多飞虫，我开着住房的灯就去楼下洗漱，回来打开房门瞬间惊呆——满屋子黑压压的飞蚂蚁，帐子上、桌上、床上、地上、灯下，到处都是，大的有 1 厘米那么长，又胖又粗、黑亮黑亮的，一脚踩下去，“噼里啪啦”响。最怕虫子的我瞬间崩溃，仓皇而逃，跑出去之后才意识到无处可逃，也没有家属能帮我处理这些飞虫，只能勇敢面对。我关了灯，跑到小卖部买了一瓶强力杀虫剂，戴着帽子屏住呼吸冲到屋里一阵狂喷，关门闷虫再开门透气。整个过程中我头皮发麻，不敢多想多看，之后扫了整整半簸箕黑乎乎的飞蚂蚁……从那之后，每当发现有飞蚂蚁，我再也不敢开灯，宁愿坐在黑洞洞的屋里发呆。

2017 年是不平凡的一年，5 月，全市精准识别摸底调查工作全面启动，“不是推倒重来而是从头再来”，大规模的调查走访工作顶着酷暑正式拉开序幕。宣传动员、一评一审一公示、三评三定，进一步精准识别贫困户，确保扶贫对象精准，白天走访、晚上开会研判，和不理解的群众讲政策、讲道理，讲到口干舌燥，被骂之后仍然笑脸相迎，耐心解释。

我单位增派的 10 名调查队员中有一个叫李晓鹏的小伙子，为他带路的群众不理解，认为“精准识别摸底调查”工作是在整人，把他扔在山上饿了一天，甚至放话威胁要怎么怎么样，我这边也会在清晨五六点钟接到群众谩骂威胁的电话。值得欣慰的是，不理解的群众始终是极少数，大多数群众都很理解支持。我至今保存着各村民小组开评定会的照片，或是在村民家中，或是在路边，或是灯下，或是雨后，群众积极又热情，把手举得高高的，神情肃穆里带了几分欢喜。

评定之后的工作是将动态管理工作成果及时录入国办系统，再按市委、市政府的要求完成“精准识别摸底调查”市级系统录入工作，并完善相关表册资料。我听到这个工作任务，头顿时大了一圈，原因无他，石笋村的网速实在太慢太慢，基本进不去国办系统，更不可能按时完成录入工作。眼看时间节点快要到了，我急得起了满嘴的泡，吃不好睡不着，分管石笋村的庙坝镇李光绪副镇长听说后，就让我们去镇政府录入。镇政府各间办公室、镇上的网吧到处都是录入系统的工作队队员，每个人见着空余的电脑都是眼冒绿光，各种抢夺，镇政府办公大楼经常彻夜灯火通明。连续奋战了好些天后，工作终于告一段落，数据提交通过的那一刻，我脚步虚浮如在梦里，摇摇晃晃走到住处，一头栽倒下去睡了个天昏地暗。

一觉醒来，窗外漆黑，有关这段时间的点点滴滴一齐涌上心头。5 月，我单位派出的调查队员肖文秋肾绞痛，打了杜冷丁缓解疼痛之后继续走访摸底调查，不敢有丝毫懈怠；6 月，连续暴雨，多处塌方，孩子想妈妈，孩子爸答应带他来村上看我，我让他们不要来，太危险，孩子爸口头答应却又悄悄地来，到了柿子坝后发现堵得太厉害，只好又回去，而我之前打电话给他一直不见他接，又听说道路被石头和泥土埋了，吓得眼泪都出来，之后他解释电话静音没听见，仍然被我好一阵埋怨；7 月，塌方、洪水更加严重，我们被困在村里，路断无水无电，吃饭都成问题，有村干部在走访途中被洪水冲走，留下了年幼的孩子；8 月，连续奋战录入系统，反复纠错核对信息，晚睡早起，头昏脑涨。感慨万分之后，我并没有觉得轻松，因为知道这场战斗远未结束。

扶贫攻坚战暂时告一段落，终于可以回家休息，听孩子爸说，娃不听话，他要收拾娃，娃就哭着喊着说："妈妈你在哪里呀？"于是他就不忍心了。我拉着孩子的小手，觉着这孩子忒狡猾，又忍不住心酸内疚，三岁多的孩子呢，生病发烧，粗心的爸爸都不知道。陪了孩子几天，又接到再次核对信息的任务，才下到村里，我突然觉得头晕眼花，恶心耳鸣，气闷心跳如擂鼓，在床上躺了半天始终不见好转，挣扎着给孩子爸打电话，让他接我回昭阳区看病。在等待的过程中，迷迷糊糊的，我想了很多，比如生和死，孩子的养育问题，爸妈的养老问题等。胡思乱想中，孩子爸终于赶来把我背上车，赶回昭阳区已经是夜里 11 点半，连夜输液检查住院。第三天，工作任务到，我躺在病床上用手机报报表，孩子爸很不高兴却无可奈何。这一年，我住了两次院，瘦身效果我挺满意的，但家里人很不满意，说是瘦得很难看，所以我很努力地吃，想把自己吃胖一点，那样脸上多出来的皱纹大概会恢复平滑。

10 月，市委、市政府调整扶贫方案，把我们单位调整到镇雄县母享镇挂包帮。调令才到，3 天后就要报到，我依依不舍地告别了石笋村委会的战友们（作为共同扶贫攻坚的队友，是称得上战友的），去了离家更远的镇雄县母享镇。到母享镇没多久，石笋村小学的龙校长给我发来信息，说我之前帮着联系的东莞爱心人士为学校孩子们捐赠的 362 双运动鞋已经收到，孩子们这个冬天都有新鞋穿了。这批鞋子是按照孩子们的个人尺寸定做的，由我的同事兼亲戚花廷芳牵线达成，看着龙校长发来的视频和信息，我挺开心的。

这一年虽然很辛苦，收获却很大，于我而言，是人生中非常重要精彩的一段经历，它让我知道了繁华背后的支撑是什么，身为公务员应该做些什么。

（作者时任昭通市卫健委卫生健康监察员、驻盐津县庙坝镇石笋村扶贫工作队队员）

# 这一路走来

黄美银

这一路走来，诗画般的乡村风景背后，藏着村民们的贫困生活。

——题记

这一路，距离不远，从“羊儿大山”到“茶花林”；这一路，不长，从2018年到2020年，历时约三年。堰沟村给附近人的第一印象除了“羊儿大山”的山、“猪儿海子”的“少数民族”、“茶花林”的“已逝茶花”外，还有信号不好、路不好、“老高山”、贫困面积大、贫困程度深等关键词。

它成了镇雄县母享镇的贫中之贫、困中之困。

## 路的开始，“您”居住的破旧“柜子房”

2018年立冬，和镇村干部一道入户采集建档立卡贫困户位置信息，地点刘家地村民组，终于见到了“百闻不如一见”的“柜子房”。远处，雾朦胧，雨淅沥，隔着小山坡，映入眼帘的是“炊烟袅袅”的“柜子房”；眼前，沿着蜿蜒崎岖的小路，一直向下，在四面环山的窝凼边，有一间用木板、木棍、竹竿和塑料厚薄膜围成的不足5平方米的、四面八方正在“冒烟”的“柜子房”。我们离房子越来越近，房子的主人出来了，这是我第一次和他见面，一个40来岁的老大哥，穿着油得发亮的夹克外套，端着一只绿色的碗，和我们热情打着招呼。同行的范大哥幽默地问：“老张，今天没整二两（烧酒）啦！”，张老哥笑笑说道：“喝不起了，包包头没得钱！”看他端着一大碗汤，里面装着一个圆滚滚的土豆和能清楚计数的几根面条，我好奇又压抑地问：“张老哥，今天弄什么好吃的呀？能吃饱吗？”他不好意思低着头说：“洋芋煮面条呀！吃饱没问题的。”

和他寒暄了几句，让他平时少喝点酒后，我们就离开了。

来到堰沟，我才发现“远上寒山石径斜，白云生处有人家”，除了描述朦胧的“故乡原风景”，也可以用来描述“与世隔绝”的“柜子房”。不知为啥，写到这里的我不但没有喜感反而压抑了起来。老张的故事在堰沟广为流传，他嗜酒成性，有很多爱心人士给他捐物捐款，但他总会把它们转换为酒，以酒为生，生活也越来越糟糕。

2019年11月24日，在母享镇政府“2019年易地搬迁”的分房现场，村民们吵着闹着，要抽低楼层，老张也迎来了他人生中的第一件大喜事，他抽到四楼，高兴地喊着炫耀着！

但是，原以为在党和政府的帮助扶持下，他的后半生一定会过得有声有色，可不曾想酒是他的命。2020年4月他被送进医院帮助戒酒，而我也很久没见到他了。写到这里，我想把期待送给老张大哥，愿他戒酒成功，归来活成“少年”，走上脱贫致富之路。

## 路的沿途，“您”的“贫困”“攻坚”来补

2019年到2020年，易地搬迁背后的“博弈”，搬迁过程中的困与难，苦与乐，大概只有经历过的人才懂。易地搬迁四个字简短，但背后承载的

感情太重，搬迁工作“难于上青天”。

“就学难，通信难，就医难，饮水难”这些中国山区“贫”的缩影，在堰沟被体现得淋漓尽致，当“一方水土养育一方人”难以实现的时候，易地搬迁就成了一种可选也必须选择的有效方法。可在堰沟，搬迁二字说起来容易，做起来太难，因为它少数民族多，守旧不搬、“打死不搬”的思想，成了搬迁路上最难跨越的坎。

一次易地搬迁，两年时间，数次挣扎、多次“博弈”，这一路上发生的故事真不少。故屋难拆，故乡难舍，故土难离。这一点在堰沟的少数民族群众身上被体现得淋漓尽致，但却被浓缩在了古贤云和王国仕两家人身上。我和他们这一路的扶贫故事也戏剧般地拉开了帷幕。

我和“古老爹”的故事，开始于一次搬迁拆旧动员会。“古老爹”喜欢自称“古小云”，他 56 岁，却很有精气神，说起话来滔滔不绝，喜欢手舞足蹈，很多时候觉得他是一个快乐的“老顽童”。为了动员他搬迁拆旧，堰沟村的脱贫攻坚 4 支队伍多次去他家，把所有能想到的方法都想了一遍，小到家人邻居，大到亲戚朋友。我作为堰沟村驻村扶贫工作队队长（第一书记），也是古家寨的包片干部，私底下去过他家很多次，可以说踏破门槛，他不会用电话，要找他很难。但“世上无难事，只怕有心人”，我会掐准了时间去他打扫卫生的路段找他，去他挖的鱼塘找他，找不到就在他家门口等他。每次一提到要搬新拆旧他就情绪激动，开始手舞足蹈，他说“共产党的政策是好的，他很感激，但是如果老房子要拆，那易地搬迁他也不要了”。每次说着说着他就开始激动，弄得我只能“灰头土脸”走开。

2020 年 6 月 20 日，阴天，天气微凉，已经快要“认怂”的我再一次来到他家。刚到他家，他侄子就说“黄队长，你们还是不要再来了，他现在听不进去任何一个人说话，也不想听任何人说话。如果要劝服他，估计只有把他姐姐还有古三哥喊来，才有点希望”。

我心想，来了那么多次，是块坚冰应该也融化了吧，我真该放弃吗？我内心有个强大的声音告诉我：不行，他住的是危房，必须搬新拆旧。

我足够了解“古老爹”，和他说话语气不能太重，得和他真情真意，掏心掏肺地谈。我先耐心听他说完他所有的想法，然后跟他讲了易地搬迁和危旧房拆除的所有政策，我一直在不停地说，终于“古老爹”听不起我的唠叨，慢慢挪动步子，离我远远的，大概是觉得我比他“更烦”。古老爹说：“政策我都懂，只是……”说到这里一向很豁达的“古老爹”哽咽了，我看懂了他从发丝到眼角的悲伤，于是我也挪动沉重的步子，慢慢靠近他，对他说：“古老爹，我知道，这座老房子里面更多的是你的情感和记忆在里面，那些年，都是老一辈人一块石、一片瓦手提肩扛才有了这座经受岁月洗礼的老房子，因为我来自农村，所以打心里理解你。可是，旧房子太久了，我担心它有一天垮塌危及您的生命安全，所以我才来了您家好多好多遍，不管您怎么吼，我还是坚持要来，您今天不答应，我以后还来，直到您同意为止。”

一次一次又一次，一遍一遍又一遍，“古老爹”也心软了，他说：“说实话，小黄队长，你来古家寨是我们的荣幸，今天我们一起喝碗酒，以后你就是我的‘干女儿’，明天你们来拆危旧房。”做了决定后，他高兴得像个“孩子”，跑着跳着去屋里提出酒、拿着碗，对我说：“干女儿，我血压高，不能喝酒，我帮你们倒，你们喝！”我笑着说：“古老爹，您不能缺席，您不容易，您喝水。”“古老爹”答应了，他说：“可以，只是不要今天拆房子，你是我的“干女儿”，拆完房子你就不认我了。”我真挚地说：“古老爹，不会，已经‘饮酒立誓，歃血为盟’，我——永远都是你的干女儿。”

“海有舟可渡，山有路可行；吾爱翻山海，山海皆可平。”我想：人生总有不期而遇的温暖和生生不息的期盼，在这条路上，总能遇到“可爱”的人；路漫漫其修远兮，吾将上下而求索，在脱贫攻坚这条路上，“用心”就够了，在我的心里面，每一位扶贫群众都是我的“古老爹”，我是每一位扶贫群众的“干女儿”。

然而，平坦的路途，中间总会有坎坷。

2020 年 6 月 15 日，联盟组王国仕家，我也记不清这是第几次来他家了，他们是堰沟村思想守旧少数民族的代表，和其他人一样“乡音难改，故土难离”。今天再一次来到他家看到他和他老婆都在，我开心到快要飞起。

一直以来“没心没肺”的我，最担心我做不通王国仕老婆熊秀英的思想工作，她比我小三岁，却已是三个孩子的母亲，没有读过书，不识字，在我们眼里所有的好她都觉得不好，我想这大概是苗族同胞的淳善，她以开玩笑的方式和我聊了小时候她生活的苦和难，她们姊妹三人跟着改嫁的母亲来到了风景秀丽的堰沟，住漏雨的房，睡潮湿的地，吃山里的草，她的描述打心底震惊到了我，她们以前很“贫困”。

他家的房子只有10来个平方，却承载了5口人。矮小的门进去，凹凸不平的地面，映入眼帘的是一张床和一张摆满锅碗瓢盆的小方桌，环境艰难到让人想要逃离，可“我打死不搬”的思想似乎已经深入熊秀英骨髓。难得，这次入户遇见他们准备吃鸡。

我和她开着玩笑，“吃鸡啦？都不喊我。”

她听闻，麻利地给我拿了一只碗，讪讪地说：“没有筷子了。”

我说：“我喝碗汤。”

她立马接过话：“可以吃肉嘞，用手抓着吃！”说完，她忍不住哈哈大笑起来。他们家没有凳子，找不到坐的地方，只有一张床。我当机立断：“我喝完一碗汤你就要回复我了。”她沉默了两秒，只说她思考好了打电话给我。

这哪行呢？考虑的潜台词就是不愿意呀！我乘胜追击，说：“不得行，我喝完汤就得回复我呀，如果不回复我就在你家睡。”她显然有应对策略，说：“家里只有一张床，怕挤着你。”我不甘示弱：“你们家五口人呢，我估计是挤不下，但我可以睡地上。”就这样，我以“敌不动我不动”的攻势，在她家“要着赖皮”，准备“赖”在她家。她已开始动摇，最后“一分钟”，在她大姐、二姐和邻居王老师的助攻下，她屈服了，明白了政府的恩惠和我们的好，同意了搬迁！

“一枝一叶总关情，用心用情扶真贫。”朴实的对话背后，藏着“你”

的多次挣扎和“我”的良苦用心。这一路走来，我不能保证“我来”能够创造多少奇迹，但我能肯定“我在”我足够用心。我懂你“贫困”，愿你和我一起“攻坚”。

## 路的尽头，你奔向幸福，我满心欢喜

路的尽头——是脱贫攻坚收官之年，我们将以“铆足干劲攻堡垒，背水一战夺全胜”的信念在脱贫攻坚路上披荆斩棘，而你们需要有“我脱贫我光荣”的自信和奔向幸福生活的喜悦。

这一路走来，我摔过跤，受过伤，但云山雾海处，除了有淅沥的雨、扶贫的路，还有我向前的脚和坚韧的心。

这一路，有些理解来自战友：你的脸上云淡风轻，谁也不知道你的牙咬得有多紧。你走路带着风，谁也不知道你膝盖上仍有摔伤的淤青。你笑得没心没肺，没人知道你哭起来只能无声落泪。要让人觉得毫不费力，只能背后极其努力。我们没有改变不了的未来，只有不想改变的过去。

这一路，有些鼓励来自群众：

### 赠黄美银同志

朱顺才

长城凛凛一枝花，飒爽英姿映早霞。
淳厚为人思百姓，公平处事对千家。
护民兴毕诚堪誉，识宄辨奸更可嘉。
卫士丛中奇女子，与时俱进展芳华。

这一路，有些安慰来自同事：

### 抗 造

陈凤娥

穿得这么好，下村去拉草。
长得这么美，路艰划伤腿。
太阳当空照，汗水往下掉。
心酸心里烙，为民展颜笑。

这一路走来，住房安全了，水电通了，路好了，环境卫生干净了；这一路走来，扶你们一把，你们敢拼敢闯敢挣的志气在了；这一路走来，走出大山，就地扎根，适应新生活，你们离幸福生活越来越近了。

“脚下沾有多少泥土，心中就沉淀多少真情。”

这一路走来，心酸不少，喜忧参半，可我坚信，我们没有改变不了的未来，只有不想改变的过去。“脱贫攻坚”路的尽头，是“幸福小康门”的开启。

（作者时任昭通市妇幼保健院驻镇雄县母享镇堰沟村扶贫工作队队长）

# 做一个点灯的人

罗　奎

## 2016年1月1日

不知不觉间，我来炉房工作快半年了，好像自从那年过了30岁，这时间便愈发走得快了，总是在蓦然惊醒时，日子已经像车窗外的景物一般退去，来不及回想。

今夜，待我闲下来的时候，才突然意识到2015年的时光成为过去，2016年的钟声已经敲响，在这岁月交替的时刻，我的眼里饱含深情。

回顾2015年，我们的恢复重建有序推进，47户重建户、2402户修缮加固户顺利完工；半山小学8月底投入使用、斗伍小学完成主体工程、中心学校附属工程正在抓紧建设；垃圾填埋场已经完成征地工作，卫生院职工周转房开工在即；5个村级活动场所暨应急避难场所即将竣工。面对“8·3”地震的伤痛，我们递交了一份合格的答卷。

回顾2015年，我们的金炉通乡油路全面贯通，90分钟到县城使我们的对外交通有了极大改善。面对曾经闭塞的炉房，我们实现了走出大山的愿望。

回顾2015年，我们的教育事业取得历史性突破，中考上线率达87.8%，4名学生考上昭一中，党兴成同学以全市文科状元的成绩被北京大学录取，成为炉房乡的第一个北大人。面对硕果累累的教育，我们看到了炉房崭新的未来。

回顾 2015 年，我们的集镇新区启动建设，完成征地 40 余亩，工地上车来车往，机械轰鸣。面对热火朝天的施工现场，我们看到了一座崭新的集镇即将在水库边拔地而起。

回顾 2015 年，一些人离开炉房，又有一些人走进炉房，但无论人员如何变化，建设美丽炉房的坚定信念，始终薪火相传、生生不息。

2015 年过去了，此时此刻，无论是悲观失望，还是踌躇满志，我们确信无疑的是，踏上“十三五”的征程，抓住千载难逢的机遇，赢得市县部门的帮助，未来几年的炉房必然发生巨大的改变，持续快速发展的脉络已经清晰可见。

展望未来，我们将掀起农村危房改造的热潮，让更多的困难群众住进抗震安居房，让它成为乡村建设的亮丽风景。

展望未来，我们将以草皮地到噜布、石垭口到底里、水库坝口到会泽县老厂乡的 3 条公路硬化为重点，“一事一议”道路建设多点开花，打响道路交通攻坚战，让它成为炉房人民脱贫致富的康庄大道。

展望未来，我们将以小空山水库建设为龙头，沟渠、管网、水窖齐头并进，夯实水利基础设施，让它成为炉房人民奔小康的幸福源泉。

展望未来，我们将以集镇新区建设为核心，整乡推进、产业扶贫、安居工程、易地搬迁迎难而上，让它成为炉房旧貌换新颜的历史见证。

展望未来，我想在炉房水库边种上金黄的油菜花，待到早春时节，碧绿的一潭湖水庄严静穆，空旷的田野鲜黄一片，你来，我会陪你走在花海里，呼吸着自由的风，让温暖的阳光把我们照耀。

展望未来，我想将环湖公路全部硬化，然后在公路边种下姹紫嫣红的樱花，你来，我会陪你漫步在樱花大道上，看日出日落、云卷云舒，一任樱花落满衣。

展望未来，我的心中有一个大有可观的炉房，虽然要将蓝图变为现实必然面临许多困难，但我不会退缩，因为我们的梦想必须足够高远，只有这样，我们在不断的追寻中才不会迷失方向。

说到底，我是一个极其自恋的人，而自恋正是一个人一生浪漫的开端。细细想来，我对炉房的设想可能过于浪漫了，但我平生以书生自许，意气风发、激扬文字、挥斥方遒，试问浪漫不正是读书人干的事么？

前段时间，我去鲁德村朱家包包走访贫困户，第一次登上了炉房的最高峰——轿子山。站在山顶，方寸之外是悬崖峭壁，极目远望山峦起伏、沟壑纵横，看着脚下的这一片土地，想起祖祖辈辈生活在这片群山中的父老乡亲，我在任职时许下的“为官一任，造福一方”的誓言，自当永不忘记。

一个人，要像鸟儿爱惜羽毛一样爱惜自己的名节。无论走得多远，我都会记得来时的路，我从一个叫作罗家包包的小山村一路走来，我会让长眠于斯的爷爷安息，会让年迈的奶奶放心。这些年来，读了那么多书，换了那么多单位，认识了那么多朋友，我一定要做一个好父亲、好丈夫，做一个堂堂正正的人、一个清清白白的人，做一个真实的自己，决不让每一个关心我的人失望。

生命中的过往、内心里的信念、骨子里的坚持，一直从未走远。到了现在，历经尘世喧嚣，一颗被生离死别洗涤过的凡心，再也波澜不兴，只剩淡定从容。以我柔弱、散漫、温和、洒脱的性格本不适宜走上领导岗位，但既然已经如此，我也必须坦然接受命运的安排，勇挑重担、尽心尽力、尽职尽责，无愧于组织的信任与重托，无愧于来炉房走这一遭。未来的几年，我必定是要以破釜沉舟、背水一战的勇气积极而为，虽然会历尽艰辛，但它必将成为我生命中一段惊艳的时光，一段难忘的岁月。

斑铜故里，山水炉房。这是我对炉房人文地理的一个概括，也是我对美丽炉房的一份期许。未来几年，会有多少故人离去，又会有多少新人进来，但是，相逢何必曾相识，同是炉房拓荒人。我多么希望有一群志同道合的人一起勤奋工作，我多么希望全体干部职工都能以民生为念、以事业为重，我多么希望大家群策群力共同推动炉房这一艘大船扬帆起航、乘风破浪。

回首前尘，许多事情还未开始去做，梦想还在继续。今后的路，即使它大雪纷飞，我也将毅然前行。既然来了炉房，我就选择坚持梦想、廉洁从政，义无反顾、风雨兼程。

## 2019年7月15日

我走进炉房整整4年。4年之际已经心无挂碍、波澜不惊、宠辱偕忘，而诸事又一无可记，我只想记记这4年来认识的一些人。

梁娟离开，我痛失一臂，那种不能再共事的遗憾，挥之不去。后来，她和她老公在深夜来回开3小时的车，只为了到冬梅家坐10分钟，见面时，我一句谢谢的话都说不出口，只问了句：怎么这样任性？惺惺相惜的人大抵就如此吧。

吴丽娟谦卑柔和，总是对别人的一点善念铭记于心，就像一朵太阳花，总是向着阳光微笑，全然忘记了这人世间也有黑夜，可我相信她不会后悔自己的选择，因为我告诉过她：上苍不会辜负每一个认真工作和生活的人。

赵赟富性情急躁，待人接物从不给自己留一点余地，他认准的路，恐怕是一个死胡同也会义无反顾走下去。从“看山是山，看水是水”到“看山不是山，看水不是水”，再到“看山还是山，看水还是水”的人生历程，坚持的不就是返璞归真么？万事莫问值不值得，为人但求无愧于心，他或许已经做到。

陈林和黄薇是恩爱小夫妻的典范，看他们执手相依走过这么多年，我始终相信这世上还有至死不渝的爱情。璀璨如烟花的感情总是易逝，两个人的生活，只要过着数钱、做饭、睡觉的平淡日子都还觉得快乐，就一定会幸福终老。

夏老文精明能干、豪爽仗义，是值得交往与信赖的人，可惜树敌太多，遭人嫉恨。但这个世界就是如此，试问谁会去嫉妒一个庸庸碌碌的人？被人嫉妒总比嫉妒别人好。

开甫爱憎分明、极重情义，犹记得我们开车在路上随意地聊着过去、现在和未来的生活，彼此都理解和懂得，我相信以后也会一样。

杨书记幽默风趣、兢兢业业，是一个性情中人。他在炉房和市局之间辛苦架起一座桥梁，所有的艰辛付出我都铭记于心，所有的关心帮助我都感激不尽，虽肝脑涂地亦无以为报，我只能尽量陪着他走访、督查、聊天、饮茶、喝酒，并始终记下这份情义，此生念念不忘。

张哥是个极好的人，对炉房倾注一腔热血，将贫困户装在心里，脚踏实地、力所能及地为炉房做了太多事情，感激之情无以言表，我只有竭尽全力做好工作才不辜负他的付出。

长艳蕙质兰心，驻村如家，待贫困户如亲人。我初见她写的《我想讲的扶贫故事》，欣喜、不安、沉重的心绪纷至沓来，我唯有坚持本心、固守大道，做一个好人，才不辜负她的评价。

先富能力出众、人品甚好，能与他同堂共事，是我的幸运。

代主席是为数不多还坚持读书的人，喝酒又从未见其醉过，书酒世界终是一方天地，可见众生。

小阮哥有魄力、有胆识，为人又重情重义，是个值得一交的朋友。

小祥有些腼腆、不善言辞，他的婚事让很多人操心，我相信小祥总会找到他爱的人，婚姻总会如期而至，等他结婚的时候，我们相约去讨一杯喜酒喝喝就好。

大陈副沉默寡言，但偶尔讲一句笑话出来，可以把人笑死，也是个光明磊落的兄弟。

小程副年轻有为，假以时日前途不可限量，能够在炉房相逢一场也是缘分。

小崔大家都叫他“崔医生”或“崔老表”，这是对他人缘极好的肯定吧。可惜一手中医理疗的绝活在乡上施展不开，算是埋没了才华，愿他不要丧失了与命运抗争的勇气。

小梅在阳台养了许多花，清风徐来，阳光明媚，看着那些花儿，浅浅的笑刚刚好。

章建大家都叫他“李老板”，也许是《熊出没》深入人心的结果。其实章建业务本领十分过硬，方圆百里医治牲畜挽回群众损失而深得民心，加之喝酒到微醺时曾于大院内练拳，酣畅淋漓，也是十分可爱的人物。

李校是这个时代难得不同流合污的人，每每谈起他的人生经历、他的办学理念、他的治校思路，我都由衷佩服，在这个物欲横流的世界还能埋头苦干、心静如水、洁身自好，我觉得我们的教育大有希望。

小邓俊考去了盐津，我没能去参加她的婚礼，她也说等有时间了会回来看我们。时光荏苒，我们，真的只能等有机会再见了。

沙沙是一个虔诚的回族小姑娘，看见她，我才懂得自律有多么重要、信仰有多么珍贵，这世间，唯有坚持不可放弃。

小李飞也是一位回族，不太会做饭，经常在烤火器上烧洋芋吃，只有下城或回家才能狠狠地大吃一顿清真美食，想起也是可怜。只能祝福他将来娶一个贤惠可人的妻子，把他照顾得好好的。

小孙买了一个咖啡机，中午休息时在办公室煮咖啡给我们喝。一个沉默寡言的小男生，将一粒粒咖啡豆磨成粉，酒精灯的火焰摇曳，水慢慢沸腾，一壶咖啡倒入杯中，微苦的味道刚刚好。小邬天真烂漫，常见她巧笑嫣然，不知世间愁为何物。在他们新婚领证的那一天，我送给小邬《世间一切，都是遇见》、小孙《山川岁月长》，就是想要他们珍惜缘分，一起用心经营婚姻，走过山川岁月长，且以深情共白头。

宋佳走时，我心怀歉意，又感念别后相逢恐怕遥遥无期，就陪他喝酒，直到将自己喝醉，都未能陪着检查工作的领导，也是领导体谅，不会责怪我。

乾坤已工作多年，为人老实，做事认真，口碑极好。尤其这么多年等妻归来，更是一个好男人。

我来时梁瑞成还是村主任，一晃都在扶贫工作站两三年了，说明一个人只要不屈服于命运，没什么可以将你打败。

何必晏是一个极认真的人，做事一丝不苟，任劳任怨，这样的工作态度，所有的美好必将如期来临。

老陈是即将退休的老同志，可他的工作态度，值得年轻人学习。工作绝不只是为了养家糊口，它还要有梦想和情怀。

上面所记的，不过是炉房机关站所、挂钩单位、驻村工作队、学校、卫生院、供电所、信用社、村组干部等数百人中的三十人而已，所有的人我虽不能一一记下，但纸短情长，又何曾忘记？

天地再大，我熟悉的不过一个炉房；世界再大，并肩工作的还是我们。乡长终究会不再是乡长，走进炉房的人终究会离开，但我会记得你们，就像我相信你们也会记得我一样。等到离开以后，我想见你们、你们也想见我的时候，我们的见面，一定还会温暖如今天，这就是最好。

我来炉房，认识你们，认识这些萍水相逢又终将挂念一生的兄弟姊妹，这一切，真的刚刚好。

## 2020 年 9 月 24 日

今天，我面对全体人大代表作政府工作报告，这是我走进炉房乡的第五个年头，与 2015 年第一次作政府工作报告时相比，五年过去，炉房的发展跑出了“加速度”。脱贫出列如期实现、道路交通日新月异、饮水工程进村入户、产业发展如火如荼……这正是全乡干部群众万众一心、众志成城，为党和人民交出的一份“不忘初心、牢记使命”的满意答卷！

### （一）怀悲悯之心，把群众放在心里

遍访贫困户，这是对基层干部的要求，五年来，我走遍炉房的山山水水，已经数不清走进过多少群众的家里。2015 年，我走进荒田村小发嘎村

民小组吴传美家，可那算一个家吗？屋顶是用草铺的，堂屋上边还破了几个洞，抬头就看着天空；卧室里用两根长凳搭了一张木板就是床了，被子破败不堪，破洞里旧棉絮清晰可见；屋里有一个灶头，简陋的锅碗瓢盆摆在一个簸箕里，房梁中央吊着一颗电灯泡，就是这个家唯一的电器产品了；屋外用绳子拴着一头猪，一个破轮胎就是食槽。看着这样的景象，那种震惊不可想象！我拿着手机对乡村干部说："这屋里的全部家当，都不如我们每个人手里的手机值钱啊！"后来，我们给他家帮建了安全住房、修了厨房、买了生活用品，还用小额信贷资金买了几只羊给他养，2017 年，他脱了贫……

2017 年，我的挂钩贫困户调整，我又走进了炉房社区松林坪王顺聪家。当时，他妻子刚生完孩子几天，家里的住房十分破败，没有养任何家禽牲口，生活来源就靠几亩土地，日子过得非常艰难，用家徒四壁都不足以形容。当他说到"孩子奶粉钱都没得"的时候，我是忍不住流下泪来。我搜遍所有口袋，将装着的几百块钱塞给他，他硬是不要，我塞进他手里就转身离开，但我已经把他装在心里。后来，我安排村干部帮他修建了安全住房，走程序全家纳入低保兜底，又安排了一个护林员的公益岗位给他。现在，他白天巡山护林，打扫卫生，晚上还可以照顾孩子，不但脱了贫，还把日子过得有滋有味！

这五年，我的心里都装着炉房的父老乡亲，我的妻子说："娃儿都小学毕业了，可你不知道他是咋个长大的。"我很愧疚，我也很满足。

### （二）存移山之志，把交通摆在首位

2015 年 7 月，我到炉房工作，几天后我就到各村了解村情民意。由于恰逢雨季，到噜布村、底里村也就是 30 公里左右的路程，可越野车都要跑一个半小时左右！单位的车辆都如此，群众出行怎么办？建房购物怎么办？等我仔细了解下来，炉房的交通现状可谓一穷二白：全乡境内只有一条通往县城的柏油路，一条水泥硬化路都没有，不通公路的村民小组比比皆是！户间道更是少得可怜！

要致富，先修路。炉房的交通改善迫在眉睫，必须先行！

7月底，我跑到县财政局软磨硬泡，要到了第一笔道路硬化资金200万元，实施了乡政府到中学1.1公里、鲁德村集镇到云盘村民小组4公里的道路硬化，解决了沿途群众和1000余名师生的出行。看到这个幸福的起点，我仿佛看到了炉房交通跨越发展的未来……

2016年，鲁德村水库坝口至会泽县老厂乡菜园子13.1公里，炉房社区石垭口至底里村24.2公里，草皮地至噜布村15.3公里全面硬化，实现了行政村全部通硬化路，更是彻底打通炉房乡对外交通线的南北大通道，方便群众出行会泽县、昆明市，为炉房打赢脱贫攻坚战奠定了坚实基础。

后来，村到村之间的连接线不断硬化，行政村到村民小组的道路从无到有、从通泥土路到硬化路，户间道从泥泞不堪的黄土路到干净宽敞的水泥路……6个村中已经有炉房、荒田、鸡噜3个村实现了村组公路硬化全覆盖，136个村民小组只剩下13个不通硬化路，全乡村组道路硬化率已达90%以上。曾经交通闭塞的炉房，道路建设多点开花，我们打赢了这场交通攻坚战，让条条大路成为炉房人民脱贫致富的康庄大道。

### （三）举全乡之力，把产业当作出路

炉房乡有什么产业？在2017年以前，炉房无产业基本是一个共识。受地理位置及自然条件的影响，炉房乡低海拔区域主要零星发展大蒜、小黄姜、蚕桑等，高海拔区域主要是马铃薯、玉米、荞麦种植和猪、牛、羊的养殖，但都是以家庭为单位的生产活动，没有上规模的特色产业。

脱贫攻坚越往后越是啃硬骨头，建档立卡户要脱贫就得有产业支撑，单纯的“输血”永远不是办法，炉房的产业路在何方？站在炉房乡脱贫攻坚的紧要关口，我深深地认识到产业发展才是打好打赢脱贫攻坚战的唯一出路！对此，我乡坚持“立足资源、发挥优势、面向市场、加快发展”的原则，有针对性地提出了“党支部+公司+合作社+农户”的模式，引进农业公司，鼓励贫困群众以土地入股、租赁、流转、托管等方式合作经营，

大力发展花椒、软籽石榴、烤烟、肉牛养殖等产业，从根本上改变“产业空壳村”的现状。

一是花椒产业。我乡引进中豪绿林有限公司在荒田村建立了一个千亩花椒基地，采取“党支部＋合作社＋公司＋贫困户”的模式运行，项目总投资1728.96万元。已种植的青花椒预计2022年6月开始结果，到2024年进入盛产期，按照单株产干花椒1千克计算，平均每亩产133千克，平均每千克售价110元，每亩产值可达14630元，基地总产值可达1500万元左右，真正成为荒田村群众增收致富的大产业。

二是石榴产业。我乡在鸡噜村已种植软籽石榴1500亩，以党总支领办的巧家县盈收种植农民专业合作社种植管理，既为鸡噜村产业发展探索出一条新路，又盘活了合作社。预计到2023年，软籽石榴进入挂果期，产业收入将达2500万元以上，人均产业收入1万元以上，真正做到“一村一品”。到时，田间地头石榴花红似火，游人果农花丛中笑开颜，一个个石榴将成为群众增收致富的幸福果！

三是烤烟产业。我乡紧紧抓住全县“北烟南移”的政策机遇，正确处理好“控”与“保”的关系，严把面积落实关、合同签订关、种子育苗关、大田移栽关、烘烤质量关，短短四年内，炉房的烤烟种植面积从2016年的1000亩快速发展成2020年的5400亩，已经覆盖全乡5个村，一跃成为全县第二大种烟乡镇，烟叶质量更是首屈一指。

四是肉牛产业。目前，我乡在底里村、炉房社区投入总资金1000万元建成100头规模和300头规模肉牛养殖场2个。通过不断提高生产经营专业化、标准化、规模化和组织化程度，增加肉牛养殖的经济效益，不断吸纳农户尤其是建档立卡贫困户的加入，将带动高海拔区域肉牛产业有机循环发展，有力促进群众脱贫致富奔小康的步伐。

相逢何必曾相识，同是炉房拓荒人。打响脱贫攻坚战的这几年，我从未忘记任职时许下的“为官一任，造福一方”的誓言，我与全乡干部群众一起苦干实干，一起攻坚克难，我就是那个在这片贫瘠的土地上点亮希望之灯的那个人，我亲历了脱贫攻坚的每一个环节，参与了全乡经济社会的建设，见证了炉房沧海桑田的变化。我相信：星星之火，可以燎原。随着更多的领导关心炉房，更多的同志走进炉房，更多的资金投入炉房，更多的项目落地炉房，一个经济强、百姓富、生态美、文化兴的新时代美丽炉房终将尽情绽放！

（作者时任巧家县炉房乡乡长）

# 一个都不能少

杨云彪

“治贫先治愚，扶贫先扶志，”让贫困地区的孩子们接受良好的教育，是实现脱贫攻坚的重要任务，更是阻断贫困代际传递的治本之策。习近平总书记指出，“两不愁，三保障”，很重要的一条就是义务教育要有保障。再苦不能苦孩子，再穷不能穷教育。要保证贫困山区的孩子上学受教育，有一个幸福快乐的童年。实现义务教育有保障主要是让贫困家庭义务教育阶段的孩子不失学辍学。新乐村是鲁甸县龙树镇少数民族最多、贫困面最大、贫困程度最深的贫困村。回想起劝返辍学生重返校园的那些事，一件件就像放电影一样在脑中海闪现。

罗志涛，14 岁，自幼随父母在昆明打工，小学是在昆明上的，由于家庭负担太重，小学毕业，父亲罗昌德不得不把他送到老家龙树中学上学，周末回家就和爷爷奶奶生活在一起。他爷爷介绍，这个孩子从小跟他爹他妈在昆明长大，可能是环境的原因，原本活泼可爱的孩子回到龙树上学后变得沉默寡言，不爱说话，也不爱和村子里的小伙伴玩，周末回到家，总是一个人待在房间，摆弄小时候玩的玩具，喜欢一个人玩手机。2019 年暑假过后，突然不见踪影，爷爷奶奶找不到他，一天过去了，两天过去了，第三天他爸爸打来电话，告知罗志涛已经到昆明爸爸妈妈打工的住处了。说他要在外面打工，不愿读书了。他有时甚至几天不着家，白天趁大人上班不注意，回家偷偷吃点东西又不见人影。

开学一个多星期，学校不见罗志涛到校读书，就打电话到村委会询问情况。9月6日一大早，我们来到罗昌德家，家里只有罗昌德的父母。我们说明来意后，老人家给了我罗昌德的电话。我给罗昌德打电话告知要动员罗志涛返校读书，希望家长配合支持。罗昌德告知，罗志涛直接不跟他讲话，躲着他，他也不知罗志涛在什么地方，他们也正在找。

9月7日、8日、9日、10日打电话，罗昌德说一家人一直在找，没有找到。9月12日，罗昌德打电话给我，说他们在昆明长水机场找到了儿子，儿子在机场蹭WiFi上网玩游戏，怎么劝说也不回家。没得办法，劝不回来了。我让罗昌德把罗志涛手机号给我，罗昌德说原来用过，现在停机了。我让他给罗志涛续缴话费，把号码告诉我，等我来联系。

晚上，我打电话，一直不接，9月13日又打电话，电话终于打通了：

“你干吗？大清早打我电话。”

“我是新乐村的驻村工作队队长，要劝你回学校来读书，想跟你聊聊，可以吗？”

“我不想读，我要在外面打工，我不想在奋斗的年纪选择安逸，不要吵我。”电话咔地挂断了。刚联系上，我就热脸贴了冷屁股，心里真不是滋味。

9月26日，我将龙树镇人民政府、龙树中学送达新乐村的责令入学通知书拍照，通过彩信传给罗昌德，让他再继续做做孩子的思想工作。这天晚上，我接到一个陌生电话号码打来的电话：“我是罗志涛，不读书的是我，你们不要威胁我爹，有本事你们直接来威胁我！”

才14岁的孩子，怎么会这样？我百思不得其解。这孩子太难对付了，得想想其他办法才行，脱贫攻坚路上，再难啃的骨头也得啃。

我暗自下定决心，决定再试试。我试着通过电话号码加他为微信好友，他通过了认证。他既然不想在奋斗的年龄选择安逸，再做工作也是适得其反。强扭不行我就改为软攻，我就通过朋友圈找推荐工作的链接，然后发给他，让他去试着找工作，让他去奋斗奋斗。几天下来，有的餐馆因为他没有身份证、年龄未满18岁不要他，有的地方至少要初中或者高中（中专）学历，他被拒之门外。每天关注他找工作苦恼、牢骚满地的朋友圈。10月20日，当看到他发的“早点（早些）知道找工作那么困难，就应该在学校好好读几年书”的朋友圈留言时，我急忙评论：孩子，你现在还小，正是长知识、长身体的关键时期，国家有政策扶持，家里的爷爷、奶奶、爸爸、妈妈，学校的老师都期盼着你回到学校读书，回来上学吧，我们驻村工作队的几个叔叔一定送你到学校。

我想，在外面蹭了那么长时间的WiFi，找工作又碰了那么多钉子，这个孩子一定会回心转意的。晚上我准备发信息再跟他聊聊，争取把他劝回来上学。谁知，我的微信被他删除，信息发不过去了，再接着打电话，无人接听，发信息也不回。这个辍学生成了断线的风筝，断了联系。只有再等等。

11月19日，我正在忙着整理村级档案和贫困户档案，一个电话打了进来：

“叔叔，我是罗志涛，我想读书，我现在在昆明长水机场打零工，帮餐馆端盘子，大家都嫌弃我，老板也不要我了，我现在回来还能去学校读书吗？”

“想通了，你回来吧！我们驻村工作队的就送你去学校。你什么时候到家，打电话给我，我们马上送你去学校！”

2019年11月20日一大早，罗志涛就打来电话，告知他已经到家，让我们送他去学校。罗江珍、李加万、马欧、褚坤、胡云川和我，开上车，向罗志涛爷爷家的住地出发。

“功夫不负有心人。”这个和我电话、微信交流多次的罗志涛终于回来了，冬日温暖的阳光下，罗志涛稍显羞涩的面容，给我们带来了无限的温情。他是我们控辍保学的最后一个返校生，队员们帮着提行李，收拾书本，叮嘱罗志涛携带好随身物品。

我们全部上了车，罗志涛的爷爷紧紧地握着我的手，嘴角的胡须微微抖动着，激动得说不出话来。一路上，队员们像对待自己的孩子一样，苦口婆心地和罗志涛说着心里话。不知不觉就来到了学校，帮他找班主任、找他们班所在的教室。青春的花朵再次绽放，看着罗志涛回到自己的班级，坐到了自己的座位上，嘴角洋溢着微笑，队员们你看看我、我看看你，都笑了。

在控辍保学这条路上，我们驻村工作队付出了太多的艰辛：我们到过昭通城，在爱民路“沁园春小吃”劝返了唐礼娇，在团结路“荣雅园餐厅”帮助讨薪劝返了罗志贵，在私人砂石料场劝返正在干苦力的付朝勇……不怕山遥路远，不怕风吹日晒，我们把贫困户当亲人，把辍学生当自己的兄弟姊妹，用自己的人生经历与辍学生摆事实，讲道理，换回孩子们的真心归来。就像马欧经常说的：“今天的辍学生，就是明天的贫困户，在上学的路上，必须一个都不能少！鞋子跑破了、嘴皮子磨破了不要紧，只要能把学生劝回来读书，就是值得的！”每动员劝返一个辍学生，我们就像打了一场胜仗一样高兴。

今天的教育就是明天的经济。家庭的希望在孩子，关心孩子的教育就是关心农村的未来，也是关心贫困地区的未来。辍学本是人生的一大憾事，这些辍学生却在各级党委政府、教育部门的关心下重返校园，圆了教育梦，失意的人生又一次起航。真心希望这些辍学后重返校园的孩子能珍惜这来之不易的学习机会，奋力拼搏，刻苦学习，早日成为国家的建设人才，成为家里的顶梁柱。

（作者时任昭通市非物质文化遗产保护中心副主任）

# 智者量力从事

陈昕杰

今天是 2020 年 5 月 13 日，成为驻村扶贫第一书记和工作队队长已 13 个月有余。天气不是很好，时阴时雨，气温也降了许多，也许是倒春寒吧。

松林村委会院坝里几株脱贫攻坚中栽植的月季花开得正艳，不时有勤劳的蜜蜂在花间穿梭，劳作中的自己也俨然成了移动的月季花，时不时地有蜜蜂飞绕身边。这最能嗅香的精灵，将松林的春天点缀得缤纷、灵动，也让村委会多了一份生机。院内因时节变化而带来的草木生长，已不能引起我太多的情感变化，少了初次见到时的兴奋赞叹，只留得工作间隙，茶余饭后赏玩消遣罢了。

我自 2017 年调任党校监察室副主任起，党校就一直挂钩帮扶松林村，至今已有 4 个年头。4 年里，作为帮扶干部的我，每年进村开展工作次数不少，特别是 2019 年 5 月接组织安排驻村担任扶贫第一书记、工作队队长以来，驻守已有 13 个月。其实，农村工作、基层工作于我来说，并不陌生，甚至可以说是熟门熟路，因此到了村里很快就进入了角色。但每每想起家中的妻儿还是心里一紧，莫名的愁苦笼罩心头。不知道从什么时候开始，我和妻子从周末夫妻，变成了“视频夫妻”，再到“电话夫妻”，甚至现在成了可以十天半月无问候的“陌生”夫妻……都说“陪伴是最长情的告白”，我多么希望，在每一个特殊的日子里，都能在妻子的身边陪伴。同为独生子女的妻子一个人要管 4 个老人和 1 个不满 4 岁的孩子，她得有多累、多希望作为丈夫的我在她身边一起分担生活的琐碎与繁苦呀……

看着隔壁卫生室正在接受体检的孩子，想起了自己的女儿，感慨万千。每次出门离家，孩子哭闹、依依不舍的样子历历在目。孩子生病我不在她的身边，孩子第一次上学读幼儿园我不在她的身边，孩子第一次上台表演我不在她的身边，多少个我应该陪伴她的"第一次"，我都不在她身边，我还算得上一个合格的父亲吗？

在其位谋其责，有位必有为，驻村扶贫主要负责人的使命和责任担当战胜了我一时的犹豫、忧虑。还好，辛苦一年多，脱贫成果在今年已见成效，再努一把力，秋天里就可以采撷丰硕的果实了。那时我也会会心地微笑，就像脱贫致富后的农人一样满足。

此时坐在村委会办公室电脑前，分析这几天县、乡反馈要求核查的 36 户建档立卡户信息，3 万元以上车辆，车辆用途是什么？什么性质的公职人员？要如何核准？特别是车辆用途如何界定？是助脱贫发家致富，还是消费享受？核错了，定偏了，有可能这户就将失去享受建档立卡的权利。核准了，定对了，彰显公开正义。以此类推，马上要开始的新一轮遍访，新一轮的农户信息核查调整。按照精准脱贫、精准扶贫工作要求，"两不愁，三保障"脱贫目标，全村 1653 户 6834 人有识别不准的问题吗？ 813 户 3968 人建档立卡人口识别有误吗？有漏评、错退、错评吗？"应纳尽纳、应退尽退、应扶尽扶"；"自强、诚信、感恩"等扶贫政策、脱贫指标一股脑儿涌上心头，萦绕脑际，压得我几乎喘不过气来。乱了心志，坏了心绪。

扭头看看窗外，天又阴了下来，雨点又再次胡乱敲打旁边简易房的彩刚瓦顶。这样的天气，更让人心烦意乱。糟糕的天气，繁杂的工作，滋生了坏心情。喝口苏醒多时的香茗，闭了眼，沉淀心绪，叉开五指向后梳理有些长的头发，不知不觉中，感觉还有些逍遥自得和轻松惬意，颇有鲁迅先生"躲进小楼成一统，管他冬夏与春秋？"的情趣。

"夫知者必量其力所能至而从事焉。"此时，我忽然想起《墨子》的这句话来。这句格言是告诫人们做什么事都要致力做好，爱岗敬业。想想驻村一年多来，在履行好扶贫第一书记、工作队队长职责的同时，我始终以一名普通扶贫工作队队员的身份，投入到松林村以脱贫攻坚为重点的一切建设发展事务中。我还担当扶贫政策的宣传员、讲解员；搭建起群众和政府之间的“连心桥”和“信息路”；担当起扶贫措施的推动者、落实者。用实际行动诠释“夫知者必量其力所能至而从事焉”的真谛。

工作无愧，让我自豪欣慰。云报客户端、彝良党建、红色扎西等媒体多次以《顶风冒雪上一线》《防疫一线映丹心！彝良松林村驻村第一书记陈昕杰战“疫”记！》《驻村书记勇担当 防疫一线映丹心——松林村驻村第一书记陈昕杰战“疫”事迹》《彝良：146 支党员助耕队温暖群众“春耕心”》等为标题，宣传报道了我个人和我们松林村的驻村团队，我们的努力与辛勤被看到，也得到了更多人的赞同。

进村入户，无论老幼，群众总是亲切地用“小胡子”队长、陈队长与我打招呼。我也总是不失时机地与他们拉家常，问这问那，宣传扶贫政策。脱贫攻坚，就是要做群众的贴心人。想到群众从最开始对我的陌生到现在对我依赖的转变，也许我做到了——成了群众的贴心人。

一年多走过的扶贫路，此时也像电影片断一样慢慢清晰起来。我想，驻村开展扶贫工作，是良心活，是苦差事，但看到在你的努力下，困难户住进新房、贫困病人得到治疗、失学儿童重返校园、外出务工人员带回资金、协助贷出扶贫小额信贷发展起了产业、村容村貌焕然一新、群众脸上绽放笑容的时候，你的“幸福感”“满足感”“成就感”不亚于脱贫致富走上小康路的农人。

一年多的脱贫攻坚工作，让我深切地感受到：一要信念坚定，规范言行了解民情。在驻村扶贫工作中，我精心准备了《读懂政策鼓勇气，沐浴恩泽感党恩》《基层农村党员如何在脱贫攻坚中发挥作用》《享受政策，我心飞翔》《我眼中的“两不愁，三保障”》《扶贫政策你先知》等讲读课件，广泛开展“自强、诚信、感恩”专题教育活动和讲习活动。在全村 35 个村民小组党员会和群众院坝会中专场讲读。坚持在35个村民小组中每月开展2组新型农民讲习活动，让扶贫政策家喻户晓。激发群众的内生动力，提振群众精气神，树立群众自信心，主动自觉融入脱贫攻坚中来。

二要读懂群众淘“精准”。在吃透政策的前提下，一次次与群众促膝相谈中，听懂群众的语言，读懂群众的眼神，看清群众的神色，与群众心灵碰撞，淘出宝贵的“精准”良方。让群众既可脱，又能稳，不返贫，这才是真正意义的脱贫。

三要思路清晰，主动创新干扶贫。（1）善于洞察民意，找准扶贫突破口。从群众中浑浑噩噩过日子、享受低保不进取、得过且过等靠要的现象入手，把脉病根，号准精神之病；找准突破，振精神之气；对症下药，补精神之“钙”；药到病除，收获精神之果等方面大打扶“志”、扶“智”牌。将“输血”“造血”，“送温暖”“送志气”“送信心”有机结合起来。群众用自己的行动切实增强自我发展能力，主动脱贫成了普遍。发家致富意识强了，行动多了。纷纷用自己勤劳的双手，获取尊严、快乐与财富。（2）挖掘典型促脱贫。扶贫工作中，选树先进典型，时时在村民中进行宣扬。讲身边人，说身边事。激发动力，弘扬道义，促进脱贫攻坚的良性开展。（3）思路清晰。一个地区要发展，一定要有切合实际的发展思路，保障稳定脱贫，真实脱贫。驻村后，通过深入研究分析，结合村域实际、历史文化、人文景观和贫困户的需求，提出以劳务输出和发展产业实现贫困户稳定收入为抓手，发展辣椒、花椒种植和肉牛、生猪、山羊养殖等产业，切实增加群众收入的发展思路。（4）主动担当，率先垂范。工作队在以脱贫攻坚为工作重点的前提下，全方位融入松林村的经济社会发展工作。特别是基层组织建设和壮大集体经济方面。（5）建言献策，文字传情道扶贫。驻村工作中，利用闲暇时间编写脱贫信息，撰写驻村日记。以文传情道扶贫，为上级决策提供一线第一手资料。

忽然，厨房那边传来喊吃下午饭的声音，把我从回想中拉到了现实。从一年的工作回望中，我再次收获了喜乐，下定了打好攻坚战的决心。

雨还在下，天仍然阴沉，我的心情却敞亮愉悦起来。因为倒春寒不过是气候的一小段回放，毕竟春天的气息更浓烈。不信，你听，花间劳作的蜜蜂愉快的咏叹；你看，可以与花媲美的蝴蝶潇洒的舞姿，多美。

（作者时任中共昭通市委党校监察室副主任、驻彝良县奎香乡松林村第一书记、工作队队长）

# 咬定青山不放松　不破楼兰终不还

王应兴

昭通市公安局全体驻村队员不辞辛劳、连续作战，跋山涉水、挨家逐户，圆满完成了精准识别摸底调查及动态管理工作，留下了许多可歌可泣感人至深的故事，受到了村社干部的高度赞赏及受访村民的一致好评，成为联系党群、干群关系的鲜明旗帜。

市公安局吴化友副书记多次深入挂钩扶贫点督促指导精准识别摸底调查工作，他事必躬亲、身体力行，来到田坝乡二坪村最偏远的老房子，参与摸底调查填表内容询问，亲自拉皮尺测量农户房屋面积，并积极争取项目，多方筹措资金，大力推进基础设施建设，促进特色产业提质增效，确保脱贫攻坚“精准滴灌”“纵深推进”“力量聚合”。

我作为一名人民警察，一名共产党员，由于工作作风扎实、工作实绩突出，2017 年 3 月，被选派成为一名驻村扶贫队员，先后参与昭阳区田坝乡二坪村和彝良县洛泽河镇大寨村的脱贫攻坚工作，驻村扶贫至今。作为这场战役的一名亲历者，我清楚地记着每一阶段的战果：在大寨村打造“九位一体”，推行“六个一”，狠抓“三个强化”，工作成绩斐然，亮点纷呈；在大寨村的驻村扶贫工作，受到市督查组、抽查组和上级部门的充分肯定，帮扶村顺利通过脱贫出列验收；我在扶贫工作中创造的“一看二查三问四辨五核六评”的“六字工作法”，被市扶贫办广泛推广。我的扶贫先进事迹先后被昭通日报、乌蒙先锋、昭通警方、市妇联等专题宣传报道。在我的带领下，大寨村的基层党建工作受到市委组织部的表扬，得到市直工委的肯定。

## 历经艰辛，保持定力

2017 年，精准识别摸底调查及动态管理工作任务重、要求高、时间长，我克服工作中的各种艰辛和挑战，克服生活上的各种困难和压力，全身心投入脱贫攻坚工作。由于工作繁忙，无暇顾及自己的人生大事，婚期一再推迟，因为“那时，市公安局整个驻村扶贫工作队大家都在忙，‘请假结婚’几个字实在说不出来”。有时任务紧急，各种工作任务都在同一时间接踵而至，不要说商讨结婚事宜，连家里的电话都接不上。几个月下来，瘦了好几斤，黑了一圈，整个人都变了模样。

一滴水可以折射出太阳的光辉，一粒沙同样可以凝聚成塔底的基石。驻村扶贫以来，我长期坚守在脱贫攻坚一线，一年中有 300 多天住在村里，几乎天天与贫困群众在一起，而且一干就是 4 年！在市公安局党委的坚强领导下，我紧紧围绕精准扶贫、精准脱贫目标任务，带头践行市委“133”工作思路，严格按照“571”标准，精准把控每一个环节，深入开展驻村扶贫工作；对标对表“两不愁，三保障”，千方百计补短板强弱项，下足“绣花功夫”，切实打好“五大战役”；我和镇、村干部一起，与贫困群众一道，全力推进基础设施建设，推进农业产业发展，一户一策制定帮扶措施，全力服务脱贫攻坚工作，各项帮扶工作成效明显。

# 扎根基层，苦干实干

驻村扶贫“只有干出来的精彩，没有等出来的辉煌。”“群众所需所想，就是驻村队员努力的方向和目标。”我告诉驻村队员：“我们来驻村，就是为了帮助群众办几件看得见、摸得着的实事，把办实事、解难事、做好事办到群众的心坎上。”我是这样说的，也是这样做的。

2019年以来，我带领5名驻村队员和大寨村“三委”、挂村镇干部一起，完成重点户包保销号239户；收集务工证明1198份；完成危旧房拆除59户；劝返辍学生12人；开展“三讲三评”52场，参会群众1500人次；我把驻村队员分片包组，深入走访建档立卡贫困户35次，遍访非贫困户21次，扎实开展大寨村扶贫对象动态管理工作；我作为驻村第一书记讲授党课7次，开展“不忘初心、牢记使命”主题教育8次，精神文明活动创建1次；开展人居环境整治400余次；安全隐患排查整治100余次；还充分发挥公安职能作用，开展“扫黑除恶”宣传50余场，发放、张贴扫黑除恶宣传资料3000余份；矛盾纠纷调处60余起；协调投入到大寨村资金10余万元，电脑3台，投影仪1台，打印机一台（四合一），办公用品一批，爱心物资一批，并给大寨村安装了LED显示屏，帮建大寨村党员活动室、文化墙和宣传栏；我深入开展“自强、诚信、感恩”“感恩党、听党话、跟党走”主题教育活动20余场，“输血”“造血”扶贫并举，提升了贫困户脱贫致富本领；邀请市公安局机关第九党支部、第十四党支部到大寨村进行业务指导，并带领大寨村党务工作者到市公安局机关党委进行学习培训；我持续抓实“双联系一共建双推进”，将基层党建和脱贫攻坚深度融合，为脱贫攻坚决战决胜凝心聚力，实现了党建工作与脱贫攻坚的同频共振、互促双赢。

# 尽职尽责，攻坚克难

“村看村，户看户，群众看干部”。我作为一名中共党员，随时不忘党的宗旨，以服务人民群众为荣。彝良县洛泽河镇大寨村辖22个村民小组，总人口2145户7080人，属全县82个深度贫困村之一。2019年，大寨村共有建档立卡贫困人口614户2966人，贫困面广，贫困程度深。为详细掌握大寨村实际情况和村民的实际需求，自驻村的第一天起，我就深入田间地头，实地查看了路、沟、渠等农业基础设施建设情况，查看洋芋、玉米和花椒的生长情况。

我深入农户家中，认真开展入户走访和遍访，详细了解他们家庭人口、经济收入、生产生活、子女就学、住房条件、具体困难等情况。每到一户，我都与他们亲切交谈，嘘寒问暖，真心实意地为贫困群众排忧解难，答疑解惑，全面摸清贫困户的房、粮、劳动力、致富技能、外出务工等基本情况及贫困群众的所思所盼。对每家每户的信息都详细登记，优先将无房危房、重大疾病残疾、因病因灾返贫、因教因老致贫五类弱势群体纳入贫困人口范畴，完善建档立卡扶贫对象信息，认真填写表格，确保应纳尽纳，应扶尽扶，应退尽退，不落一户，不漏一人。

在入户走访中，我广泛宣传，向贫困群众宣传就业、就学、就医和住房等与群众生产生活息息相关的脱贫攻坚政策，使他们掌握并用好优惠政策，充分发挥政策的导向、激励作用，让贫困户清清楚楚了解政策，明明白白享受实惠，扎扎实实推进精准扶贫；鼓励贫困劳动力外出务工增加收入，劝返辍学青少年复学，劝导患病群众及时治疗，让惠农政策落实落地；及时有效排查化解矛盾纠纷，及时解决上寨组、大寨组，小寨组、大坝组、铁匠组等群众反映的热点难点问题，做好重点人群思想疏导工作，用自己的实际行动诠释着一名共产党人的使命。工作中，面对有些不配合的群众，我用微笑去感化他们，耐心细致地解释扶贫工作的目的及重要意义，最终取得村民的理解和配合。

我用心去做事，用心去服务，把一件件好事、一件件实事送给老百姓，暖了群众的心，联了农户的情，村里的群众也知道市公安局来了个“王书记”。

## 主动作为，久久为功

狠抓“住村”“驻村”和“助村”。我认真落实驻村帮扶，真蹲实驻，真帮实扶，全力提升自己驻村扶贫的工作能力和执行能力，把脱贫攻坚工作作为责无旁贷的任务、作为光荣神圣的使命，充分发挥党员的先锋模范作用，带头结穷亲、帮穷户、拔穷根，不怕苦、不怕累，踏实做事，取得实效。

人勤春早，助农先行，时值春耕备耕的关键时节，我和队员一起，想群众所想，急群众所急，严格按照市公安局的部署和安排，精心组织，将单位“助农业促春耕”农资化肥，一袋袋分别送到贫困户手中，帮助他们开展春耕生产工作，解决春耕生产肥料不足的燃眉之急，送去了浓浓的精准扶贫真情，让贫困户感受到党的温暖，享受到国家实惠。共计免费发放尿素 680 袋，复合肥 680 袋，受益群众达 680 户 3031 人。

“群众的事情无小事，看似群众邻里间一些普通的矛盾纠纷搞不好就会发展成大矛盾，成为影响村民生产发展，社会稳定的隐患”。为了解决群众间的一些生活琐事，我常常行走在田间地头，“鞋底的泥土有多厚，与群众的感情就有多厚”。

我从不畏惧基层工作的繁杂，认真做好交心谈心，详细记录村民家中情况，用行动表明“情为民所系，利为民所谋”并非一句口号。我坚信：只要与老百姓打成一片，连在一起，就能真实地了解他们，找到他们致贫的真正原因，进而有的放矢地开展帮扶工作。我定期与大寨村“两委”班子和挂钩的贫困户对接，心往一处想，劲儿往一处使，形成帮扶合力，精准施策；和队员一起，协调解决了大寨村上寨组群众饮水、刺老组串户路建设、郑厂组群众修房、小寨组危房拆除、山塘组人居环境整治的相关问题；和工作队一起，积极开展花椒“无公害”“绿色”品牌认证，着力打造扶贫点本土花椒特色品牌，大力推广“互联网 + ”；实地查看建档立卡贫困户危房改造、房屋修缮加固、串户路建设、通组公路硬化等情况，针对发现的问题及时协调解决；带领农技推广公司技术人员深入田间，实地指导、开展核桃高枝嫁接工作，并按时查看核桃高枝换头成活情况，确保不损害群众的利益；对农户庄稼种植干旱严重的问题，和村“两委”成员一起，协调解决了灌溉沟渠疏堵问题；按照贫困户类别分门别类建立了内容较为完善、形式较为规范的精准扶贫工作档案。我用实际行动赢得人民群众的信赖和认可，增强了贫困群众对驻村队员的满意度。

我以“美丽乡村”为契机，结合驻村工作实际，开展爱国卫生运动，组织全体驻村队员、村“两委”干部、护林员、公益性岗位和村民共同打扫环境卫生、整治村容村貌，提高群众爱护环境卫生的主人翁意识，营造干净整洁的村居环境；帮助群众建立《村规民约》，推进“厕所革命”，并成立工作队，定期对大寨村主要公路沿线、村主干道积存垃圾、白色垃圾、废弃物等杂物的清理和沟塘水渠及农户两侧杂草清除；积极动员村民将自家的房前屋后打扫干净，树立文明意识，形成了人人参与、共同建设美丽乡村的良好局面。

## 心系群众，勇挑重担

疫情就是命令，防控就是责任。“平时带着群众脱贫奔小康，在疫情防控工作的关键时期，我们驻村扶贫工作队更要当好群众的贴心人，积极配合镇、村全力以赴做好疫情防控工作。”我这样要求队员。

自 2020 年 1 月 29 日工作至今，我从坚守在脱贫攻坚前哨的扶贫队员，迅速转身成为抗击疫情的“逆行”者，积极主动作为，强化责任担当，深入村组摸排，战“疫”在一线；进组入户发放宣传资料与防疫资料，通过大喇叭、横幅、宣传单、公开信、微信群等方式，宣传疫情防控知识，“少出门，不串门，不聚会”“出门一定要戴口罩”“勤洗手，勤通风，勤消毒”，教育引导群众不信谣、不传谣、不造谣，科学认识和防控疫情。遇到不识字的群众，我逐字逐句读给他们听，提升群众自我防护意识，动员和发动群众实行联防联控、群防群控，避免出现感染情况。严格落实居家观察“八个一”措施，确保居家隔离观察规范有效。强势推进网格管控，实行人盯人，把驻村工作队队员、挂村镇干部、村“两委”成员、村民小组长、党员、义务联防联控成员装进网格中，全村一张网，全村一盘棋，统一协调、统一调度。同时，我将疫情防控与摸排返乡人员结合起来，一并摸排返乡人员之前务工地点以及现在务工意愿，分类分批建立台账，做好群众思想工作等待外出时机，确保已脱贫农户不因疫情返贫，做到疫情防控与巩固脱贫攻坚成果两不误、双推进。

在脱贫路上不缺位，抗“疫”战中不掉队，充分发挥驻村扶贫队员“生力军”作用，一手抓疫情防控全面阻击，一手抓脱贫攻坚巩固提升，我冲锋在前，不畏艰险，凝心聚力，科学防控，用实际行动筑起大寨村疫情防控的“安全网”。在做好疫情防控、又保证困难群众的基本生活的前提下，我合理安排生产，确保不因疫情而影响春耕生产，做到防疫不松劲，脱贫不误春；为实现疫情防控和脱贫攻坚双推进提供坚实保障，用青春、智慧和汗水守护人民群众生命健康安全，成为村寨最美“警”色。

大寨村 2145 户群众的生活井然有序，全村未出现一例新型冠状病毒肺炎疑似病例和确诊病例，经过连续的奋战，我与镇、村两级干部一起，将大寨村打造成了一个安全“避风港”。

## 脚踏实地，不忘初心

砥砺前行，推动脱贫攻坚工作再上新台阶。在市公安局扶贫工作队，我是有名的业务尖兵，更是工作队的大内勤，负责扶贫工作内宣外宣、总结汇报材料的撰写和宣传，负责扶贫资料的收集和整理，负责信息的接收和报送等，有条不紊地统筹做好自己本职工作，还默默地做着很多幕后工作，圆满完成组织交予的各项工作任务。“每到扶贫点，总有使不完的劲”，工作中，我以“傻”著称，常常废寝忘食、夜以继日扑在扶贫工作上。驻村扶贫4年以来，我已记不清流了多少汗水，加了多少次班，吃了多少桶泡面。记不清多少次冒着高温、酷暑，狂风、暴雨，大雪、严寒，行走于贫困户之间。朋友、家人嫌我傻，但我知道脱贫攻坚工作大于天，心里的委屈只往肚子里咽。然而，正是我的“傻”换来了同事和领导们的赞许肯定，正是“傻”使我出色地完成了各项扶贫工作。

我小小的肩膀上扛着的是我的“小家”和贫困户的“大家”。我经常加班加点，“5+2”“白+黑”更是成了家常便饭。在高强度的工作下，我无法陪伴刚出生的孩子，照顾不了生病住院的老人。作为父亲，我对孩子是不称职的；作为儿子，我对父母是不合格的；作为丈夫，我对妻子是满怀愧疚的。但在党中央“确保2020年现行贫困标准下贫困人口全部实现脱贫”的任务安排下，作为一名党员，我对得起在党旗下的宣誓，对得起自己身上的党徽，更对得起大寨村600多户贫困户。我也想回家多陪陪妻儿、照顾父母，但为了贫困群众，为了扶贫工作，我无怨无悔。殊不知，愧对家人无人晓。在小家与大家之间，在小情与大爱之间，在小我与大我之间，我都毫不犹豫选择了后者，用行动诠释责任与担当。

路漫漫其修远兮，吾将上下而求索。我以“自家人”的扶贫情怀、帮到“心坎上”的工作方法和打“持久战”的工作思路，为大寨村开启了精准脱贫、持续发展的致富攻坚之路，忘我精神砥砺着我一路前行，就如一粒细沙，默默地铺垫在村寨的扶贫路上。

（作者时任昭通市公安局四级警长）

# 正义不灭　大爱永存

王永洪

时光飞逝，转眼间我已经来到这个光名字听起来就很美的地方（花山小米地）驻村一年多了，在这 500 多个驻村的日日夜夜，感触良多。其中，有几件事就让我终生难忘。

## 一、返乡路上

交通安全责任重于泰山。作为市应急管理局（其前身即安全生产监督管理局）的一员，驻村前，我曾常年参与安全监督和事故调查，也有过在基层工作的经验。在昭通山高坡陡的地理环境下，就注定道路交通安全是管理重中之重，这点在我还没有被安排到小米地村来驻村扶贫时就深有体会。2018 年我连续参加了几起较大道路交通事故的调查，事故发生的惨烈图片，时时会在我脑海中浮现。以前，单位出差和组织到小米地转走访，都是统一坐车外出，虽然在单位上下班也是自己开车，但道路条件等情况和驻村扶贫要经过的道路条件相比，简直不能同日而语。

我清晰地记得，2019 年 6 月 17 日那天，我轮休还没结束，乡里通知开会，所有人必须到会，有工作安排。接到消息后，我离开了短暂相聚的妻子和两个可爱的孩子，独自一人驱车赶往小米地。那天天气很好，视线不错，加上初夏时节，天气还比较凉爽。出发前，队长施林打电话给我，简单地说了下乡里要开会的大概工作安排，从 2019 年 3 月 22 日正式驻村以来，我们驻村的同志紧紧围绕上级的工作安排，心系百姓，加班加点在村上干好每件脱贫攻坚工作的事，因为我知道，群众的事就是大事，我们来扶贫，就是要把群众的切身利益放在首位，当好群众的勤务员，真正当好党和政府联系群众的纽带和桥梁。一路上，我始终谨慎驾驶，因为我参加事故调查的惨烈画面还在脑海里挥之不去，沿途风景如画，春去夏来，雨水逐渐增多，四周万物开始茂盛地生长，一片欣欣向荣的景象，犹如我正在从事的驻村扶贫工作一样，带给人以收获的希望。

当车辆行驶至彝良奎香集镇附近时，进入了一条相对平直的道路，路面相对较宽，行车条件较好，我仍时刻提醒自己，要谨慎驾驶。行至该路段中央位置时，突然在一个被土堆遮挡的十字路口冲出一辆摩托车，我虽立即紧急制动，却还是撞上了。隔着挡风玻璃我内心想“这下完了，摩托车驾驶人要成为我事故调查中的画中人了，对于我这个从农村走出来的男人来说，家里父母要赡养，几个兄弟还没有成家立业，两个孩子尚小，小的孩子还在哺乳，要是把人家撞出个三长两短，我怎么向摩托车驾驶人的家属交代，怎么向我的家人交代，怎么向关心我的单位领导和同事交代”。“赶紧救人！”这是脑袋里出现的唯一念头，其他的已经来不及多想了。于是，我急忙推开车门下车查看，发现那人正躺在地上，发出痛苦的呻吟声，摩托车倒在地上，汽油在不停地往外泄漏。我赶紧上去查看他的伤势，万幸的是我制动及时，他的伤势不重，只是左膝盖擦破点皮，我扶起他坐在地上，并询问还有没有其他地方受伤。我告诉他说我马上打电话报警来处理事故现场，然后带他去医院检查，他慢慢地站起来，活动了下身体，他感觉没事，就去扶摩托车准备走了，我赶紧叫住他，劝他说还是去检查一下。他问我干吗的，我说是去花山扶贫的，他说算了，你们扶贫的也不容易，我也没什么大碍，我自己去看看，简单地包扎下伤口就可以了。他扶起摩托车走了，我望着他远去的背影，心里万分愧疚。我打开车门，将车挪到路边，点上一支烟，深深地吸了一口，回想起刚才的一幕，双手开始发抖，幸好没有酿成大事，要不这么好的老乡我怎么向他的家人交代！

## 二、人间大爱

由于我来驻村扶贫，妻子在昭通工作，2 岁半的女儿和快满 10 个月大的儿子，全部交由年迈体弱多病的老母亲在镇雄照看。2019 年 9 月 23 日，我突然接到母亲泣不成声打来的电话，我着急地追问母亲怎么了，因为在我从小到大的印象中，母亲从未这么伤心地哭过。母亲良久说不出话来，我心里想，糟了，肯定家里出什么大事了！在我连续追问下，母亲突然来了句“你家姑娘差点死了”，我更加着急，心一下提到了嗓子眼，问母亲怎么回事，母亲就一直哭，我一直问，急得我有种快窒息的感觉，待母亲哭声稍微平息一下，才道出了其中的原委：原来，白天母亲背着小儿子带着女儿上街给小儿子买尿不湿，正当她跟别人买尿不湿时，女儿却突然不见了踪影，她背着我小儿子着急地到处找，四处喊均找不到，无奈之下母亲在旁人的劝说下立即报了警，同时继续到处寻找，最后在所有亲戚的帮助下，所幸在邻居家找到女儿，正和他家的小孩玩耍。可到了下午，母亲发现尿不湿买错了，她准备带上我女儿和儿子再去找商家更换。正准备出门时，发现我女儿还在熟睡，母亲心想，商店离住处很近，女儿熟睡可能也要很久才醒，下去换了立马回来。于是就让女儿单独在家睡觉，关上门并反锁后就去换尿不湿。可等到她回来时发现我们家楼下聚集了很多人，有些人拉着床单在下面接着，有些人抱来棉被垫在地上，大家都焦急地抬头看着上面，母亲还好奇地问他们在干吗？有个人焦急地对她说“不知道是哪家的姑娘要掉下来了”，她顺着大家指的方向看去，糟了，这不正是她的孙女吗！一下就吓瘫在了地上，脚因常年的骨质增生加上被吓到，想爬起来救孙女，却怎么也爬不起来。她赶紧掏出钥匙，请人开门救孙女。自己挣扎着爬起来。跌跌撞撞地爬到了三楼，上来时孙女也被救起。心里的大石才落下，一下倒在沙发上，抱着孙女哭成一团。当时家里来救孙女的有很多人，消防的、公安的，还有周围的邻居、路过的陌生人，为了救孙女，防盗门已被砸烂，后来听来救孙女的人说，孙女醒来后发现家里只剩她一人，就哭着喊奶奶，打不开门就搬来一条胶凳，从厨房的操作台爬到了窗子，然后掉了下去，还好有防盗窗，孙女掉下去后身子悬在空中，头卡在了防盗窗的柱子中间，路过的人听到小孩的哭声才发现。好心的邻居和陌生的路人迅速报 110 和 119，同时，有的邻居从家里拿来了床单，几个人拉着随时准备接住要掉下来的小孩，有的怕接不住又找来了被褥垫在地上。二楼的邻居怕小孩长期挂在防盗窗上窒息而死，又打开窗子，站在窗台上，用一条胶凳顶住小孩的脚，其他人用力地撬门，可由于防盗门反锁，无奈之下，救人要紧就开始合力砸门救人。

听着母亲诉说着这一切，作为七尺男儿，本应流血不流泪，可此时我再也无法控制，躲到角落里哭了，眼泪就像失去控制的大水。自成人以来，还从未这样不受控制地哭过。

我真的很感谢这些好心的邻居、陌生的路人和相关的部门。是你们给了我女儿一次重生的机会，你们就如同我女儿的再生父母，此事当时在镇雄微生活等几家媒体还上了热门。后来我扶贫轮休时，特地去找他们，诚心想感谢我女儿的这些救命恩人，但大多都是无名的英雄，找到少数几个也只是简单地说“不客气，这是我应该做的”，所谓人间还是好人多，人间自有温情在，“正义不灭，大爱永存”。

## 三、救人事件

2019年8月8日，我和队长施林、扶贫队员郭运军，到花山乡花山村走访帮扶群众，来到一户群众家中，这家的大人相当着急，沙发上躺着个4岁左右的小孩，面无血色，奄奄一息。我和队长赶紧上去用手试了一下孩子的体温，不试不知道，一试吓一跳，手还没沾上孩子就感觉孩子很烫，手沾上时，直接就吓急了，孩子全身烫手。我们一边问家长怎么孩子高烧成这样还不送医院，一边迅速地找来了他家的白酒，赶紧脱下孩子厚厚的衣服，用酒擦拭孩子颈部、腋下、脚腕等大动脉处，迅速采取物理方式帮孩子降温。擦拭完后，放下所有工作，几个人迅速把孩子抱上车，我开着车一个劲儿往乡卫生院赶。路上，孩子的家长告诉我们，因丈夫常年在外务工，自己一人带着5个小孩在家，孩子都小，村上找车也不方便。所以才一直无法送小孩上医院。

医生给小孩看了病情，输上液，看着小孩逐渐好转，我们才放下心，继续回去开展工作。这时家长拦下我们一个劲儿说感谢的话。

我们三个异口同声地说："不客气，这是我应该做的。"

## 四、入户途中

2019年7月的某天，由于脱贫攻坚任务安排，我和村上包片干部老张，去小米地上沟村民组开展扶贫工作。去的时候是小雨，去上沟的通组公路正在施工，有一处桥正在施工，桥身很窄，桥的两头呈两个90度的转弯，桥的一边就是很高的深沟。去的时候雨水小，视线还算清晰，可等到我们完成工作已是黄昏且雨越下越大。我们返回过桥时，由于天黑加大雨，视线不清，正要过完桥时，尽管已经很小心，突然车身向桥的一边倒。车不能前进，我赶紧用脚死死地踩在刹车上，并拉上手刹，请包片干部下去看看，他刚下去就大声喊“不行，车要翻下山了”，听到这话，我吓得不敢动，轻轻地转头看看反观镜，才发现后车轮有一个已经掉下了桥，下面就是很高的深沟，我再看看旁边的老张，他比我还吓得不轻，站在雨中直哆嗦，此处前不着村，后不挨店，根本找不到人来帮忙，我也不敢轻易下车，怕一下连人带车翻下山去，我思考一下对老张说：“你从后面帮我推着下，我轰下油看能否起来。”老张哪还敢去推，在那里发愣，我只好慢慢地利用手刹等方式，才慢慢爬了上来，老张上车后还在发抖，只听他感叹了一声“今天好险，差点翻下山去，要是那样我俩就凶多吉少了！”

像这样的扶贫故事还有很多。看着乡亲们的日子一天比一天好，村里的贫困碉堡被我们一个一个打掉，乡村越来越美好，越来越漂亮，乡亲们的幸福感日渐上升，脸上慢慢地堆起了笑容，我们都有个共同的感想，那就是“无论遇到多少艰难险阻，无论经历多少风雨挫折，我们从不后悔参加了这次消除贫困的战役，甚至为有幸参加这次脱贫攻坚战役而感到无比骄傲和自豪”。

（作者系昭通市应急管理局执法科工作人员）

# 我把岗位当阵地守

聂宗贵

过天命之年了，还能有幸参加国家脱贫攻坚的伟大壮举，这是我的荣耀，也是我的使命。我非常珍惜这次一生难得的机会，我把岗位当作战士坚守的阵地，坚持不空一天，务求实现不落一人的伟大目标。

我是 2018 年 4 月 16 日由昭通市第一人民医院选派到小河镇坝统村的，到现在已经 2 年多了。

初到坝统村，村情等方方面面一无所知，首要的就是走村入户遍访随访。作为第一书记和队长的我，自然要带领队员走遍坝统村的山山水水、村村户户。

这个只有 7.11 平方公里的行政村，辖 7 个自然村 15 个社，有常住人口 706 户 2858 人。盛产经济作物沙仁、核桃，但不值钱。只有种桑养蚕经济效益较好。尽管如此，这个人均只有 0.588 亩耕地的村落经济收入主要还是靠外出务工，占家庭收入的 60%。有建档立卡户 198 户 787 人，占总人口的 27.5%，到 2019 年年底只有 6 户 18 人未脱贫，占 0.63%。

脱贫归期，往事难忘，一件件总在我心里温存。

我碰到的第一件难事是，老同志跟不上新时代——不会使用电脑。

我只有把动态管理的资料纸质稿送到镇上扶贫工作站，请他们录机。遇到他们非常忙不能帮助我们，资料又要急等上报的时候，只能想其他办法。许多次我们将纸质资料照相发给我儿子或我医院的同事帮忙录机。有时量大，他们从早上一直录到晚上，以方便面充饥，在他们的支持下，好不容易在规定的时间内完成上报。真心感谢他们支持。后来通过反映，村上增加了一个懂电脑的工作人员，困难得到基本解决。但因电脑操作员才来，业务不熟，有时上报的资料太多，不能及时完成，只有向单位求援，市第一人民医院经常派懂电脑的人员帮助突击，完成资料的上报。

白喜事不喜，临丧抚慰。鲁尚碧是塘房的卡户，外出务工才三个月，因病死亡，回来的时候已是骨灰。他家就在我们住处下边 100 多米，儿子读高职，享雨露计划；女儿读高中，享助学金。出殡的头晚上我去看望他的家人，送了 200 元的礼，顺便说了些安慰的话。丧事完毕，我帮忙拆除灵棚，收拾桌椅板凳。全家满脸愁状，主劳力走了，两个孩子读书，生活压力更大。后来申请了两人低保，享受农危改拆除重建。现在老大已经毕业务工了，生活明显改善。

杨顺发是桐籽林社非卡户，快 70 岁了，老伴小他 10 多岁，家中唯一的独子，30 多岁，尚未成家，前段时间意外身亡。死亡当晚，他家联系村三委，申请两包大米临时救助，我当时拿了 300 元请包片干部带给他家，帮助解决临时困难。丧事过后，他家被纳入重点关注对象。现在他家已申领两人低保，“两不愁，三保障”没问题。

孝心不敢当，尽心暖老人。刘发珍家是鲁家营社我的包保户，她已近 70 岁的人了，有一个 40 多岁的残疾儿子，走路都很困难。一家人的生活全靠出去打工的女儿支撑。是 2019 年年底尚未脱贫的 6 户之一。我到她家走访许多次，她只是认得我本人，却总是叫不出我的名字。一次，我给了她 1000 元让她买点床上用品，她舍不得多买，才买了两床薄毛毯。人居环境整治的时候，我去帮她家清理室内外，打扫卫生；又联系单位，把换下来的旧沙发、条几、方茶几、碗柜，我找车给拉来她家使用。改变了家里面空荡荡的感觉。我带着社保信息员去她家推送岗位，她向我反映经过修缮加固过的房子受 5.18 地震的影响漏得很，大盆小盆都拿来接起。我请坝统自然村的小支书找人帮忙翻盖，我帮她出了600元的工钱。她家现两人申领低保，生活条件比原来好了许多。

圆梦路上拉一把，喊声公公心也甜。江成华家是鲁家营社我的包保户，三个娃儿分别读大学、高中、初中，短时间生活有点紧张，我同镇工作队、三委包片干部到他家作精细化管理回访，见到他读大学的女儿正在洗衣服，通过交流和访谈知道，她再过一年就毕业了，对未来充满信心和希望。临别，我拿了500元递给她，希望她努力学习，增强毕业后的竞争实力。姑娘连说几声谢谢。现在她家也享受农危改拆除重建，并且一人纳入公益岗位。孩子们读书都还可以，是最具潜力的一户。

蔡兴才是桐籽林社的卡户，已60多岁，他老伴近60岁，又聋又哑，交流非常困难。他家儿媳改嫁，有两个孙女，全家人就靠儿子一人务工支持生活。我到他家查看农危改实施进度，看见两个孙女在做作业，睁着大大的眼睛看着我，估计认不得要喊我什么，他爷爷过来教喊我爷爷，她们才喊了两声爷爷，我看两小个很可爱，我说喊公公更亲切，顺便每人拿了200元给她们买学习用品。此后，她们在去童星小学的路上遇到我都大声地喊我公公，显得非常懂事有礼貌。现在全家有两人享受低保，已入住新房子。

情如兰花，温馨永存。胡继荣是良子社搬迁卯家湾的卡户，搬家的时候，我作为工作队队长同他的包保人一起送他到卯家湾，当时我带他去买了米、油、碗筷、拖把、衣架、扫把、撮箕、垃圾桶等生活必需品，共买了250多元的东西。没过多久，他打电话给我，说要送我一盆从药山脚下找来培养的莲瓣兰花，留作纪念，让我很感动。我们的群众绝大多数都是懂得感恩的，特别懂得感党恩，正所谓点点滴滴都是情。现在他年近60岁，找工作已有困难，现仍保留他护林员公益岗位，在鲁甸上岗，并享两人城镇低保，再过两年，他儿子能外出务工，生活将会越来越好。

来村上两年多，遇死亡、新生、嫁娶、大病等红白喜事，总是要随个100—200元的礼，与群众打成一片，交心谈心，促进工作顺利开展。我是从农村出来工作的，同群众交往很和谐，受到群众的关心和爱护，总能说些掏心窝子的话。

我因年满 55 周岁，驻村两年多，特别是心绞痛频繁发作，再加上痛风非常厉害，只要停药一天就疼得不行。在即将离开的时候，对这里的山、这里的水、这里的人总有些依依不舍。

人生苦短，幸事难逢，能经此事，虽苦犹甜。

（作者时任昭通市第一人民医院派驻巧家县小河镇坝统村扶贫工作队队长、第一书记）

# 真心获得认可

李　刚

习近平总书记说过，我们对脱贫攻坚要有一种责任感、紧迫感，要带着感情做这项工作，要真正做到内心向往贫困群众住上新房，穿上新衣，向往贫困群众发家致富，奔上小康，让扶贫攻坚成为党员干部的心中事，心中石。

我是昭通市非物质文化遗产保护中心的一名普通职工，自参加工作以来，由基层单位到市直部门，一直参与扶贫工作。8 年多来的扶贫工作经历，让我深刻体会到基层干部的不易，尤其是精准扶贫以来更是不易。自 2015 年脱贫攻坚战冲锋号吹响以来，这 5 年的精准扶贫工作，最难忘的是在鲁甸县龙树镇塘房村的扶贫经历，让我认识到帮扶工作中该如何与贫困户相处并获得贫困群众的认可。总结为："扶贫，就要细心走访，真心诚意地把贫困群众当亲人来帮扶，扶出真感情，让群众从内心感到认可，心里自然满意。"

2017 年 11 月 22 日，由于帮扶对象的调整，我第一次走进塘房村。当天上午，我在塘房村委会召开完扶贫走访会议后，在 26 组和 27 组两位村民小组长的带领下，相继对自己帮扶的 12 户建档立卡户进行初次走访，初步了解贫困户的基本生产生活、致贫原因、经济来源、家庭成员结构、贫困类型、享受的政策及知晓情况等。从此，在塘房村开启了扶贫挂帮工作。

塘房村的贫困户大都热情朴实，但有两户的挂帮工作，让我花了很大的精力，从最初难于沟通到建立感情，再到获得认可，着实不一般。

一户是郑刚红家。2017 年 11 月 23 日，我第一次走进他家走访了解其家庭情况时，只有其妻子李文兰在家。我先坐下来跟她介绍我的身份和来历，耐心细致地和她交流，然后认其为姐姐，慢慢拉近距离。当与她交谈无碍后，才开始了解其家庭成员、生产生活、收入来源、教育、医疗、住房等情况。据她介绍，全家 5 口人，郑刚红经常在乡镇周边村寨去打零工，大女儿已外出打工三四年，二女儿和小儿子都在龙树中学读初中。当了解到住房情况时，李文兰生气地说："我家前面几年什么扶贫政策都没有享受到，跟我家条件和情况一样的贫困户，家家都享受了危房改造，只有我家没有，不知道镇上和村上这些人是咋个安的。"

我之前走访过的几家住土坯房的建档立卡户，都已享受农村危房改造补助政策，只有她家没有，心想：她说的问题确实存在。在她生气的时候，我又不能跟她过多地说什么，我选择先安抚她的情绪，等慢慢沟通了解。我说："大姐，你先别生气，下来我跟村委会和社长（即村民小组长）先了解你家的情况再说。"后来，通过与村委会和吴组长的沟通及走访调查，才知道她家其实在 2016 年就通过自筹资金建有 200 平方米左右的一栋砖房，但是没有装修入住。

第二次走访她家的时候，我就想跟她沟通她家为什么没有享受农村危房改造的问题。我跟她说："大姐，你上次跟我说住房的情况，通过我与村委会和社长的沟通，以及我走访调查了解到你家之前修了一栋砖房，你家不符合农村危房改造的申请条件。你可以带我去看看你家新建的房子吗？"她说："我家哪里修得有砖房？就只有现在住着这个要垮要垮（坍塌）的茅草房。"

每次到她家走访，都和她沟通了解住房情况，反复走访了三四次，她家全部人员始终不承认建有砖房。随后，我就开始走访了解她家建房的位置，到新建房的地方把房子全景拍照下来。在第六次走访时，我就把她家新建的房子全景照片翻出来让她看，看后她终于承认有自建房。她说："这房子都是我家自己苦钱建的，从没享受过政府一分钱的补助，主体修起来就没有钱装修了，也搬不进去住……"她的话让我明白了她家心里的想法，最需要的是什么。通过几次和驻村队员及村组人员的分析研判，如何帮助她家把房屋装修完，早日搬迁入住成为她家的主要帮扶措施。最终，经过耐心走访、沟通协调，帮助她家申请了部分资金解决房屋装修的困难和孩子职业教育的困难。当她家准备搬新家时，打电话给我说："兄弟，我家过几天要搬家了，你得闲的话过来我家玩。"听到她电话里面的话我心里踏实了。

另一户是蒋德喜家。我前几次走访他家了解情况的时候，他都是不理不睬，一句话也不想跟我说的样子。每次到他家走访，我都想尽办法和他家家庭成员进行交流，但无论如何都拉不近彼此的距离。我心想：他家是不是有什么对我不满意的，还是有什么其他情况？

我带着这个问题，对他家的情况进行分析，当分析教育帮扶措施时，我注意到他家成员里有一个大学生和两个高中生，我就开始从教育扶持方面下功夫，了解大学生和高中生的教育扶贫政策。通过仔细询问了解，他家正读大学的二女儿符合享受"雨露计划"改革试点资金补助的条件。带着这个帮扶政策，我又走访了他家。我说："蒋哥，我帮你了解到一个政策，你家上大学的二女儿，符合'雨露计划'教育补助的申请条件，根据现在政策每年有3000元的补助，待镇村通知可以申请的时候我提前告诉你。"听后他非常高兴，对我说："小李，谢谢你！你能这样主动地帮助我家，太感谢了！"有了这次的政策搭桥，我们之间的障碍打破了，交流自然就多了起来。

2019年8月下旬的一天，老蒋打电话说："小李，我家小儿子今年也考上大学了，请你帮我申请一个教育补助。"我斩钉截铁地回答道："好的，蒋哥，恭喜恭喜，又出一个大学生了，这件事情我一定放在心上，等县里面通知申请的时候我告诉你。"后来，通过积极申报，他家两个孩子都享受了

“雨露计划”改革试点资金补助。这时，在外务工的老蒋高兴了，连连打电话感谢我！从此，我们的关系也变得更亲近了。直到有一天，他才跟我说了实话：“小李，之前挂包我家的那个干部直接不真诚，不跟我讲扶贫政策，也不为我们争取扶贫政策，在我家跟我吵了一架……”听完这话后，我终于明白了为什么之前他总是拒绝与我交流。人心都是肉长的，只有你交付真心，别人才会以礼相待。

这样的亲身经历还有很多，亲见和亲闻的事例也很多。通过我个人对扶贫工作的亲历、亲见、亲闻，总结基层帮扶干部要获得群众认可，需做好以下三点：

真心对群众。感情是基础，干部群众是一家。在塘房村 3 年的帮扶中，我用心用情打好关系基础，带着深情亲近群众，不把自己当干部，诚心对待群众，“掏心窝”与群众沟通，说真心话。主动找群众聊，多从群众角度看问题，用群众听得懂的语言、信得过的方式，把群众工作做实、做深、做细、做透，听群众真实想法，听得进“刺话”，“零距离”融入群众中去，争取群众支持。

真力帮群众。做好帮扶工作，帮扶干部还必须要使真力。我运用好自己所掌握的扶贫政策，真正做到办实事、办好事、解难题，确保把自己的本领用在关键点上。基层工作要直接面对群众，要想做好群众工作，必须知道人民群众的所急所需。脱贫攻坚工作，需通过实实在在的帮扶得到群众的认可，这里面的成功真正也来源于干部站在群众的角度思考，认真审视群众的需求，想方设法为其寻找发家致富的出路。

细心去走访。带着细心去走访，做到有的放矢。走访户前，要认真了解全村的基本情况以及走访的群众类型，群众对政策的知晓情况。带着诚心去走访，做到将心比心。在走访过程中，尽可能地到群众家中看一看，听一听，采用拉家常的方式，以请教的语气，重点了解群众家庭生产，生活中存在的问题，对群众要实话实说。在走访过程中，看到部分群众生活相当艰苦，特别是一些病残家庭、群众年老、身边无人照料、房屋破旧、生活贫苦时，应一一进行了解记录。在处理困难群众问题时，结合有关政策，要有耐心，动之以情，晓之以理，一遍不行，要讲两遍，三遍。一次不在家，就走两次，三次，来调处解决问题。走访群众时，很多群众都积极配合，他们对我们的工作都非常理解和支持，又是倒茶，又是拿凳子让我们坐。经常走访是拉近群众的距离，打好群众基础，无形中为社会和谐稳定做出贡献。

（作者系昭通市非物质文化遗产保护中心工作人员）

# 不负韶华　不负人民

李延洲

2019 年 4 月 1 日，对，就是在“愚人节”那天早上 8:30，我正坐在办公室开始一天工作的时候，医院领导打电话通知我到他办公室，叫我收拾行李，立即出发到巧家县小河镇山堡村干扶贫工作，担任驻村第一书记、扶贫工作队队长。这绝对不是领导给我开“愚人节”玩笑。当时我也存在很多个人困难，娃娃太小，才上小学二年级，妻子单位在城外，无法接送和看管年幼的娃娃。但是，医院领导说，这是命令，必须得去！我是党员，必须服从组织的安排。接到命令后，我匆忙在学校附近为娃娃找了一个学生之家，含泪让上小学二年级的儿子从此自己穿过马路上学和回家。

4 月 3 日上午 8：00，我和新调配的队员谢育波从昭通出发赶往巧家。上午 11：00，到巧家县委组织部报到，之后在巧家县城匆匆吃过午饭，驱车赶往小河镇，下午 4：30 终于到了巧家县小河镇。在小河镇报到之后我们自驾车沿着弯曲、狭窄、陡峭、刺激的盘山公路，从牛栏江一直爬到大药山的半山腰，这里就是我们扶贫的地方——山堡村。

出发之前，已经给自己做了充分又充分的思想准备，但是到了目的地，还是让我吃惊又吃惊！山堡村有 15 个自然村，38 个村民小组，30 平方公里的面积，单从这个数据来排名，我想山堡村应该能进全国前十吧！山堡村是一个典型的高寒贫困大村，地处大药山的半山腰，最低海拔 1500 米，最高海拔 3500 米，村委会位置 2200 米，居住着 1096 户 5121 人，有建档立卡贫困户 316 户 1359 人。

我这个从未接触过脱贫攻坚工作的新队长，来到这个全新的工作环境、全新的工作岗位，必须及时全面多渠道了解、学习扶贫知识，掌握山堡村的实际情况和扶贫工作状况。过了两三天，大体了解了实际情况之后，我深深地吸了大药山上的一口凉气。

山堡村扶贫工作的艰难和重担不只是千斤重啊！万斤有余！山堡村原党支部书记由于违纪被双开，村“两委”班子也有被处分的、自动辞职的，现在村支部书记也是临危受命，只是比我先到一步，村主任和现任党总支部书记也被群众举报，村主任递交了辞职申请，现总支部书记也到县纪委接受调查，村“两委”基本处于瘫痪状态，村党组织被挂上软弱涣散基层党组织的黄牌。

再看扶贫工作，建档立卡户资料不齐，极少数卡户识别不精准，近年来农危改只实施了 51 户，2018 年四类对象农危改指标也才进入启动阶段，2019 年非四类对象农危改正在启动指标三评四定工作，放眼望去，全村到处是开裂、危险的土坯房，砖混的安全住房屈指可数！此时我才明白，单位召回原扶贫工作队队长，把如此重的任务交给我，是对我多么信任和考验啊！

还好，过了三天，村党总支书记从县纪委回来，群众举报他的问题经调查不属实。我和村支书仔细协商：

必须先物色几个合适人选充实村“三委”班子，凝聚班子力量。我们多方打听，最后物色到五个高学历高、品行端正的年轻人，吸收进入村“三委”，充实了班子力量。

由于脱贫攻坚已经到了决战的最后关头，留给我们的时间已经不多了，为了提高工作效率，防止相互之间推诿扯皮，压实责任，更好地完成工作，我们整合村“三委”、驻村工作队和镇上工作队队员，将全村分成八个片区，年轻的和年长的相互搭配，两人负责一个片区的全部工作。

全面开展建档立卡户档案资料完善和识别不精准户的三评四定工作，通过精准识别，动态管理，最后建档立卡户确定为 299 户 1335 人。

全面推进四类和非四类“农危改”工作，由于数量太多，建材运输困难，群众思想不积极，我们要求管片人员每天入户宣传动员，每周上报建设进度。

通过安排部署，督促工作开展，不到一个月时间，山堡村所有工作终于步入正轨。经过村三委和驻村工作队全体成员两个月的“5+2”、“白加黑”的拼搏，档案资料全部补齐，各项工作跟上了进度。

突然，有一天中午，我发觉心闷、头晕加重、口干舌渴，休息一会儿也不见缓解，请我们队员谢育波送我到小河镇卫生院检查，到镇上感觉胸闷适当减轻，医生给我测血压，197/127。我从来没有出现这种情况。卫生院什么药也没有，也不知道怎么处理，建议我到上级医院检查治疗。由于工作实在走不开，我吃了几颗丹参片感觉好一点，我们又连夜赶回村上，从此我就成了高血压患者，身上又多了形影不离的高血压药。

山堡村水资源丰富，但是以前群众自行引水的管网质量差，吃水不能完全保障，5 月中旬，开始对山堡村 22 个村民小组实施水网改造，要求 6 月 30 日前完工。这项工作覆盖面广，时间紧迫，工作量大，资金不足，需要群众投工投劳，我和支书逐社召开群众动员大会，苦口婆心叫大家积极支持并做好这项工作。施工方随喊随到，解决难题，支书和我经常晚上 12：00 还在山上处理问题。经过大家共同的努力，山堡村的管网工程 6 月 30 日前全部建成通水，是小河镇水网工程进度最快的。

昭通市第一人民医院作为山堡村挂钩帮扶单位，筹资 30 万元开挖了连接店子和山脚的公路，让 1000 余名群众出行少绕 30 分钟的车程，方便了群众的出行。另外，按照村脱贫出列的要求，医院筹资 35 万元在村委会旁修建了村级老年活动广场和活动室、公厕和群众休闲的亭子。大大改善了村委会旁的卫生环境，提供了群众活动的场所，满足了村出列的条件。

由于山堡村地理条件限制，为了促进群众增收，能外出务工的劳动力全部外出务工，增加收入。不能外出务工的人员，让他们享受政府补贴的小额信贷发展牲畜养殖和发展生产。为了山堡经济的长远发展，医院结合实际引进了好医生集团到山堡种植半夏。一年后，山堡村种植的半夏产量达到500kg/亩，产品质量最优，是好医生集团在全国种植半夏中产量和品质最好的，好医生集团决定将山堡作为其半夏种植的重要基地。群众种植半夏每亩可以增收5000—10000元，这将是山堡村今后农业发展的长久支柱产业，将为群众带来很好的经济效益。

2019年4月驻村以来，我带领驻村队员和村“三委”一起，紧盯“两不愁，三保障”，立足实际，补齐短板，到2019年12月，全村完成农危改487户，人饮管网工程22个村民小组。另外，还完成了手机APP入户核实、精细化管理入户摸底核实工作，建档立卡户动态管理、易地搬迁卯家湾、拆违拆旧人居环境整治；户连心贷档案资料完善等工作。对标对表，299户卡户290户脱贫，村出列也全部达到标准。2019年驻村8个月，我们克服了重重困难，夜以继日地开展工作，我总休假只有27天，经常一两个月才回家一次。春节回家，又得知妻子被人骗刷信用卡20万元，给我们这样收入不高的工薪家庭带来了严重的经济压力。

当各项工作如期推进，经过各级抽查检查，脱贫攻坚工作都非常满意的时候，5月18日发生了一场突如其来的地震，我们又投入到抢险救灾、安置群众的工作中，我3个昼夜没有休息，万幸的是，山堡村没有出现人员死亡，只有三人轻伤，新建的农村危房改造住房都完好无损。救灾核灾之后，立即启动了灾后重建工作。

2020年7月，顺利通过了脱贫攻坚普查工作。

终于，现在可以松一口气了。站在我们医院修建的亭子里，放眼望去，蓝天白云下，青山流水间，一年前的破旧土坯房不见了踪影，家家户户住进了砖房，群众安居乐业，山堡村发生了巨大的变化。这一年多的辛劳与付出，没有白费。终于可以自豪地说：“不负韶华不负卿，不负人民不负党。”

（作者时任昭通市第一人民医院派驻巧家县小河镇山保村扶贫工作队队长、第一书记）

# 一个驻村扶贫队长的365天

艾自由

**开篇的话：**

到2020年，誓让7000万贫困人口和全国人民一道迈入小康社会，国家动真格了，22个省、区、市立了脱贫军令状！云南也不例外，昭通更不例外。2016年，作为昭通市委组织部人才工作科科长，作为派驻威信县庙沟镇马河村扶贫工作队队长、第一书记，作为一线扶贫的党员干部，我有记琐碎“流水账”扶贫日志的习惯。现从当时一年多所记的2.5万字驻村扶贫日志中节选一部分，连点成线，连线成面，看看我在革命老区威信县实现“天下无穷”的目标所留下的点点心路印痕！

## 2016年2月19日　庙沟马河　阴

今天，由昭通市委组织部牵头协调，昭通市农业学校和庙沟镇政府、马河村委会承办的庙沟镇脱贫攻坚土鸡养殖技能培训班开班，庙沟镇和马河村两个培训点同时开班，前来学习的群众达160人。

“我原以为养鸡就是搭个篷，每天撒点饲料，没想到还有那么大的学问，今天真是来得值了。”来自马河村刘家坳村民小组的群众杨永书说。为办好这次培训，昭通市农业学校派出了4名理论功底深厚、长期从事养殖业专业研究的教师来到庙沟，在2个班次上分别从土鸡养殖效益、养殖技术、鸡场管理、鸡病预防控制、相关法律法规等方面，就土鸡养殖的封闭化、自动化、信息化、网络化和规模化等问题，为参学群众作了深入浅出的讲授。

### 3月15日　庙沟马河　晴

下午，沐浴着温暖的阳光，全体驻村扶贫工作队队员现场为院子村民小组中型土鸡养殖户发放鸡苗，为示范带动全村扶贫户脱贫致富打下坚实基础，是落实全县精准扶贫、脱贫攻坚的有力举措。总共发放1700只，其中龚文科、龚文友、吴开友、吴开贵、江申银、骆怀香、余汝云、李朝海8家各200只，黄朝友家100只。

### 5月10—13日　庙沟马河　晴

四天来，马河村驻村扶贫工作队与镇村干部一起，顶着大太阳，在做通院子村民小组群众工作的基础上，勘测完成了马河村百万羽土鸡孵化基地所需16户21.66亩土地的征地工作。从13日起进行征地面积公示无异议后，将按耕地每亩2.5万元、青苗每亩1000元给予兑现补偿。

### 6月17日　庙沟马河　晴

今天，物色了7名建档立卡贫困户参加在庙沟镇扎实沟村举办的威信县农村劳动力转移培训庙沟镇中式烹调师培训班。据悉此次厨师培训为期半个月，全镇共有26名建档立卡贫困户参训。专程从宜宾请来高级烹调师进行专业培训，培训合格后将颁发国家承认的中式烹调师初级技能资格证书。

另外，伴随着挖掘机的轰鸣声，马河村百万羽土鸡苗孵化基地正式破土动工，挖通了龙洞沟至基地的毛路。之后将加班加点抓紧搞“三通一平”，抓实工程进度，力争年内投产使用。

### 7月5—6日　庙沟马河　晴转阴

马河产业扶贫迈出实质性步伐。昨天，我和驻村扶贫工作队队员韩本朝、曹凤波以及村党总支副书记吴开前、计生宣传员胡永一道，前往刘家、沟底村民小组，向10户建档立卡贫困户发放鸡苗1120只。今天，我和驻村扶贫工作队队员曹凤波、陈雨豪，村党总支书记白孝全，马河村委会副主任徐先仲，村委会委员白江，计生宣传员胡永、白静一道，前往芭蕉、新斑村民小组，向28户建档立卡贫困户发放鸡苗2394只。

### 10月10日 庙沟马河 阴

今天，我和韩本朝去看刘家坳公路。通过市委组织部陈真永部长的亲自协调，争取600万元新建的马河村刘家坳片区7.5公里公路，路面硬化全面完工，解决了刘家、新班、芭蕉、沟底4个村民小组298户、1252人的出行难问题，成为马河村刘家坳片区的脱贫路、致富路、发展路，为当地老百姓脱贫致富奔小康奠定了良好基础。

从这条“致富路”步行回村公所，才突然想起今天是双十日，又称十全十美日。其实，工作没有十全十美，尽心就好；生活没有十全十美，简单就好；朋友没有十全十美，真诚就好；爱人没有十全十美，真心就好；亲人没有十全十美，和睦就好；幸福没有十全十美，知足就好；人生没有十全十美，快乐就好！

### 11月15日 庙沟马河 晴

今天天气大好，还不到八点钟太阳就出来了，似有“小阳春”的味道。

上午，我和村委会主任余宗华陪同威信县委常委、组织部长邬春梅到对秋村民小组，详细了解邬部长挂钩的毕敬文、毕敬武、宗大凤、孟忠信、周清卫5户贫困户建房已完工，进入装修阶段；到院子村民小组，视察正在抓紧建设的投资1500万元的马河村百万羽土鸡苗孵化基地和投资200万元的前锦林下土鸡养殖基地。

中午，和扎实沟村扶贫工作队队长吴晓华会合，陪同邬部长实地查看扎实沟村谢家寨异地搬迁集中安置点。

下午，我和镇党委副书记刘道宇、村委会主任余宗华一道，陪同威信县林业局张维谦、县林晟毛叶山桐子开发有限公司张朝雄等有关技术人员再上刘家坳片区召开群众会进行宣传发动，就种植毛叶山桐子签订《种植合作协议》和《土地流转合同》具体事项作进一步解释，群众积极性较高。

这一天蛮累的，步行了21136步，居“乐动力——昭通市委组织部健步走”活动排行榜第一名，占领封面并获30名微友点赞。

### 11月20日　庙沟马河　晴

今天天气仍然大好，“小阳春”仍然继续。

我和市县委组织部工作队队员韩本朝、王飞、曹凤波，威信县委常委、组织部长邬春梅，庙沟镇长张万春等一行，陪同市委组织部常务副部长铁云峰，先上马河村刘家坳村民小组，详细了解市委常委、组织部长陈真永部长挂钩的7户贫困户，廖珍秀、吴天青2户已脱贫出列，杨学书、杨学友、王帮贵3户建房已完工进入装修阶段，吴开元1户正在支模打板，吴开仲1户未建房。随后，又去扎实沟村详细了解了铁常务挂钩的5户贫困户，也能确保11月底建房完工。

在视察扎实沟村猕猴桃基地折回谢家寨异地搬迁集中安置点时，和随机调研的威信县委副书记、代理县长肖顺兴偶遇。

之后，铁常务又视察了正在抓紧建设的投资1500万元的马河村百万羽土鸡苗孵化基地。

### 11月21日　庙沟马河　晴转阴

经过全体村干部、驻村工作队队员的共同努力，历时10天的对马河村2014年、2015年58户，2016年175户建档立卡贫困户“一户一档”资料分A段、B段、C段进行信息采集和动态调整工作，至11月20日A段、B段、C段的入户调查信息采集和动态调整工作全面结束。

而接下来的工作仍然任重而道远，需要全力以赴。11月30日前要将马河村233户每户2页的建档立卡贫困户“一户一档”A段信息录入到全国精准扶贫开发信息系统，12月31日前要将每户18页的C段信息录入到昭通市精准扶贫数据管理平台，明年1月30日前要将每户2页的B段信息录入到云南省精准扶贫大数据管理平台。

难怪11月5日至9日，县、乡、村层层多次召开扶贫对象动态调整和建档立卡信息采集录入工作培训会，对这项全省统一部署的点多面广数据多时间长的工作进行细致入微的具体安排。

### 12月1日 庙沟马河 阴

作为贫困村退出的一项硬性指标，要建有标准化村卫生室，要求每1000常住人口医疗卫生机构床位数达到1.2张。而马河村4302人中在家的常住人口有3000人左右，目前设在村公所一楼的马河村卫生仅有50平方米，要放下4张床位达标显然比较困难。

今天，新建马河村卫生所破土动工，征地0.9亩，拟由威信县卫计局投资20万元，建两楼200平方米，2017年春节前后完工。地点在院子村民小组桥头，与马河村百万羽土鸡苗孵化基地连成一片，位居苏家拗片区、刘家坳片区、对秋坡片区之中间地段，颇有点小桥流水人家的味道，便于广大老百姓就医，从而为2017年年底马河村脱贫摘帽出列又走出了实实在在的一步。

### 12月7日 庙沟马河 晴

今天，马河村分成15个选区，提名县、镇人大代表。我和庙沟镇新农保办的陈斗忠负责苏家拗选区。在村民小组长白孝礼宽敞的院坝里，我先为来开会的抽烟选民发了一排烟，介绍了马河村一年来的扶贫工作成效，当大家听到我们市委组织部陈真永部长今年争取资金修通刘家拗村组公路、明年拟争取资金修通对秋坡村组公路时，大家都很激动。当听到明年镇上将利用整乡推进修通苏家拗村组公路时，大家更激动了，你一言、我一语，晒着太阳憧憬着3.9公里苏家拗村组公路修通后的幸福生活。

随后，我们言归正传，举手表决通过了县、镇人大代表选举办法，我简要介绍了政党提名的县人大代表候选人、县委组织部邬春梅部长的简要情况后，苏家拗村民小组长白孝礼提名，19人联合签名提名马河道红小学闵华、村妇女主任陈孝英为威信县人大代表候选人，苏家拗党支部书记杨仕敏为庙沟镇人大代表候选人。

在昭通市委组织部领导的关心协调下，昭通市红十字会支持棉被200床、冬鞋200双，社会组织瞳博公益联合党支部支持冬衣、童衣等服装50箱约600套，帮助部机关挂钩扶贫村的贫困群众温暖过冬。当天，随同大货车，马河村扶贫工作队队员韩本朝将满载爱心的御寒物资从昭通运抵马河村、扎实沟村，一村分发一半，同感温暖爱心。

### 2017年1月13日　庙沟马河　阴

今天，市委组织部部务委员牟汉、大学生村干部管理科科长马开孝在威信县委组织部常务副部长杨令、县直工委书记杨华和庙沟镇党委书记周林的陪同下，在马河村，集中看望慰问了庙沟镇8名大学生村干部和选调生。

在随后的座谈中，我作为马河村驻村扶贫工作队队长、村党总支第一书记简要介绍了马河村扶贫工作队抓实驻村队员管理、促进扶贫开发与基层党建双推进的相关情况。大学生村干部和选调生们畅所欲言，汇报了工作以来的感悟和带领基层群众脱贫致富的具体情况。牟汉听了后，勉励村干部和选调生服务群众要白天“走干讲”、晚上“读写想”，要做到“四疼”——走得脚疼，讲得嘴疼，看得心疼，想得头疼。要以一颗赤子之心让青春在基层绽放出绚丽的花朵，打造昭通大学生村干部和选调生的亮丽名片。

### 1月23日　庙沟马河　阴

人来山更佳，人去山如画。从2016年1月24日驻村马河，到今天刚好365天。

一年来，我组织工作队队员创办发布“马河之声”公众微信40条，编发“马河村脱贫攻坚工作简报”、马河村“两学一做”工作简报、“马河村两委换届选举专刊”“马河村人大换届选举工作专刊”第15期。我个人发挥写作特长带头撰稿，坚持记驻村扶贫日记22000字，在《中国组织人事报》《云南日报》《昭通日报》《昭通经济与社会》《昭通党史党建》等报刊和云南网、云岭先锋网、驻村扶贫日记、微昭通、红色扎西等网站、公众微信号发表马河村脱贫攻坚工作日志、通讯消息、经验交流等方面文章10多篇，为马河村脱贫攻坚2017年决战决胜、摘帽出列营造了良好舆论氛围。

一年来，本着全村179户664人建档立卡贫困户一个也不能掉队的思想，我们撸起袖子加油干，驻村扶贫工作队切实做到了让贫困户满意、部领导满意、县镇村干部满意和社会各界满意。作为马河村驻村扶贫工作队队长、村党总支第一书记，我是很欣慰的，这是工作队和村三委群策群力、团结干事的结果，更是部领导大力关心、鼎力支持的结果。

作为新千年后最接地气的一年，诚如《昭通日报》总编辑吕翼昨天给我的微信留言：“时光荏苒，一年过去，底层的泥土和汗水给你滋补。”今天，做好春节走访慰问所有建档立卡贫困户及五保老人扫尾工作，安排春节放假及值班有关事宜后，我们工作队准备放假调休，热热闹闹、轻轻松松过春节了！

### 2月3—7日　庙沟马河　阴

鸡谐音为吉，2017年是鸡年。正月初七，立春即至。马河驻村扶贫工作队春节收假，收假收心收党费，驻村扶贫继续行！

2月3日，大家上午到村后谈谈春节美食、集中交纳2月党费，下午收到昭通市委组织部办公室发来的《“农业圣地”再起舞》批示件：“庙沟发展的短板在产业，产业弱的背后是自给自足的经营模式，请周林、自由、晓华认真学习‘土地银行’做法，在产业发展上走出一条新路。”

2月7日，上午召开马河村办公会，庙沟镇党委书记周林宣布镇党委副书记郑健和党委组织委员胡钊挂点马河村、挂职马河村党总支书记的白孝全回镇上任镇林业站站长、马河村委会主任余宗华主持马河村工作后，就马河村 2017 年脱贫攻坚、产业发展、村组公路建设、卫生整治等重点工作提出了指导性意见。为落实好昭通市委组织部陈真永部长的批示件精神，由我全文领学了中国工程院院士、河南省农业科学院院长张新友发表在《光明日报》的《“农业圣地”再起舞——陕西杨凌助推农业现代化》一文，特别是杨凌通过组建“土地银行”搞活土地流转，推进规模经营的先进做法。通过学习，大家明白了体制机制创新和科技创新是发展的根本动力，而马河要借鉴杨凌经验因地制宜在产业发展上走出一条新路任重而道远。晚上郑健又主持召开马河村办公会，余宗华就 2017 年马河村三委和工作队包片做明确分工、责任到人，并就近期的脱贫攻坚、农业普查、产业发展、村组公路建设、卫生整治等工作作了具体安排。

### 2 月 23 日　庙沟马河　阴有小雨

在人生的履历表里，凡属于你活得很累的那一段，常常会留下最有意义的一笔。从 1998 年 11 月 23 日儿子艾啸出生那天以来 18 年多，从威信县委组织部到昭通市委组织部，我的组工干部生涯伴我走过青年到中年，整整一代人。在我活得很累的这一大段时光里，有两个很接地气的时间节点值得一提，2007 年 3 月至 2008 年 3 月参加昭通市第一批新农村建设指导员工作，任威信县扎西镇新农村工作队副队长、扎西镇墨黑村新农村建设指导员；2016 年 1 月至 2017 年 2 月参加昭通市第一批驻村扶贫工作，任威信县庙沟镇马河村驻村扶贫工作队队长、第一书记。昭通市委组织部的挂钩点十年来一直在威信，而我作为一个地地道道的威信人，因需要基层工作经验脱产派驻挂钩点而结缘。因为这种缘分，我和不少所在镇村干部和工作队队员结下了同志加弟兄的情谊！

站好最后一班岗，做好驻村轮换哨。按照省、市、县有关 2017 年度驻村扶贫工作队队员轮换调整工作的有关要求，2 月 28 日前做好马河村驻村相关扫尾工作及轮换衔接事宜。3 月，我就要从昭通市委组织部马河村驻村扶贫工作队队长转向到昭通市文联履行副主席岗位；6月，在昭通市实验中学就读的儿子艾啸就要参加高考。今年，对于我来说，或许应该牢记住脾气永远不要大于本事，切实把时间分给靠谱的人和事为宜！

天下没有不散的筵席，不散的是难忘的驻村岁月。“路漫漫其修远兮，吾将上下而求索”。很快就要别了，庙沟马河。

（作者时任昭通市文联副主席、市文艺评论家协会副主席）

# 驻梭山镇埂底村、挖水村扶贫琐记

艾祖斌

## 一、报到　进驻

2017年3月，单位将派我到市政协挂钩扶贫点——埂底村任驻村工作队队员，开展脱贫攻坚工作。

市政协自2011年就开始挂钩扶贫挖水村，帮助协调项目资金1000余万元，改造升级了从梭山镇通往挖水村的15公里弹石路面，改变了以往道路坑坑洼洼、晴通雨阻的状况，大大方便了干部群众生产生活；还建设了人畜饮水输水管道，从十几公里外的大山包脚下引来稳定的自来水水源，家家户户门前都有水窖蓄水，基本解决了挖水村全村人畜饮水困难；又帮助争取实施农网改造项目，完成全村电网改造，电费从以前的每度2元5角降到现在的4角5分，群众用电经济又方便；在产业建设方面，协调鲁甸县农林部门，帮助挖水村种植核桃300余亩，协调争取鲁甸“8·3”地震危房改造项目，在民房改造等方面也取得了极大进展。通过多年帮扶，挖水村已有一定基础。

但是埂底村是市政协自2016年才开始挂钩帮扶的，帮助5万元资金疏通了一度堵塞的德政沟渠，其他诸如通往各村民小组路面硬化、变压器升级、危房改造等工作还都需要花大力气去做。

3月7日，市政协正处级干部廖德旗带领马贤龙、牟亚心和我前去报到。

早上9点出发，经过近3个小时山路颠簸，于中午12点到达梭山，受到梭山镇党委书记马勋恒、镇长李春伟、副镇长陈静热情接待。

午饭后开个小座谈会，商讨驻村开展脱贫攻坚事宜。2016年，挖水、埂底两村在市政协和有关部门帮助下新建了办公楼，但是办公设施缺乏。廖德旗答应帮助争取15万元经费解决两村购买办公设备包括驻村工作队队员寝床、办公桌问题，以便让工作队队员能够安心住下来开展工作。

## 二、帮助呼吁恢复了一所完小

市政协早在2011年起就开始挂钩扶贫挖水村，2016年我到挖水走访贫困户时，了解到拥有2000多人口的一个行政村竟然连一所完小都没有，感到十分震惊，当时同行的市政协科教文卫委主任宗德云震惊之余，表示要帮助向教育部门呼吁让挖水村小学恢复成完全小学，当年派驻挖水村的市政协研究室副主任马秀付也为此事专门作过调研，形成调查报告积极向有关领导反映，一直未获解决。1月6日我和办公室廖德旗主任一起去挖水村慰问贫困户时，也和镇党委政府的领导说起挖水村小学的事。当时有一种意见认为，那里招不起学生，有条件的人家都把孩子送到梭山小学读，连刚好在那里开展文化活动的一位鲁甸文化名人也说，挖水村教学质量不高，家长不愿送孩子在那里上学。也有的意见说教师不愿意在那里教书，或每年招进的教师在那里只是挂个名，实际上是在梭山镇上上课。

教育是阻断贫困代际传递的根本措施。我决定利用一切机会帮助呼吁，一定要让挖水村有一所完小。由于工作调整，得知我将作为工作队队员到挂钩村参加驻村脱贫攻坚工作，我就将了解到的情况向新任市政协党组成员、办公室党组书记、秘书长人选范晓斌反映，并将马秀付所写调研报告送给他看。他说，等我找教育部门的同志协调解决。我甚至还准备在新一届政协一次会议召开时，请几名政协委员就此事提交一个提案，但是，经市政协、梭山镇和教育部门的领导关心，事情已经初步得到解决。下学期在挖水小学读三年级的学生就不再到梭山镇上读，就在本校升入四年级，这样，经过三年时间，挖水村就有小学六年级，成为完全小学了。

## 三、初次填写报表

2017 年 3 月 9 日，一个初春的好晴天。昨晚，驻埂底村扶贫工作队队长马贤龙打电话说，梭山镇要求填报脱贫攻坚工作有关报表，说必须在 3 月 9 日晚上 8 点钟以前填报完毕，要我与他一同去。早晨，马贤龙联系了一辆农村小面包车，我们于 11 点钟到达梭山。埂底村总支书记张福奎和挖水村总支书记卢正雄也在。我们立即在镇政府办公室开展工作。

先由负责梭山镇有关扶贫数据录入工作的同志帮助我进入“云南省精准扶贫大数据平台”，并做了如何填写有关数据信息的示范，然后我开始试着操作。工作进展比较慢，由于外面是大晴天，天气比较热。在昭通还是比较凉爽的天气，可在梭山气候已如夏季。成群的苍蝇乱飞，不时盯上人的额头、鼻梁，不胜其扰。

匆匆吃了午饭又开始工作，在城里按时上下班享受午休那种悠闲安逸就别提了。填写每个建档立卡户的脱贫计划、帮扶措施、进村入户帮扶日志，忙得头昏脑涨。马贤龙不熟悉电脑操作，就和埂底村监委主任姜寿武一起帮助翻找档案，由我动手填写。挖水村的有关数据信息则由梭山党镇办的同志们帮助填写。到下午 4 点时，见我一个人进度较慢，马贤龙又请已经填完其他村数据的两位同志帮忙，这样吃了晚饭又继续干，直到晚上 8 点，终于填写完毕。

干完这件事，我有种要虚脱的感觉。

到旅社休息一会儿后，马贤龙又约我一起出去散步。我想活动一下也好。二人走出行人稀少的街道，走出集镇，忽然发现月色格外明朗。农历二月十二的月亮高悬天空，照耀着环绕集镇的群山。牛栏江大峡谷沐浴着银色月光，显得神秘而壮美。好久没欣赏到这样奇妙的夜景了，兴奋之余，一天紧张工作的疲劳一扫而光。

## 四、落实危房改造

4 月 24 日，近来旱情解除，烟雨蒙蒙。早上 8 点 50 分，我第一次尝试开我那辆捷达车到梭山，采用手机百度地图导航，由于有雨有雾，我开得比较小心，也比较慢，中午 12 点才到梭山镇。

中午饭后，与埂底村总支书记张福奎、主任王成霖一起汇总上周开展工作情况，决定由镇里挂钩埂底村的梭山镇司法所长罗峙在会上作情况汇报。下午 3 时，梭山镇召开脱贫攻坚专题会。镇长李春伟主持，听取各村工作情况汇报后，副镇长陈静对县里分给梭山镇的 142 户农村危房改造指标作说明，并分配到各村。埂底村分到 14 户农村危房改造指标，另有 14 户易地搬迁指标。按政策，农村危房改造每户补助 10200 元，易地搬迁每人 2 万元。

我们当晚住在镇上。4 月 25 日早餐后，家住梭山社区的埂底村总支书记张福奎开着他那辆农用面包车接上我一起到 5 公里外的埂底村。我们开始做落实易地搬迁和危房改造地工作。村副主任何方平、监委主任姜寿武参加。

4 月 26 日早上，继续做落实易地搬迁户和危房改造户工作。与张福奎、王成霖、何万平一起到梁子组作农户建房地界纠纷调解工作。原来叫张某的人家建房时，一条小路改道，与其堂弟因多种一棵核桃树的位置发生纠纷。鸡毛蒜皮的小事，但不解决好，也会引起矛盾冲突。

张家有几棵樱桃树，樱桃成熟了，我们问他为什么不摘去卖呢，他说难得整，距离集市太远，路又不好走，摘去也只卖点路费吧。他热情招呼我们摘些来吃。因近期雨水多，阳光少，樱桃味道还不够甜，有点酸，但是很解渴。我们一边吃樱桃，一边给他讲邻里之间互谅互让的道理，思想工作也做通了。

下午，与张福奎、王成霖、何万平一起到姜家坪子。眼睛几近失明的方廷山不知到哪里去了，他的土坯房屋虽然盖了瓦，但后墙头漏雨，土墙被雨水浸泡，随时有倒塌的危险。张福奎问我怎么办，我说，把他送到养老院吧。张说，梭山的养老院还没建好，另外，他也不去。我问方廷山还有什么亲人吗，张福奎说，方廷山还有80岁的老父亲和一个哥哥，父兄都在思茅。我们商议的结果，是不能眼看着这土坯房倒塌危及方廷山的安全，决定给他一个危房改造项目，虽然政府只有10200元补助，但和当时正在村委会办事情的一个建房师商议，建30平方米的两间房屋约需2万元，再想点办法筹1万元款就够了。我们打电话给挂钩帮扶方家的市政协人资环委主任吴学刚谈这事，请他能不能帮助筹点。随后，王成霖打电话与方的哥哥联系。没想到，方的哥哥非常爽快地表示，愿意回来帮助他的兄弟建房。

两个月后，方成山的新房建起来了，有20多个平方，两间屋子，墙壁刷好，连门窗都给他安好了。

## 五、摸底大调查

进入5月，按照中央、省、市有关文件要求，为确保精准施策，必须要做到对象精准。为做到对象精准，就需要在原来“挂包帮、转走访”“回头看”的基础上，重新作一次摸底调查，摸清建档立卡户、非卡户“两不愁、三保障”达标情况，防止错评、错退、漏评、漏退，要力争做到零差错。市、县、镇三级相继召开动员会议。

自5月20日起，紧张忙碌的摸底大调查开始了，大家各就各位。埂底村分成三个小组相继赶赴10个村民小组调查。“一看房，二看粮，三看家中有没有读书郎，四看村容村貌怎么样”。看住房保障情况，先要鉴定住房等级，享受灾后重建和农村危房改造项目，拥有钢筋混凝结构、有地角圈梁、达到抗震标准的为A级，石砌虽无水泥圈梁但地基比较坚固、做工扎实，部分墙壁稍有浸渍的为B级房，土坯房但里面有木柱支撑且比较完整无漏水情况的为C级危房，土坯房且有裂隙的为D级危房。我和镇政府工作人员黄廉训、埂底村主任王成林等在一个组，先从田坝村民小组开始，挨家挨户去作调查，测算住房面积，填写县扶贫办统一制作的摸底调查表，一个负责询问，一个负责记录，还请群众找出他们家的户口簿填写户主和家庭成员姓名、家庭成员与户主的关系、身份证号、出生年月、学历、有无劳动能力、劳动技能，是否外出务工、务工地点，每年务工时间、收入。其中填写户主身份证号同一张表就要填两次，真是不胜其繁。特别是测算收入比较麻烦。如养殖业，养一头猪，先要询问买猪的本钱，喂养的本钱就不好估算了，就算出栏的猪最终卖了多少钱，如果自家过年食用按市场价估算一个数目，自己消费掉的也要算收入。种植业也如此，以按市场价计算的总收入减去种子和化肥的成本就是此项收入。边询问，边计算，边填写，这样做起来觉得比较费时间，每调查完1户需要半小时左右，又不能不细致些，又怕写错。但写错、填错也是难免的。一天只能填30户左右，大约3天才能完成一个村民小组的调查。为提高工作效率，减少来回路上的时间，中午饭就安排在村民小组长家吃，由工作组统一支付饭菜钱。马贤龙是回族，生活不方便，连续两天只吃了些洋芋和几个鸡蛋，以至于饿到呕吐。

摸底调查填表完毕，要召开各村民小组群众会对符合条件需退出、需补进的贫困户进行评议。县里又组织工作组开展交叉检查，检查摸底调查是否符合要求，先是镇内各村派出工作队队员与别的村互相进行检查，然后市内各县又派出工作队队员互相检查。我和杨淞维、周存友等人由廖德旗带队被派往巧家县老店镇参加为期一周的交叉检查，虽然忙，也帮助邻县镇村发现问题，交流了经验。

## 六、转战挖水村

转眼到了10月份，根据工作需要，市政协对两个驻村工作队进行了调整。我驻挖水村协助牟亚心开展工作，同时还兼顾埂底村的工作。

10月下旬，按市领导讲话精神，埂底村要准备好于年底出列。时间紧迫，我一个人赶到埂底，指导埂底村总支书记张福奎起草埂底村脱贫发展规划。一天，梭山镇党委组织委员、镇驻挖水村工作队队长铁金串打电话给我，问我在哪里，我答在埂底，正在帮埂底村制订脱贫发展规划。他说，你调整到挖水村，怎么还在埂底村呢？我说，还要先完成市政协办公室领导交代的在埂底村的工作任务，要帮他们把脱贫发展规划搞出来，不然，今年底埂底村怎么出列呢？我暂时无法分身去挖水。后来，县上又根据省里的有关文件要求和实际情况，将埂底村脱贫出列的时间延后到2019年。无论如何，经过两天苦战，我自己动手在电脑上操作，参照彝良龙海镇的一个版本，和张福奎一起把埂底村的脱贫发展规划搞出来了。

10月28日，我转战挖水村，和牟亚心一起到村上报到，随即投入紧张的动态核查工作中。11月14日（农历九月二十六日）这天，因为停电，无法做事做饭。村主任就买了半袋洋芋，我们饶有兴趣地到村小学附近的山梁野游，捡枯树枝烧洋芋充饥。生活虽然艰苦些，却也有不少乐趣。

# 七、成功劝说一辍学生复学

2017 年 11 月 21 日夜间下了当年冬天第一场雪。躺在温暖的被窝尚不觉得，次早起床，推开门一看，漫山遍野都是雪，远处巧家大药山更是白雪皑皑，寒光凛凛，格外雄奇。白天没有下雪，但是天色阴沉，朔风呼啸，白雾蒙蒙。下午，村总支副书记卢正坤邀请我和牟亚心到他家吃刨汤。所谓吃刨汤，是当地风俗，每家宰年猪，亲戚乡邻前来帮忙，主人家就招呼大伙吃饭，除了炒肥瘦肉外，还炒猪肝、猪肾，吃猪血煮白菜或煮酸菜。大伙其乐融融，不仅加深乡邻情意，也能化解一些平时的琐碎纠葛。

这次做客，无意间还完成了劝返一名辍学生复学的任务。饭罢喝茶时，一个十多岁的小男孩非常热情地给我们端茶添水。这孩子挺机灵的。我问是哪家的。旁边一位中年男子周肇金说是他家的，儿子叫周世银。我又问他读几年级了，周肇金说只读了五年级就没有读了。我和牟亚心问他怎么不读了呢，回答说是学校老师不要他读了。我们不觉吃惊：现在不是要控辍保学吗？农户脱贫的标准“两不愁、三保障”，其中教育保障就是要保证适龄青少年能够在学校就学，不因贫困而失学，教育部门还要求学校和教师动员辍学学生复学，怎么会不让学生读书呢？学校应该是不轻易开除一个学生的。我们问这孩子的母亲呢，回答说，耐不住贫穷跑掉了。挖水村没有完小，从田家垭口到梭山镇读书要走 20 多里近 3 个小时的路程。

虽然离学校远，条件艰难，我们还是劝周肇金送孩子去复学，周肇金答应了，还说只要他愿意读，再苦都要送他去读。我们又问周世银想不想去上学。他表示愿意。牟亚心就说那尽快让他复学，最好明天就去。周肇金踌躇了一下，说下星期一送去。我们给周肇金留下电话号码，让他到学校有什么事找我们。

11 月 26 日早上 9 时，我和牟亚心在梭山镇正和镇上派驻挖水村的工作队队长铁金串商议动态管理工作，牟亚心接到周肇金打来的电话，说是老师不接收他儿子读书。牟亚心让他稍等，即找到镇党委分管教育的副书记常荣，说明情况，请他帮助协调。十多分钟后，常荣即打电话说给学校协调好了，让带孩子去找六年级的班主任老师安排就读。

当天中午，我们在街上偶然碰到周肇金父子，问他们读书的事情落实了吗，他们说已经安排到六年级一个班读了，正在找课本。后来，我和亚心过一段时间就打电话询问，现在这孩子已经在梭山中学读初二年级。

## 八、解决一个独身汉的住房问题

12 月 7 日，星期四。这天是大雪节令，但是挖水村并没有下雪，而是浓雾迷漫。市政协办公室联系扶贫工作的廖德旗同志到挖水来开展工作。海拔 2400 多米的歇气台村民小组李有万家是他的结对帮扶户，11 月 29 日，廖德旗同志到李有万家了解情况，帮助制订脱贫计划时发现 30 多岁的李有万独自一个人生活，住在十分破烂的土墙房里，很危险。今天再次赶来，约上我与他一起去看。

汽车在湿滑不平的泥土路上云里雾里艰难爬行半个多小时，才走完几公里山路到歇气台。前几年实施入户路改造项目时，居然从进入村民小组的主路边修了 30 多米长 4 米宽的水泥路到李有万居住的烂土墙房子旁边。我们看李有万的房子虽是土坯，可不算小，四列三间，上面盖瓦，还是 30 年前他父亲修的，据说他的父亲当时养了 300 多只绵羊，是本地最富有的。但是现在，李有万父亲已故，姐姐外嫁，母亲跟姐姐过，一个兄长长期外出打工未归。

他一个人过活。我们看他的住房，分明就是一座废墟，庭院里长满荒草，房顶已经破烂不堪，从门缝往里望，多处通光透亮，地上到处是瓦砾。我们惊讶他晚上住在什么地方呢，李有万当时正在给别人家出粪，他表姐把他喊回来后，他打开门给我们“参观”。我们冒险走进屋，看杂乱无章的屋内，没有一样好的东西，只中间屋子里有 7 只羊，我们以为是他的，可他表姐说这是他帮别人家养的。我看屋顶透天，问他晚上住在哪儿。他指了指“羊圈”头上。我想探个究竟，就爬着一架残破的木梯子小心翼翼地爬上二楼，看那羊圈头上有一团黑乎乎的破棉絮，还有些什么东西卷成一捆，那就是他的住处了。我惊讶不已，这是人住的地方吗？我猜想李晚上睡觉时一不小心就会滚下来。要是下大雨或大雪，说不准那土墙就倒了，把他打死怎么办？在屋子里走，随时就可能瓦片掉落下来砸在斗上，后果不堪设想。

廖德旗同志找村委会的同志研究解决此事，决定给李有万一个危房改造名额。鉴于李有万本人无能力，也无资金建房，就将 2.1 万元危房改造款请村总支副书记卢正坤找工匠买材料，在李有万原有的一个地基上给他建 20 余平方米的两间屋子。这个工程只 20 多天就完成了。

## 九、杂事纷纭细料理

12 月下旬，县里发文件要求整理完善村级档案和户档案，并要在第二年 1 月 10 日左右检查验收。因村里的复印机不足以承担大量的复印任务。经与镇驻村工作队和村委会商议，决定把战场转移到镇政府三楼小会议室。卢正雄开着他的小面包车，我们帮着他把几大柜档案盒装上车运到梭山镇。镇政府把办公楼三楼会议室分配给我们用，黑寨的同志们则使用镇司法所办公楼一楼。从此，我们吃住、工作都在镇上，早晚饭在镇食堂买票吃。住在一家名叫“尊誉”的小宾馆。

没有星期天，没有节假日，驻村工作队、镇工作队和村干部把任务分配到个人，夜以继日地干，必须在县档案局来检查之前填写完所有表册并归类装档。所填写表册大约有：动态管理调查表、2014 年的入户调查表、贫困户申请表、贫困户退出申请表，还有 A 类表、B 类表、C 类表若干，涉及农户人口、危房改造、家庭成员、收入核算，还有一些无法看懂的项目。最后填完归档的表册堆积如山。

完成档案各种表册的填写与归档，已经接近年关了。我已经连续 20 多天没有回家。刚回到家，为过年做点准备，忽然听说单位将派一个年轻同志去挖水村替换我回单位上班。这么说来，春节过后，我就不用再去驻村了，但我反而有些恋恋不舍。

虽然不在驻村工作队队员的岗位，但我还是关注着两村的脱贫攻坚进展情况，又是两年过去，到 2019 年年底，经过政府大力投入实施脱贫攻坚各个项目，持续不断的帮扶，各级干部的艰苦努力，挖水、埂底两村基本达到了村出列、户脱贫的目标。

## 十、扶贫路上小故事

驻村工作期间，我坚持写日记，有几则比较感人的小故事附录如下：

### （一）私车公用

村总支书记张福奎每月工资仅 1500 元，为开展工作，按揭贷款购买一辆农用面包车，每天拉着市政协和镇派驻村工作队队员进村入户摸底调查，由于工作出色，2017 年 7 月被鲁甸县委评为优秀共产党员。村党总支委委员、主任王成霖和村党总支委委员、副主任何万平也是私车公用，开着自己的小货车拉着工作队队员在坑坑洼洼的山路上奔跑，油费开支负担大。张福奎的妻子做小本生意，难免埋怨。

### （二）忠孝不能两全

6 月中旬的一天晚上 7 点多，市政协驻埂底村工作队、梭山镇派驻埂底村工作队队员们正忙着加班审阅整理摸底调查有关表册。突然，平时埋头苦干、性格内向的镇派工作队队员、党员郑加银双手捂脸，痛哭流涕。在座的人不禁大吃一惊，问他究竟怎么回事。他揩了一把眼泪说："我的父亲今天早晨从楼梯摔下来，腿断了，送到鲁甸县医院治疗，我还没有能够去看他啊！"市政协驻埂底村工作队队长马贤龙见状，就说："你怎么不早说呢？这么大的事情你应该跟我们说嘛。你应该去照看你的父亲。"郑加银说："脱贫攻坚的事情这么忙，我不好意思请假啊！"马贤龙批评他说："你这就不对了，百善孝为先嘛。扶贫工作再忙，也是可以调节的。你应该赶紧去照看你的父亲。"又问他的父亲有没有亲人照料，郑加银说，有他的弟弟在那里照看的。虽然如此，马贤龙还是与埂底村总支书记张福奎商量，由张福奎开着他的面包车，连夜送郑加银到鲁甸县医院。

仅仅 5 天之后，郑加银见父亲的伤情比较稳定，又有弟弟照顾，自己就返回埂底村开展工作。

6 月下旬，镇派驻埂底村工作队队员、党员刘朝吉的母亲突发心肌梗塞送往昆明治疗，刘朝吉急忙请假赶去照料，幸而抢救及时，初步转危为安。他在昆明陪护母亲的一个星期，还不忘带上有关表册，抽空做扶贫大数据平台的信息录入工作。一个星期后，见母亲病情比较稳定，就又回到梭山扶贫工作岗位，而他的母亲，继续住在昆明的医院里治疗。

### （三）带着孩子来扶贫

镇农技站工作人员、党员黄廉训的小孩才 1 岁，其夫忙于工作，无法带小孩。她自己又带孩子，又忙工作。刚开始摸底调查时，为不耽误工作，她将孩子托付母亲照顾，自己连续奋战 20 多天，才抽出一点空去看望孩子。此后，笔者经常看见黄廉训带着她的孩子开展工作，孩子刚学会走路，十分好动，她既忙于工作，又要照顾小孩，其中艰辛可想而知。一次，小女孩在地上跑来跑去，不小心把一杯水弄翻，水洒出来，把半边脸烫伤了。

面对繁重的工作任务，面对各种限时填报的表格，镇派工作队队员和村干部党员同志们充分发挥先锋模范作用，放弃休息，“5+2”“白加黑”，为了按时间节点完成各项报表，迎接检查，有时干到深夜二点。通过大家齐心协力，顺利按时完成了精准识别、摸底调查阶段工作任务。

### （四）给猪编耳号

2017年9月，上级政府给每个建档立卡户3000元产业扶持资金，指定用于发展养殖业。埂底村的农户都是从事家庭养殖业，大部分农户养猪。这就要给每户人家养的猪编上耳号，还要照相。驻村工作队和村干部迅速按要求落实此事，分成几个小组行动，我和村主任王成霖在一个小组。王成霖负责给猪挂耳号，我负责照相。干这项工作要不怕脏，不怕臭。王成霖翻进猪圈，那猪就往角落里跑，好容易给它挂上耳号，但光线较暗，照片效果不佳，又把猪赶到光线好的角度照，弄得王成霖裤子上粘了不少粪。忙了两天，把照片和有关情况报上去。很快，上面的资金就打到农户的银行卡上了，农户自然欢喜。不过，非卡户就只有羡慕的份儿了。

（作者时任昭通市政协文化文史和学习委副主任、昭通市政协办公室挂钩扶贫点梭山镇埂底村和挖水村驻村工作队队员）

# 一名政协委员的扶贫攻坚纪实

邓加才

根据《政协昭通市委员会办公室关于做好市政协委员报送扶贫故事文稿的通知》要求，现将我在精准脱贫攻坚战中挂钩结对帮扶的攻坚工作情况记录如下：

## 一、挂钩帮扶建档立卡户基本情况

2017 年，昭通市生态环境局挂钩扶贫点由巧家县红山乡黑铁村调整至老店镇铅厂村和树坡村，根据两个村建档立卡贫困户基本情况统计，昭通市生态环境局统筹安排，我挂钩结对帮扶树坡村沙坝社 8 户建档立卡贫困户，截至 2020 年 6 月底共 30 人，其中，户主和家庭人数为庞卒芝 1 人、徐付山 1 人、徐海才 4 人、徐海华 4 人、徐海龙 4 人、徐海荣 8 人、谭宗有 4 人、杨云凤 4 人；8 户建档立卡贫困户共有户口在籍子女 14 人，其中，学龄前儿童 1 人、小学—高中（包括职高）在校生 10 人、高中—大专学历在巧家县外省内外务工 3 人。

# 二、挂钩帮扶攻坚工作情况纪实

## （一）掌握精准脱贫攻坚知识

为决战决胜2019年巧家县精准脱贫攻坚战，实现整县脱贫摘帽，昭通市生态环境局挂钩扶贫点实现脱贫出列，我认真学习掌握精准扶贫、精准脱贫的扶贫标准、退出标准、考核标准3个标准；牢记“一达标、两不愁、三保障”“一超四有一享受”“一降四通五有”“三率一度”与“五考”以及明白卡、帮扶手册、连心袋的翔实内容和“挂包帮”“转走访”的具体要求。

## （二）满怀深情回访挂钩扶贫户

自2017年12月起，根据昭通市委、市政府的统一部署，我认真履行结对帮扶干部职责，按照时间频次、具体工作内容进村入户开展调查、完善建档立卡户资料、宣传扶贫政策、制订扶持措施、落实脱贫攻坚政策，与挂钩扶贫户面对面、心连心进行交流，挂钩扶贫户对扶贫政策落实情况有疑问时，协调并向昭通市生态环境局驻村扶贫队员了解吃透政策，与驻村扶贫队员联合，在彻底落实国家、省、市扶贫政策方面向挂钩扶贫户“打包票”；在挂钩扶贫户思想固执不肯接纳时，我与驻村扶贫队员“掰饽饽说馅”耐心讲解，建立形成亲戚关系，结合自身“不忘初心、牢记使命”教育，对挂钩扶贫户进行“吃水不忘挖井人”感恩教育，开展扫黑除恶宣传和调查。

2019年12月6日，我在回访徐海荣家时，真真实实感受到徐海荣一家的精神面貌发生了翻天覆地的改变：堂屋张贴有读小学三年级的小女儿徐佑敏绘制的10张水彩铅笔画，主题主要是做好接班人；做一个对社会有用的人；脱贫攻坚使我们的生活越来越美好；爸爸说今年又丰收了；我们要把我们的农村变得更美丽；我们应该把城市里的环境变得更美好……由此可看出发自幼小心灵深处对美丽中国、脱贫攻坚、精神文明的歌颂。

## （三）力所能及帮扶贫困户

1. 及时划拨扶贫专项资金

按照昭通市生态环境局年度脱贫攻坚的统一安排，2017 年 1 月至 2019 年 9 月，我兼任昭通市环境科学研究所（自收自支事业单位）所长期间，在环科所资金十分紧张的情况下，开源节流，确保扶贫专项资金 2—3 万元及时划拨巧家县老店镇。

2. 参与协调企业开展“精准扶贫，爱心捐赠”活动

昭通市生态环境局与相关企业绵力汇聚、众志成城，精心组织、精准施策，用心、用脑、用情、用力做好挂钩扶贫点脱贫帮扶工作，以毫不懈怠的精神状态和一往无前的战斗姿态坚决打赢脱贫攻坚这场硬仗。

根据部分外地在昭企业对助力昭通脱贫攻坚战的热情和多次向昭通市生态环境局表达的心愿，2018 年 8 月下旬，我参与协调了北京天润新能源投资有限公司南方分公司捐助资金 30 万元，帮助铅厂村和树坡村群众脱贫致富的具体事宜，不仅参加了昭通市生态环境局携手北京天润新能源投资有限公司南方分公司赴扶贫点举行“精准扶贫，爱心捐赠”的现场活动，还与昭通市生态环境局全体干部职工一起在本次活动中自愿捐赠若干款项，尽了绵薄之力。

2020 年 1 月中旬，为进一步推进美丽乡村建设，提升铅厂村人居环境，让当地群众有一个舒适整洁的休闲小广场，我参与组织协调了华新水泥（昭通）有限公司捐助 80 吨水泥用于休闲小广场的环境整治工程；同时，我协调并组织都香高速公路 A3 标段承建单位——中交第四航务工程局有限公司——到昭通市生态环境局的挂钩扶贫点铅厂村和树坡村开展“献爱心、送温暖”和“同吃同住同劳动”的活动；还在昭通市生态环境局工会的倡议下，统一按“一袋米、一桶油、一只桶、二条毛巾”的标准，切实落实了给贫困群众送温暖的“三同”要求。

这些活动彰显了北京天润新能源投资有限公司南方分公司、华新水泥（昭通）有限公司、中交第四航务工程局有限公司勇于承担社会责任的德善之行。三家企业热心公益、饮水思源、回馈社会的行动，为助推当地打赢脱贫

攻坚战、全面建成小康社会贡献了一份力量。与他们的合作，也充分体现了生态环境保护局领导对扶贫工作的重视，不仅尽自己所能开展扶贫工作，还充分利用外部资源，主动邀请相关企业和行业专家对挂钩扶贫工作给予帮助和指导，真抓实干，完成挂钩扶贫点的脱贫致富，希望最终能“凤凰涅槃”。

3. 参与教育扶贫捐赠活动

昭通市生态环境局始终紧盯教育脱贫攻坚目标，对挂钩扶贫点——巧家县红山乡黑铁村、老店镇铅厂村和树坡村的优秀学生以及当年考上大学的优秀学生进行精准扶贫。为此我多次精心组织全体干部职工自愿捐款，我每次的捐款均为1000元；在统一收拢捐款后，按照昭通市生态环境局制定的统一资助标准，对挂钩扶贫点当年考上大学的本科新生每人资助5000元、大专新生每人资助3000元，解决他们入学初始阶段面临的困难，促进其进入新的学习环境后能心无旁骛、安心读书，希望他们能尽快融入社会，学成之后能回报社会；对非毕业班的三好学生和贫困生每人资助1000元教育救助金，对特困家庭学生资助1500元教育救助金；以此促进三好学生、贫困学生、特困家庭学生能够顺利完成相应学业，通过知识改变命运，发扬巧家人爱学、勤奋、拼搏的精神。

在脱贫攻坚期间，每一年春节一过，我就提前几天前往挂钩扶贫户家中拜年，分别给小学一年级至高中在校学生每人200元的“助学压岁钱”，让他们买书包、文具、书籍，促进学习用具的改善和学习能力的提升。

另外，我还积极参与云南省政协倡导、昭通市政协统一组织的市政协委员助推教育的扶贫捐赠活动，捐款600元。这些捐赠活动让获助学生在感谢各方帮助的同时纷纷表态：一定会珍惜来之不易的机会，树立远大的理想，努力学好专业知识，用成绩回报社会对他们的关心和厚爱。

“赠人玫瑰，手留余香”，我们希望这些爱心不断传递下去，促使互帮、互助、互爱的正能量辐射开来，将中华民族扶危济困的优良传统美德发扬光大。

（作者系昭通市政协四届委员）

# 第三编　他们之光　烛照前路

# 扶贫路上　那照亮我们的光

吴蔚秋

扶贫是政治任务，扶贫是帮助他人；在扶贫的经历中，我们深深懂得了——爱是流动和交互的，当我们把爱传递给他人的时候，也温暖了自己。

## 初入村庄，眼前是荒凉

我们单位挂钩扶贫的是巧家县中寨镇。从 2018 年开始，我个人挂钩的贫困村从中寨拖租村调整到付山村陶岩村民小组。

对比之前的拖租村，付山村条件更为艰苦，陶岩组尤甚。最根本的原因是交通不便，出村的路狭窄险峻，下雨之后又湿又滑。村民出去除了走路，更多是靠摩托。也许是和外界接触不多，这里民风特别淳朴，村民见到外人来，总是笑嘻嘻的样子，在农田里干活的农民，会热情地叫你去家中坐坐，那种发自内心的真诚的笑容，让人感到格外踏实。

白天，付山村的陶岩小组在一片葱茏之中，颇有陶渊明笔下世外桃源的意境；而夜晚，因为没有通电，村民们只有用手电筒或者小型的水发电机自己取一些微弱的电勉强照明，有的村民为了省电，早早就上床睡觉了，从村口看去，村庄就陷入一片黑暗之中。

陶岩小组的组长叫李开斌，是一位能吃苦耐劳、踏实肯干的“80后”。第一次到陶岩小组，就是他用摩托车驮着我去挨家挨户走访，让我和村民们建立联系，了解他们需要帮助解决的困难的。交谈中，村民们说到生活水平已经提高不少，但陶岩小组23户人家还没有通电，原因是之前他们搭着当地的煤矿用电，没有加入农网改造，后来煤矿垮了，而农网改造工程早已结束，他们就再也没有电用了。

## 一场火灾引发的悲剧

2019年4月15日傍晚，我在加完班回家的路上，接到分管扶贫的吉副院长的电话，说我挂钩扶贫的陶德祥家头天夜里发生火灾，作为顶梁柱的陶德祥被烧死了，媳妇和女儿还活着，叫我赶紧和他们取得联系，单位会尽快考虑提供援助。我心里一惊，陶德祥？！去年走访时他刚遭遇车祸，不是还拄着拐杖吗？怎么会发生这样的不幸，让这个多灾多难的家庭雪上加霜？

第二天一早，吉副院长通知我，院里准备在紧张的办公经费中挤出2万元慰问金，由我带到巧家交给陶德祥的家人。与此同时，我们单位派驻中寨村的书记李恩鹏及时将网友“雪里香”发起的水滴筹链接转发给我，我刚转发到朋友圈和单位群，瞬间我的微信朋友圈就被这个链接刷屏了！同事、朋友、亲人纷纷转发，并慷慨解囊，水滴筹募捐平台上的捐款金额从几千元嗖嗖嗖就飙升到3万多元！我们行政庭所在的第四党支部也在支部书记、组织委员的倡议下积极捐款，有的在水滴筹上捐过后，又再次捐出现金。

4月16日14点，我带着单位提供的2万元慰问金和四支部党员群众的现金捐款 3550 元，跟随支部书记王金山心急火燎地一路奔到巧家付山村。

失火的原因尚未查出来。陶德祥和妻子徐华梅都才三十多岁，他们一共养了两个孩子，大儿子十二岁，小女儿三四岁，他们的房屋与父母的相邻。据陶岩组组长李开斌说，陶德祥的老爹半夜发现儿子家房屋起火，赶紧打电话给村里和组上，村组急忙组织人来灭火。很快，人被抢救出来，火也灭了。让人难过的是，男人送到县医院后因抢救无效死亡，小女儿可能是一氧化碳或者灰尘中毒昏迷不醒，女人是重度烧伤，母女二人又被转院送到昆明工人医院。

村民们自发地聚集到陶德祥家，各理其事帮着忙这忙那，镇上的领导也赶到了现场，我们偕同镇、村的领导干部一起和陶德祥的父母、孩子作了简短交流，转达了单位和社会对他们的关切，劝导他们节哀的同时一定要坚强勇敢面对现实。告诉他们对于未来的困难，我们不会袖手旁观。

可是，当我看到墙角摆放着的棺材，旁边哭成一团的大人、孩子，想着陶德祥父母白发人送黑发人的悲伤，两个孩子至此失去父爱，我感到揪心的疼痛，眼泪再也忍不住流下来……

## 人间有爱，八方支援

2019 年 5 月 2 日，正和朋友小聚的我再次接到李开斌的电话，说陶德祥的媳妇徐华梅已经医治无效在昆明医院死亡，小女儿倒还安好。我的脑袋一下子懵了，两个年幼的孩子刚失去爸爸，现在连妈妈也没了，孩子的爷爷还有严重的矽肺病。他们的未来怎样度过？我真的无法想象。那一餐饭，如同嚼蜡一般没有滋味，整个脑海里全是两个孩子楚楚可怜的身影。任由朋友们责怪我吃饭时玩弄手机、来回走动，我只管打电话、发微信，通过自己有限的力量为两个孩子寻求出路。就在当天晚上，得知水富苗圃学校可以接收孩子入学，抚养他们直至长大就业；大理佳利集团总裁赵中柱先生在我所在的省政协民宗委微信群里明确表态可以收养孩子，并资助他们的爷爷奶奶。

得到好消息后，我兴奋得睡不着觉，尽管时间很晚了，我还是拨通了中寨驻村书记李恩鹏的电话，恩鹏也很欣喜，他说，明天一早他就和乡镇领导一起去陶德祥家征求他父母亲的意见，尽量争取给孩子们一个好的未来。

通过沟通，爱孙心切的两个老人最终选择了自己带着孩子，我们也不能强求，从感情上来说，有亲人在身边陪伴着，也许是最好的结局。

## 春风化雨，一座终于要通电的村庄

5 月 17 日，李开斌打电话对我说，经过我们的呼吁，陶岩组要开始架设电线了，但有四户农户，在线路规划设计好之后，因为原址不宜居住，又另外迁建了新房入住，即将架设的电线没有覆盖他们的新房，有关部门说设计好的路线不能再更改了，错过这次机会，有可能这四户人家就再也无法通电了。说实话，这个问题超出了我的能力，但是电的问题不彻底解决，还怎么实现脱贫呢？我想到我们分管扶贫的吉副院长，她朋友多、办法也多，找她肯定能够解决！当我把整个情况向吉副院长反映后，她神色凝重地说，通电是脱贫的关键啊！怎么能落下一家一户？她放下手中的工作，掏出电话一阵拨打，告诉我说，让陶岩村的村民们去找当地供电所，重新提出迁立申请，这个问题有希望尽快得到解决！

我让李开斌按照要求去提出申请。端阳节的时候，开斌打电话告诉我，施工方已经去挖电杆桩了，电路即将覆盖陶岩组 23 户人家，给他们带来光明和希望！

付山村的这件事，只是扶贫路上的一个缩影，让人感动的是大家齐心协力扶贫，对出现的问题认真分析，出钱出力积极承担更多的责任。扶贫路上，我们从陌生到熟悉，从摸不着头脑到从容地应对工作，我们也在历练中成为更完整的人，深切地体会他人的痛苦，更懂得深爱这个世界，对世界抱有宽容之心。我想，在扶贫工作中，让群众真正感受到党在扶贫路上对农村、农民的深切关怀，是扶贫成绩最好的体现。

然而，我们也感到肩上的担子更重，想要多为社会做一点贡献，真正去帮助那些在困难边缘挣扎的人，这是中华民族的传统美德，爱，始终是扶贫路上照亮我们的光，我们不仅要做好物质上的扶贫，更要做好精神上的扶贫，帮助农民树立生活的信心，让他们自己有勇气去克服困难、战胜困难，只有这样，当他们面对贫困的时候才能自力更生，走出贫困，奔向小康。

（作者时任昭通市中级人民法院行政庭副庭长）

# 脱贫路上的逆行者

邓荣强

2019年8月，我受命到绥江县担任驻村扶贫工作队副总队长。金秋时节，金沙江边的绥江，一条条道路四通八达，一幢幢楼房错落有致，五彩斑斓的田野硕果累累，丰收的喜悦挂上人们的笑脸……一幅幅醉人心魄的新农村画卷，仿佛在讲述着一个个感人至深的脱贫故事。

## 王凤英：贫困群众的“亲人”

那天，我和板栗镇中坝村委会的同志打着雨伞、穿着水靴前往该村9组遍访。

我们到建档立卡贫困户张碧友家时，他们一家三口正在吃午饭。只见他的房屋不宽，院子不大，但很干净，堂屋正墙上挂着习近平总书记的画像，两面侧墙上挂了板栗镇中心学校和中坝小学颁给女儿张凤敏的许多张奖状。张碧友满脸笑容，我刚开口想问问他家的日子过得怎样时，张碧友一下子就打开了话匣子：2018年9月的一天晚上，他家的帮扶干部、镇妇联主席王凤英搭乘摩托车到9组召开中草药种植与脱贫攻坚村民大会，来回一路颠簸，开完会后回到镇上已接近凌晨，她的肚子疼痛不止，但那段时间扶贫工作任务重，她没引起重视，也没请假休息、检查治疗，后来王凤英怀上的二胎流产了……说着说着，张碧友和妻子眼含泪花，几度哽咽。

眼看自己如今过上了好日子，再想想过去的贫穷面貌，张碧友对王凤英的感激话儿几箩筐也装不完。张碧友告诉我，他患有慢性病，妻子也是体弱多病，5 年前板栗镇的妇联主席王凤英就开始挂钩帮扶他们家，到 9 组的公路路况很差，但王凤英把他们当“亲人”，三天两头走路到他们家嘘寒问暖，帮助夫妻二人寻医问诊、报销医药费，经常了解小孩的学习情况，并帮助他们家种植了 2 亩李子、1 亩猕猴桃，解决了 3 人的低保问题和 1 个公益性岗位，并加入专业合作社发展产业，他和妻子的病情也稳定下来了，孩子马上也要读初中了。张碧友说，如果没有共产党的好政策、好干部，他无法想象自己的生活会糟糕成什么样子，也不知道这一辈子咋个过下去。

宗明宽也是王凤英的挂钩帮扶户。我见到他时，他刚从山上找野生菌回来，背篼里还装着一些菌子。我和他聊起他的挂钩帮扶干部时，他满脸感激地说：王凤英是一个好干部，不是亲戚，但比亲戚还亲。王凤英每次来一跨进门槛就叫他“宗哥哥”，叫他老婆为“赵姐姐”。今年新冠肺炎疫情期间，只能居家生活，不能外出。有天晚上，他的骨质增生病犯了，打电话给王凤英请她帮忙带点药，没想到第二天一早，王凤英就带上药到了他家。他告诉我，王凤英鼓励他们父子俩外出务工，说只有这样才能有收入来源。现在他在贵州给中石化油气勘探队钻炮眼、抬机器，每个月能挣到七八千元，要不是雨季放假他还不会回来，儿子宗家宏也在外有稳定的工作。在王凤英的帮助下，女儿就读中专学校还享受了雨露计划，家里两人享受了低保，种了 1 亩多半边红李子和 1 亩猕猴桃，加入了专业合作社，一家人的日子过得有滋有味。

我们又到王凤英的另一家挂钩帮扶户龙文贵家。他家屋檐下挂满了一串串黄灿灿的玉米棒子，檐坎上和院子里也堆了不少玉米棒子，门前的梨树上挂满了黄澄澄的梨子，其孙子正缠着他玩耍、围着他嬉闹。

龙文贵告诉我，王凤英见到他们家人时，都是满脸微笑、和蔼热情，像亲人一样。她经常来了解生产生活上有什么困难，鼓励他们能出去就外出务工，出不去就在家发展种养业。现在儿子、儿媳妇都在外稳定务工，家里种了 1 亩半边红李子、1 亩猕猴桃和 1 亩中药材，还加入了专业合作社，每年都有分红。他说，去年政府组织搬迁到新疆阿拉尔市，那段时间可把王凤英累坏了，经常挨家挨户宣传搬迁政策、动员参与，儿子、儿媳妇听了后觉得搬迁政策好，一商量就决定报名，王凤英为此还专门开车来接送他们去村上、镇上办理报名手续。

## 吕汉荣：以村为家的老队员

2019 年 9 月的一天，我到绥江毗邻永善县、雷波县、屏山县的南岸镇团结村检查驻村扶贫工作。秋收将要结束，天气已经转晴，正遇上村“两委”和驻村扶贫工作队筹备“丰收节”，他们正张罗着把哪些粮食作为道具。搭建的舞台一派喜庆的样子。在与同志们的交谈中，他们你一言我一语地说起了吕汉荣以村为家的驻村往事，我心中十分感叹。吕汉荣曾在水富担任过几个部门的负责人，后调回绥江县卫健局工作，此时已是 50 多岁的老同志，成了“三次驻村”的老队员。

吕汉荣第一次驻村是在 2017 年 5 月，到单位挂钩的中城镇华峰社区担任“替补队员”。吕汉荣在工作中总有一股不服输的劲，只要干就一定要干好。有一次，吕汉荣和华峰社区党总支副书记黄松涛、副主任余舜碧一起骑摩托车去 11 组调解猕猴桃受损纠纷。在返回途中因坡陡路滑，他连人带车一起摔倒在地，当时整个身体左侧皮肤全部被擦伤，左腿膝盖和左手臂血流不止，加之气温高，又忙于调解纠纷，大半天没有吃东西，等他回到华峰社区不久就晕厥了；同事急忙送他到县医院抢救，可吕汉荣始终不听医生的劝告，刚醒过来就了解纠纷调解后有没有反弹，身体好一点就执意到农户家去开展工作。

2017年10月，县卫健局的挂钩帮扶村改为南岸镇团结村，需重新选派驻村扶贫工作队队员，单位领导找吕汉荣谈话，希望他继续驻村，并担任团结村第一书记、驻村扶贫工作队队长。他二话没说，开始了第二次驻村。团结村是全县最远的村之一，是少数民族山区，也是当时全县唯一一个不通硬化路的村；全村有建档立卡贫困户466户1494人，脱贫任务十分艰巨。同时，因该村低保中出现问题，村“两委”中党总支书记、副书记、副主任及两个片区党支部书记、5个村民小组长均被免职。面临多重问题叠加，他没有半点退缩，通过一番调研，大胆利用驻村扶贫工作队队员和村“两委”仅有的4位同志，进行“组合分工”推进脱贫攻坚。

那时，团结村60公里公路硬化项目即将启动，吕汉荣派村“两委”成员担任安全监督员化解矛盾纠纷、监督工程质量、督促施工进度，他每周和相关同志也要抽时间去工地上检查。虽有专人负责，但遇到公路阻工还得由他出面协调解决，甚至有一次阻工人员情绪激动抱着工作人员准备一起跳崖，幸好吕汉荣出面才化解了矛盾。不久，村“两委”班子陆续配齐，脱贫攻坚也到了出列验收的紧要关头，吕汉荣干脆取消了自己的轮休，连续3个月都住在村里，白天带头到29个村民小组开展工作，晚上回村里完善脱贫攻坚的相关内业资料，在他和全村干部群众的一起努力下，团结村顺利脱贫出列。

2018年3月，因年龄的原因，组织上决定吕汉荣不再担任团结村第一书记、驻村扶贫工作队队长。本可以申请回单位上班了，但考虑到艰巨的脱贫攻坚任务，这一次他主动请缨留在团结村当一名驻村扶贫工作队队员，开始了他的第三次驻村工作。他熟悉村情，农村工作经验丰富，大家如往常一样找他商量工作，他也没有半点推脱。在他的参与和带动下，团结村根据实际，研究提出着眼打好“绿色食品”牌、建设“一公司两场四基地”，采取“党支部＋公司＋合作社＋能人＋贫困户”的模式，分海拔区域发展桂圆1400亩、半边红李子1859亩、甜柿1739亩、方竹8335亩，发动建档立卡贫困户入股兰祥、富乙元两个生猪养殖场和“康健”村集体经济公司，实现有劳动力家庭至少有1人外出务工。如今，团结村旧貌换新颜，产业强村日新月异，同步小康步履铿锵，乡村振兴指日可待。

## 谭必西：老来更比夕阳红

会仪镇三渡村是绥江县最边远的村之一，与水富市接壤，而3组更是山高坡陡、基础设施薄弱；通过这几年干部群众的努力，住在这高山之上的老百姓的物质生活和精神面貌发生了巨大改变，建档立卡贫困户谭必西就是其中的代表。

2020年9月底，我和三渡村第一书记、驻村扶贫工作队队长陈启顺沿着蜿蜒的盘山公路去3组。快至山顶时，陈启顺指着公路边的两幢房屋告诉我：那小平房是谭必西的新房，串架房是谭必西的老房，老房被修缮后作为专业合作社的生产用房了。走进谭必西干干净净的新房小院里，只见院外种了一排排常绿的砂仁，院子边上整齐地摆放着不少的蜜蜂箱，紧挨着正房建了一间规范的柴房，柴房旁边是一块菜园，紫红色的天星米在微风中摇摆；堂屋里摆放着布艺沙发，茶几、电视柜等一应俱全。从谭必西脸上的笑容不难看出他现在的幸福生活。

谭必西向我们回忆起20年前的一幕幕往事：那时他家里穷困潦倒，为了老婆和一双儿女，他踏上了外出打工之路，没想到不久他妻子就离家出走，留下3岁的儿子和半岁的女儿，后来又听人说妻子嫁人了。这件事对谭必西的打击很大，从此以后，独自抚养两个孩子的他一蹶不振，对未来的生活完全失去了信心，经常一个人喝着闷酒发呆消愁，甚至产生了轻生的念头。2015年10月的一天，挂钩帮扶干部、县住建局副局长罗兵来到了他家，看见他那三间破旧不堪的房屋，家里也没有一件像样的家具，厨房只有一把面条和一碗辣椒酱，来到卧室只看见单薄发黑的被子和杂乱摆放的几件衣服。罗兵问谭必西："你种地和打工没有？"谭必西说："没有。""那你平时干什么呢？"罗兵问。"吃一顿算一顿，过一天算一天，甚至不想过了。"谭必西忧伤地回答。

罗兵看在眼里急在心里，耐心细致地向谭必西讲解扶贫政策，帮助谭必西一边解决安全住房的问题，一边动员其发展产业和外出务工。没想到，房屋建到只剩楼顶的一个雨罩时，谭必西却开始懈怠起来，迟迟不肯收尾搬入新居，罗兵多说了他几句，谭必西反而反驳道："你挂钩帮扶我，活该你倒霉！"罗兵气不打一处来，狠狠地骂了谭必西一次，随即联系工匠到现场确定了完工的相关事项才离去。2017年的冬季，谭必西110平方米的新居落成，罗兵又来到谭必西的家，这次还给他带来了全新的被褥。自此以后，谭必西的内心被触动了，变得勤快起来。

谭必西说："幸好罗兵骂醒了他，还烧掉了他的破旧棉絮，也烧掉了他不堪回首的贫穷和坏习惯。"现在，他儿子在成都市一家铝合金门窗厂当师傅，保底工资3000元还有提成拿，女儿在浙江省务工也有稳定的收入；他在家里养了17箱蜜蜂，种了几亩中药材，发展了10多亩方竹，加入了润收种植专业合作社，集体的400亩筇竹和100亩水竹每年都可采笋，管护专业合作社种植的方竹也有收入，一年算下来在家至少也有3万元的务工收入。谭必西的日子过得一天比一天好，村里有热心人曾帮他张罗再婚的事。"不想给孩子增加负担，被我拒绝了。"谭必西笑着说。他对现在的生活很满意，正如远在异乡的闺女为了和他开视频，帮他申请微信号取的昵称一样，叫"老来红"。

在绥江，像王凤英、吕汉荣、罗兵这样的扶贫干部还有许许多多，张碧友、宗明宽、龙文贵、谭必西也只是脱贫攻坚成效的一个个缩影。几年来，通过各级干部群众的努力，陡峭的山路变成了硬化平坦的公路，摇摇欲坠的危房变成了崭新的安全住房，贫瘠的土地变成了丰产的田园，教育、医疗、饮水等发生了翻天覆地的变化。他们，组成了脱贫战线上最美的风景！

（作者时任昭通市交通运输局局长、特邀界别委员、驻绥江县扶贫工作队队长）

# 送战友

李富华

## 一、送别杨祖辉

年前，朋友送来一本《目送》，多次听人说起，却因基层工作的繁忙，难以实愿。近期，接到一工作任务，须封闭数月，别人嫌枯燥，我正好以此为机，借工作之余疯狂看书。

看书极像看电影，看见似曾相识的画面，触及心扉的情节，便会自觉把自己置入其中。当我读到龙应台送别儿子时，看着儿子渐渐远去的背影，期望儿子能回头看看正在目送的自己，可儿子头也没有回地走了，便感慨道："我慢慢地、慢慢地了解到，所谓父女母子一场，只不过意味着，你和他的缘分就是今生今世不断地在目送他的背影渐行渐远。你站立在小路的这一端，看着他逐渐消失在小路转弯的地方，而且，他用背影默默告诉你：不必追。"读到这里，我想起一个人，一位倒在脱贫攻坚战场前线的战士，让我终生难忘的战友杨祖辉。

2018 年 11 月 26 日上午 7 时许，我们和往常一样在乡政府的小院坝内组织干部职工开展脱贫攻坚"百日会战"集合点名，从来不迟到的杨祖辉迟迟不到，派人去寻查，发现他已猝死在三楼的职工宿舍内。那一年，时任双河苗族彝族乡人大主席团副主席的杨祖辉才41岁，刚从教师转行仅仅半年，他的大儿子还在外地上中学，小儿子刚刚满月。

关于他的艰辛，他的伟大，他的高尚，他的无私，每每想起，都让我肃然起敬。此时此刻，我以沉痛的心情，朴实的文字，纪实和怀念我的战友杨祖辉。

**农民的儿子杨祖辉**

杨祖辉出生于革命老区扎西，是普通农民的儿子，他的学习成绩从小就很好，他小学是在双河乡天池小学读的，为了上学，他每天要走三四公里山路，一天只能吃一顿饭。他12岁时就考上昭通民中——当时全市最好的民族中学，但因为他家实在拿不出钱，只能在离家不远的天池读完初中。然后考取威信一中，后来考入昭通师专。

时任双河乡人大主席刘涛说，杨祖辉上大学期间，他只有一两套衣服，有时连换洗都要趁着晚上洗了挂火炉边上烘一夜，天亮再穿上。由于家境贫寒，为了供他读完大学，他年迈的父母到隔壁邻省的泸州市叙永县打工多年，最终使他从一个穷人家的儿子成长为一名人民的干部。

工作后，他不忘自己的出身，始终把自己当成一个农民，经常帮助老家的孩子们。他常常和妻子说，农村孩子要读出书来不容易，不能让下一代继续吃没有文化的苦。

于是把家乡孩子领到家里来，带着读书。

他一生没有买过一套房子。就这样，他一生艰苦读书，辛勤工作，41岁就离开这个世界了，虽然只度过短暂一生，但他这一生都奉献给了家乡的人民。

**人民的儿子杨祖辉**

威信县是红色革命老区，这里山清水秀，但却是乌蒙山区的深度贫困县，产业薄弱，少数民族众多，贫困程度深，贫困面广，给脱贫攻坚工作带来了巨大的挑战。但老区人民传承了红色的革命基因，不怕流血，不怕牺牲，敢于攻坚克难，杨祖辉就是一名这样的红色基层乡干部。

天池村是杨祖辉挂钩领导的一个行政村——一个以少数民族苗族为主要聚居的传统村落，那里的老百姓纯朴善良，民族气息浓厚。当地有的群众不会说汉语，为了用苗话和群众交流，身为苗族的杨祖辉，便成了最适合的挂村领导之选。

天池距乡政府数十公里，山高路陡，基础薄弱，贫困发生率高，老百姓的收入来源主要靠种地和劳务输出，村里的年轻人多外出务工，留守的是老年人和妇女儿童。

为了让贫困群众在寒冬来临之前能搬迁入住，在去世的前一天，杨祖辉还带着村干部们，走村串户，为群众解决困难和忧虑，直到晚上，他才拖着疲惫的身躯下山。每一想起他，脑海里就会呈现一个画面：雾蒙蒙的天，杨祖辉背满一背箩的东西，双手还抱着行李，带着一群人帮困难群众搬家。

天池村的贫困户黄应，杨祖辉亲自帮他装修房子，还自掏腰包借了6千块钱给黄应安装门窗，打院坝水泥地皮时杨祖辉亲自动手去拉沙、石、水泥。

茨竹坝村的李学琼，是一家有6口人的贫困户，自己身患重病，丈夫外出务工，全家的收入大都用来给李学琼治病，孩子上学困难。杨祖辉知道情况后帮李学琼家修了新房子，还主动帮助李学琼申请低保，并帮李学琼申请了护林员公益岗位，每月的工资用于缓解家庭困难。

为提升全村人居环境，他带驻村工作队队员们捡垃圾、焚烧垃圾，小推车上面的垃圾比他矮小瘦弱的身体还要高出很多，他就是这样以身作则，带领全乡干部群众推动人居环境整治工作。在一次整治路域环境时，发现有一棵树阻挡行车视线，为了消除安全隐患，杨祖辉自己出了500元钱作为赔偿，说服树的主人把树砍了。

杨祖辉挂钩天池村那时，我还在当地的党政办工作，杨祖辉几乎每一天都在村上，每次去给他送文件时，办公室都没人，每次打电话他都说在村上。但无论工作有多忙，他的声音都和蔼可亲，像是老师和学生对话一样。

每个时代都需要好人，在今天这个时代里，被称赞为好人是对这个人最高的评价，杨祖辉是这个时代里的好人，他是人民的儿子，当之无愧。

**为人师的杨祖辉**

杨祖辉在去世的一年前还是一名普通教师，调任双河苗族彝族乡人大副主席前，他在威信县三桃乡中学任教，既是政治老师，又是历史老师，而且教着十几个班的学生，他所教的班，在全县的考评中，年年获奖。

他在学校为人谦逊，待人真诚。威信的冬天很冷，学生们在校用热水不方便，他便在家烧水，一壶一壶地帮学生“保温瓶”装满。

除了在教书育人岗位上尽职尽责，他还常常为学生们辅导功课，不收一分钱，甚至自己花钱为学生们复印资料。有的是左邻右舍的孩子，有的是老家的留守少年，受他辅导的学生学习成绩大都名列前茅。每当老家有人来找他帮忙带孩子读书时，不管是亲的还是不亲的，只要来找他他都会答应。在浙江打工的黄永珍是杨祖辉的远房堂弟媳，由于知道杨祖辉日常辅导的学生们都考上了重点高中，便开口请杨祖辉帮忙带孩子读书，杨祖辉什么也没说就答应了，连孩子的生活费都不要。就这样，直到杨祖辉去世时，她的孩子还住在杨祖辉三桃的家里读书。

得知杨祖辉去世的消息，他曾经的同事、学生，纷纷从四面八方赶来为他送别。出殡的那一天，大家争着为他抬灵柩，我有幸抢到一个位置，与时任双河乡人大主席的刘涛一起从宿舍把他抬上灵车，到一楼穿过一道小门时，见到左右已站满了他的学生、同事、亲人朋友。当灵柩穿过人群时，人们不约而同 90 度鞠躬。此时，我的眼睛湿了，我忍住泪水，躲上了车。他的学生说：“把你当成父亲了，如果你还活着，即使你没教我，我也会很开心，无论是哪一位老师教，我都会认真听课的，现在你不在了，我更会专心听课。”

有人说杨祖辉傻，如不是在脱贫攻坚最苦的时候钻进基层，也不可能会这么早就死去，当老师还有两个假期。也有人说，无论在哪里，杨祖辉都会死的，他的死是命中注定，像他这样卖力工作，又多管闲事的人，命中早已有安排，就是当老师也会被累死。众说纷纭，我默默不语，强忍住难过，传道授业、为人师表的杨祖辉，我敬畏他高尚的人格。

**为人夫的杨祖辉**

杨祖辉去世的前一个晚上，很晚了，他的比亚迪小汽车正在夜色下缓缓进入乡政府院坝里。我在乡政府职工宿舍楼下遇到他，得知他又刚从村里回来，和往常一样和蔼。

自从他到任双河苗族彝族乡人大副主席干起脱贫攻坚工作以来，只回过几次家。每次回家，早上天还没亮就要起床，赶回双河乡政府出操，出完操就开始上山，走村入户，妻子晚上七八点打电话给他，他还在村里，没回乡上吃饭。

“百日攻坚”冲刺那时候，大家都夜以继日地奋战在扶贫一线，没有周末和节假，他与老婆异地，大儿子才上高一，小儿子还未满月，为了脱贫攻坚又兼顾照顾老婆和孩子，他计划把他们接到单位的职工宿舍住下，但遗憾的是在去接他们的前一晚，他猝死在了职工宿舍里。

翻看杨祖辉的微信朋友圈得知，在 2018 年 9 月 8 日，杨祖辉送大儿子到外地上学，临别时，望着儿子远去的背影不禁感慨：望着你远去的背影，心里清楚以后保护你的时刻会越来越少了，这个世界需要你独自去闯荡，雏鹰迟早是要离开巢穴飞向蓝天的，只有放手、放心才是对你最好的关爱！然而，谁也无法预知，这将是他和儿子的诀别。

他的妻子曾对他说过，她只想做他的贫困户，这是我听过最暖最真实最感动的爱情故事。作为一家之主，杨祖辉没有自私地把自己全给妻子，而是无私地投入工作，但是他的妻子马丽没有抱怨过杨祖辉。杨祖辉走后，马丽饱含泪水对县里的记者说：“祖辉虽然走了，但我无怨无悔，因为他走得英雄，走得光荣，我会培养好我们的孩子，照顾好老人。”

读完《目送》，感慨良久。其实，人生就是见一面少一面，不只是父女母子如此，亲人朋友也一样，每个人都终归会离开你，当你送别别人的时候，或许这会成为自己最后一次的送别。

时至今日，威信40多万老区人民群众已取得脱贫的阶段性胜利。杨祖辉已经离开我们两年有余，他微信朋友圈停在了2018年。同为送子入学，龙应台的目送是短暂告别，杨祖辉的目送却是生死诀别。我们送他走的那天，乡政府人山人海，群众用目光与他送别，我们随车队送行。从威信到泸州市叙永县殡仪馆才几十公里路，开了近2个小时，人们都想让时间过得慢一点。

他走了，但他的精神永远活着。他无私育人、舍己为公的为民情怀和高尚情操将与我们一同奋斗前行在社会主义道路上。

## 二、诀别杨学奎

2018年，对威信的干部职工来说是极为难忘的年份。为了贯彻落实中央、省、市的扶贫工作要求，威信要在2018年摘下“贫困县”的帽子。为此，人们不得不放弃周末和原有的假期，白天上班，晚上加班，走村串户填表成了工作常态，全县的干部职工付出了前所未有的精力在扶贫工作上。有的人，牺牲在了工作岗位上。

杨学奎，是脱贫攻坚战场上在我身边倒下的第二位战友。

他是我们党最基层的书记，也是我们特色体制下最伟大的人之一。他也是苗族，1986年参加工作。由于双河村就在乡政府院子内办公，他常忙碌在乡政府和村委会之间。我有幸与他同事了两年多。初识杨学奎，我才考到乡政府工作，在三楼的会议室里，他正在向乡党委的应永斌书记汇报工作，他穿西服，声音浑厚，思路清晰，看着像一位经验丰富的老领导。跟他说话，他像老父亲和自己的子女说话，让我们年轻人更容易走近他。

杨学奎殉职时任双河村的村委书记，之前他曾担任过双河乡科委主任、计生办主任、水泥厂长、村支书等职务，他的一生都在基层和群众打交道，善于与各种人交流、化解各种矛盾纠纷；特别善于做群众工作，深受群众喜欢。

2019 年 1 月 31 日，距离春节还有四天，早上，杨学奎带领村监委会主任施怀学到大石板村民小组走访陈庆芳、陈明方、廖绍银等几户他一直记挂在心上的建档立卡户。中午，他强忍着头昏，带领村委副书记谢太君等干部开展环境卫生整治，突然晕倒就再也没有醒来，匆匆地离开了这个世界。

噩耗传来时，很多人都不敢相信，尤其是当地的群众，在医生确认后，群众痛责苍天无眼，为什么倒下的偏是他们最喜爱的人。村民陈庆芳说："杨书记早上还在跟我说话呢，怎么可能转个身就不在了！我再三核实了消息之后，心头无比难过……我会按杨书记最后的嘱咐，开年出去打工，把自己的日子过好，不辜负杨书记对我家的期望……"

村民廖绍银回忆杨学奎说，他家两口子都在外边打工，家里的房屋修建都是老人在家操持，每次杨书记去他家入户走访，都会亲切地给他打电话，听说杨书记去世，内心悲痛难受。

杨学奎长着浓浓的八字胡，特别像个温暖的大叔。他爱穿西装，像个绅士，但口袋里会装着一些糖果，遇到年轻的同志就会给人家递过去。因为他们村的年轻同志比较多，大家都很喜欢和他在一起，尤其是女同志们，他会像照顾自己的女儿一样照顾她们。有一次我去村上对接工作事宜遇到他，由于天气冷，大家围坐在火炉边，边研判工作，边嚼着糖，除了他和村主任余勇，全是年轻人。那天他也塞给我几颗糖，我平时不喜欢吃糖，他说不行，说着手已伸了过来，他的手要比我的大，温暖的大手把糖递给我，那是整个冬天最甜最暖的糖。

他们村一名女大学生村干部叫曾凡飞，和我们差不多大，杨学奎去世后，媒体记者们爱来村上采访，每接受一次采访，她就把脸哭花一次，最厉害的一次哭得像只花猫，她流泪说：杨学奎书记对我们就像是对待他的儿女一样，有好吃的经常带来村上给我们吃，偶尔包里会揣着一些糖，问我们工作苦不苦？来！吃颗糖就不苦了。现在感觉他的离去是多少颗糖也无法弥补的苦。

在村里，杨学奎深受村党委班子的喜欢，因为他对同事亲切和蔼。印象最深的莫过于他与双河村的驻村督导员邹军的友谊了，他和那位督导员虽是初识，却更像是故友。

那年市委为了确保申请脱贫出列的每个贫困县都能如期脱贫，从市直各部门抽调精干力量组建督导队伍，为预脱贫县的每个行政村派驻一名处级干部作为督导员，下沉驻扎到村里，直接参与督导村的工作。双河村的督导员叫邹军，来自中共昭通市委办公室，曾经任职过乡镇党委书记，基层工作经验丰富，一来到村上就顺利入手基层工作，因而深受村上欢迎。杨学奎是村党委的领导，和督导员打交道的次数多。杨学奎和督导员的关系很好，我经常看到他们很晚了还在一起交谈工作。双河经常会停电，遇到停电他们就秉烛夜谈。邹督导员还喜欢写诗，把在乡村的工作感悟写成一首首诗歌，杨学奎就成了督导员的诗中主角。双河村与全县同步脱贫后，邹督导员回到昭通工作。得知杨学奎去世的消息后，第一时间冒着严寒赶往威信大山里，只为与杨学奎作最后告别，这次告别是永诀。

2020 年，注定是历史上不平凡的一年。回望过去，我们在战胜贫困和阻击贫困的道路上取得了一些胜利，同时也在抗击新冠疫情工作上取得了巨大战果，取得这些成绩，是党和国家的坚强领导，更是无数的基层党员干部辛勤付出的结果，有很多人付出了青春、汗水和热血，甚至有人像杨祖辉、杨学奎他们那样付出了宝贵的生命。他们的灵魂高尚伟大，像一面面旗帜永远在我们的心中飘扬。

杨学奎的朋友圈签名里有一句诗：若知寒松劲，待到风雪时。

“若知寒松劲，待到风雪时。”我仿佛看到了寒冬中的一棵棵雪松，任凭风雪的暴虐，不畏强暴、不怕困难地抗争着，这是杨祖辉、杨学奎这些英雄的个人精神与人格力量的体现，也是所有共产党员不畏艰难、雄气勃发、愈挫弥坚的精神再现。

2020 年 10 月 19 日写于昭通

（作者时任威信县双河苗族彝族乡人民政府乡团委书记）

# 扶贫的先手棋

郎学伟

扶贫先扶志，就是要把“扶志”作为脱贫攻坚的“先手棋”，坚持依靠群众、发动群众，变“要我脱贫”为“我要脱贫”。彻底摒弃“等、靠、要”和消极思想，树立战胜困难的信心和斗志，鼓励贫困群众主动学技术、找门路，用自己的双手摘掉贫困帽。

## 幸福生活只有靠自己的双手

王大华就是这样一个用自己的双手创造幸福生活的人。这个三十出头，清瘦而干练的小伙子，是莲峰镇南林村小寨子社人。父亲因病早逝，家庭的重担过早落在他稚嫩的肩上，他家也因此成了村里有名的贫困户。面对家庭的贫困现状，初中毕业的他不得不放弃继续学习的愿望，果敢地挑起家庭的重担，成为家里的主要劳动力。从此，他踏上了一条艰难、曲折的创业之路。通过10多年的艰辛努力，从种植大棚蔬菜、豌豆、魔芋、党参等各种中药材，到最终以花椒、烤烟两大经济作物获益，现已是南林村远近闻名的种植致富能手。近年来，他种植的花椒、烤烟年纯收入均在30万元以上。

他是一个敢于探索之人。他所居住的小赛子社，祖祖辈辈以种植洋芋和荞子为主，家家均是勉强糊口。面对收成差、不出种的土地，王大华大胆尝试，把原来海拔2000米左右种洋芋和荞子的土地改种成玉米，把海拔1800米左右的稻田改种成花椒。通过精耕细作、科学管理，试种一举获得成功。

他是一个勇于奋进之人。他不满足于传统种植业带来的微薄收益，针对莲峰的地理环境和气候特点，通过多方走访了解，他又试种党参、当归、防风等中药材。遗憾的是，由于缺乏技术和管理经验，加之中药材市场行情的瞬息多变，投入的资金血本无归，中药材种植以失败告终。但他勤劳苦干、勇于探索、积极向上的精神，引起了镇党委、政府的重视。在相关部门的支持和村两委的大力帮助下，他种植的花椒和烤烟，几经曲折，终于获得成功。他将花椒、烤烟的种植技术和管理经验毫无保留地传授给邻里乡亲，带动周围农户依靠花椒和烤烟的收益实现人均纯收入过万元。

他还是一个勤学上进的人。为了系统学习掌握花椒的种植技术，他远赴重庆江津区学花椒的种植、压枝技术，并熟练掌握了花椒的烘烤等先进技能。为了开阔自身视野，就借助手机、互联网等新型媒体，及时了解和掌握新型农业发展方向。

他还自费订阅了各种农业科普读物，及时掌握先进的农业耕作技术。如今，他已成为脱贫攻坚中，用自己勤劳的双手率先带头致富的典范。但他还在思考，在努力探索更好的致富途径。他一直在脱贫致富的路上奔走着、探索着，不愧为南林村民的致富带头人。

## 扶贫——要真心帮助贫困户办实事

贫困户之所以贫困，原因是多种多样的。有的贫困户，由于自身原因，生活能力有限，只能依靠政府来维持惨淡的生活。作为扶贫干部，我们要对这些可怜的、弱势的贫困户多一份理解，多一份包容，尽自己所能，帮他们办一些好事、实事。毕竟，每个人的生活都不容易。

南林村小寨子社唐雄、黄秀英夫妻俩最近就为新出生孩子落户问题犯了愁。儿子唐宇于2019年1月11日出生，至今还未上户口。尽管本人不急，但一线挂联人员急。没上户口，就意味着没有身份证号码，就不能录入扶贫开发系统，不能享受脱贫政策。一线挂联人员多次催促办理，夫妻二人就是没动静。究竟是他们自己嫌麻烦不想办理，还是有什么难题阻碍了他们办理？为了弄清楚问题的根源，挂联人员多次上门询问缘由，但每次都被各种回答弄得啼笑皆非。问及是否有什么困难，只答没有结婚证办不了。尽管挂联人员已经极尽详细地和他们说了补办结婚证的程序，但他俩也只是"左耳进右耳出"，就当没有这回事儿。嘴上答应得好好的，态度极其诚恳地说一定把事情给办了，却还是一切照旧，踏遍田间地头，就是不进民政局。我们能怎么办？再苦不能苦孩子啊，只能亲自带着他们解决问题了。

2019年8月15日，我到他家，叫他们带上户口本、身份证去民政局办结婚证。唐雄的证件倒都齐全，但黄秀英只有身份证，户口本放在了万和村外婆家。没办法，我只得驾车送两人去取户口本。

早上11点左右，我们一行抵达万和村。好巧不巧，她外婆不在家，家里也没其他人，又无法电话联系，邻居说可能去万和街上卖花椒去了。思忖片刻，我决定到街上赌赌运气。天公不作美，没赌对，只好失望而归。幸好，下午运气不错，碰到外婆成功拿回了户口本。我长舒了一口气，可算完成了第一步，心中也按捺不住窃喜了一阵。

我们一起到镇民政所，拿上婚检申请表，先到复印店复印身份证、户口信息，再照相，到镇卫生院体检。帮他们填写相关表格，等他们体检完后，又帮他们拿上体检报告到镇民政所交婚检报告。一打听，所里没有结婚证本了，只有等到本月26日再来，帮他们办结婚证。

至此，帮办结婚证的工作才算暂时告一段落。事后，我冷静分析了唐雄夫妻迟迟不办理结婚证、孩子落户手续的原因：一是黄秀英户口本在万和村外婆家，去拿太麻烦；二是不想出钱，虽然婚检、领结婚证不花钱，但复印材料、照相等要花钱；三是文化水平不高，法律意识不强，总觉得结不结婚、落不落户无所谓。想到这里，我才深觉，扶贫之路，除了促进地方经济发展之外，还有很长的路要走。

## 亲力亲为，推升人居品质

王关荣，女，现年 49 岁，体弱多病，南林村小寨子一家三口的户主，2018 年脱贫。婆婆 83 岁，中共党员，患白内障。儿子吴安勇，21 岁，浙江务工。这是一个典型的困难家庭，儿子常年外出务工，家中两个妇女，一个体弱多病，一个年老体衰，家庭的重担全靠王关荣一人支撑。如何改善人居环境，增加贫困群众的获得感、幸福感?

为了改善她家的居住环境，我们做了以下努力：一是帮助搬运木料。一线挂联干部、驻村工作队队员于 2019 年 9 月 26 日抽出了一早上的时间，将沉重的木料搬运至院中，并码放整齐。二是帮助申请中材集团捐赠的 1 吨水泥，用于粉刷所居住房屋，让住所光线明亮起来。三是联系社干部检修线路，安装电灯。四是帮助申报厕所、畜圈，做到人畜分离、品质提升。

通过一系列的帮扶措施，王关荣的居住环境得到了很大的提升。直到现在，她感恩党的温暖，赞颂党的声音不绝于耳。

（作者时任昭通市工信局信息化和信息产业科科长）

# 燃烧的赤子情怀

陈科芳

“活着一天就要奉献一天”是他的人生格言，“为人质朴、工作踏实”是同事们对他的一致评价，“办事公道、不摆架子”是老百姓们对他的衷心赞赏，36 张荣誉证书是各级组织对他的高度认可。他，就是威信县人民法院的陈祥泽同志，大家习惯称呼他“老陈”。工作 34 年来，他先后担任法官、新农村指导员、驻村扶贫工作队队长，始终扎根基层，以赤诚之心维护群众利益，每一个岗位都以高度的责任感和奉献精神，兢兢业业、埋头苦干，从未辜负过领导的信任和百姓的期盼。

务实为民，他把群众当亲人。2009 年，因陈祥泽同志群众工作做得好，又在旧城镇工作过较长时间，被抽调到旧城镇参加新农村建设工作，任工作队队长，这一任便是 5 年，后又转任水田镇新农村工作队队长 2 年。新农村建设工作任务艰巨、涉及面广，还需要抛家离子、长期驻守乡村，十分辛苦，但他没有丝毫抱怨，他说：“以新农村指导员的身份回到农村，仿佛回到了自己的家，回到了亲人们身边，看着我参与的项目一项项完成，我心中很有成就感。”

担任新农村建设工作队队长 7 年，他走访农户 2120 余户，召开家庭座谈 1800 多人次，指导调解纠纷 763 起。在进村入户调研过程中，他以诚相待、真心融入，和群众同吃同住同劳动，尽力为群众排忧解难，拉长为民务实的清单。他一直坚持群众的需要就是命令。2014 年 4 月 11 日，水田村田湾村民小组一位五保老人与岩脚村民小组因公路的使用发生纠纷。老人找到他需要他的帮助。他马上前往田湾、岩脚两个小组反复摸底调查，摸清情况后，从情理、法律、道义等多方面做双方思想工作，思想工作做通的时候已是深夜。这样随时满足群众需求的情况数不胜数，而他也用一颗赤子之心换来了群众的信任和关怀，与群众建立了深厚感情。

2012 年，他因多年超负荷工作，患上了胃肠道间质瘤，手术虽保住了生命，却需要长期服药，且随时可能复发。领导和同事都劝他退休养病，可他拒绝了，他说："就是放不下，也闲不住！"而他，也的确没有因为身体影响到工作，一如既往地认真负责，积极创新，积极配合党委政府的中心工作，为老百姓办好事办实事，先后 2 次被云南省委、省政府表彰为新农村建设优秀工作队队长。

2016 年，威信县脱贫攻坚工作全面铺开，他主动申请加入，被任命为鱼井村驻村扶贫工作队队长。鱼井村在高田乡的西面，山高谷深，村与村对山相望，户与户隔岭相呼，交通闭塞，还有 5 个村民小组未通公路，其中大坡上、田坝、凹坪 3 个村民小组需步行一两个小时才能到达。老陈继续发扬新农村建设时"蹲得下来、沉得下去"的理念，带领同志们，和村民同吃同住，仅用 4 天就走遍全村 12 个村民小组，386 户人家，与贫困户们在田间地头、房前屋后促膝长谈，熟悉情况，摸清家底。

崎岖的山路对于病弱的他而言，每一天都十分辛苦，但他依然一次次彻夜难眠，贫困户们的所难、所想、所盼装满了他的大脑。乡村的夜晚十分寂静，那一声声空巢老人无奈的叹息，那一双双留守儿童胆怯的眼神，那一户户饱含贫困飘摇的老屋……似乎都在敲打着无边的黑暗，让他无比心酸！他暗暗发誓，一定要排除万难，让这些贫困了几辈子、十几辈子的乡亲早日脱贫！

怀着这样的信念，他一次次用疲倦的双脚丈量着鱼井村的山山水水、沟沟壑壑，对全村建档立卡的 37 户贫困户房屋、经济来源、人口状况、子女入学、贫困原因等情况了如指掌，为每一户绘制出脱贫致富的蓝图。危房改造、异地搬迁，他积极帮助贫困户协调地基、帐篷、绘制建房图纸、筹集资金、联系建材；为了长远发展，他协调群众修公路、挖水井，鼓励贫困户养猪、养牛、种植龙胆草。

在这期间，他还充分利用自己从事法官多年，熟悉群众工作的特长，为群众调解矛盾纠纷，帮助群众解决实际困难。如贫困户罗某凤丈夫死亡多年，独自将儿子抚养成人，但她儿子在家闲置，不务正业，还常醉酒后殴打母亲，村、社干部拿他没有办法，老陈了解情况后，多次对母亲从家庭现状、自身发展情况及法律角度做思想工作，引导他孝顺母亲，外出务工赚钱，据罗某凤反映，儿子现在不喝酒了，对她也孝顺了。又如贫困户钱国忠、钱国才修建房屋时没有住处，只能用花胶纸挡住头顶，住在山林里，下雨天床铺被褥都会被雨淋湿，生活极其艰苦，老陈了解情况后，及时帮助他们联系帐篷并亲自送到他们家中，解决了他们的困难。平时帮助贫困户处理建房过程中出现的地基、建材等矛盾纠纷更是多不胜数……

按医生要求，老陈每个月必须到成都华西医院复查。但为了不影响脱贫进度，他一直没去。2016 年 9 月初，病情复发了，医生说必须马上手术。由于是二次手术，家人十分担心，亲戚、朋友也劝他至少到医疗条件较好的泸州去做，但他说："目前正是脱贫攻坚的关键期，我就在威信做，稍好点还能到村上开展工作。"单位领导了解情况后，想找人顶替他的岗位，他说："新人毕竟需要一个熟悉的过程，让贫困户们早日脱贫，是我的梦想，还是我去吧，我在工作中小心点，实在不行的时候再向组织汇报。"就这样，手术完才一周，他就和医生商量，白天下乡工作，晚上回医院治疗。但他说的"小心点"似乎没做到，在这样坚持了一个月后，伤口严重感染，还引发了囊肿、肛漏等并发症，被迫转往泸州进行第三次手术。

现在，身体稍微恢复了的老陈依然站在扶贫攻坚的前线，驻守在高田乡鱼井村，依然不停地在贫困户中间穿梭着。在他的带领下，鱼井村的公路修起来了，水井挖起来了，贫困户们房子建起来了，猪、牛、鸡养起来了……脱贫工作开展得如火如荼，乡村满载着团聚和希望的欢声笑语。

（作者系威信县人民法院政治部干警）

# 大山深处的扶贫人

陈科芳

在决胜脱贫攻坚的大山深处，有这样一个人，总是风里来雨里去：进村入户，留下长长的身影；农家田舍，留下深深的足迹；崎岖山路，洒下艰辛的汗水；潺潺小河，流淌赤诚的深情。他一路稳扎稳打，让贫穷的老百姓走上了脱贫致富的道路。他就是威信县人民法院驻高田乡高田村工作队队长，并连续两年被县委评为驻村扶贫工作优秀队员的陈正强同志。

## 初次访问贫困户，群众冷暖系心中

2016 年起，威信县脱贫攻坚工作全面展开，他按单位派遣加入了扶贫工作队伍，任高田乡高田村驻村扶贫工作队队长、村党委第一书记。2016 年 1 月 26 日，时年 55 岁的陈正强同志带领队员们冒着大雪封山的危险到高田乡报到，入驻高田村，开始了他的扶贫工作。

高田村虽在高田乡集镇所在地，但山高坡陡，沟壑纵横，村民之间隔山相呼，闻其声难见其影，是群众生活极其贫穷、环境极其恶劣、条件极其艰苦的乡村。而且交通闭塞，还有 6 个村民小组未通硬化路，两个村民小组未通水。陈正强同志带领队员们，冒着春寒料峭的细雨，踏着泥泞的山路，来到村民小组，仅用7天就遍访了全村建档立卡贫困户27个村民小组66户人家220口人，与贫困群众在山路上、田角边、农户家中交心谈心，熟悉情况，摸清家底，实现扶贫对象精准化。

遍访路上，一座座破旧飘摇的老屋，临风而立，默默守望着岁月的苍凉，不断震撼着他的心灵。2016年3月20日，走到竹林头村民小组魏治秋家时，眼前的情景更是深深地刺痛了他，因交通不便，魏志秋家仅依靠几亩贫瘠的土地艰难度日，一家三代8口人仅挤在30平方米的茅草房里，家里没有一件像样的家具，甚至连翁媳之间的床都只是一张塑料纸相隔。

山村的夜晚很寂静，那一声声老人无奈的叹息，那一张张青壮年憔悴的苦脸，那一双双孩童呆滞的眼神……似万颗钢针锥在他的心头；贫困户们的所期、所盼，像黑夜里燃烧的野火一样，在他眼前晃来晃去。他不停地拷问，为什么在这块贫瘠的土地上，总是生长着贫穷与苦难？他决心把扶贫工作系在心上、抓在手上、扛在肩上，全力以赴点燃贫困家庭的希望之火，让贫困群众尽快脱贫致富。

## 思想先行抓学习，做群众的贴心人

怀着为老百姓办实事、干好事的情怀，他认真学习了党和国家对农村的路线、方针、政策，深刻领会了中国特色社会主义新时代思想内涵，还积极参加乡党委举办的精准扶贫业务培训，努力提高自身素质。并不断通过实地走访调研，向同事和群众请教，迅速实现从一名法官到村第一书记的角色转变。

作为村第一书记，他深知思想建设的重要性，高田村有党员122人，其中在外务工党员18人，预备党员2人；全村辖党支部5个，党小组20个。

他结合高田村实际，把强党建促扶贫工作与开展“两学一做”和习近平总书记系列讲话教育活动结合起来，充分发挥农村党员先锋模范作用。两年来，他认真准备每一次学习材料，精心制作每一堂会议讲稿，周密组织每一次议事会议：两年来上党课 8 次、召开党支部会 5 次、党小组会 25 次、召开党员大会 12 次；召开组织生活会 4 次、民主评议会 4 次；带领党员撰写读书笔记 432 篇。在精准扶贫工作方面宣传党的方针、政策，平均 30 人以上规模的宣讲 218 场次；宣讲《习近平的七年知青岁月》6 场次 160 人；在全村 5 个党支部宣讲党的十九大精神 3 场次 75 人。按组织程序发展了 2 名预备党员，1 名预备党员转为正式党员，经过常态化的努力，高田村的党建工作特色明显，卓有成效，得到了有关领导和组织部门的高度好评，并在七一期间获得了“先进党支部”的荣誉称号。

陈正强同志业余时间喜欢文学创作，在全国文学大赛中，20 多次获得国家级、省级大奖，现被推选为“威信县名家”、威信县委联系专家。在扶贫工作过程中，他充分发挥自己的特长，撰写宣传贯彻《习近平的七年知青岁月》、党的十九大精神讲稿 4 篇 6 万余字；为县委撰写“八荣八耻”宣传词一篇；业余创作宣传扶贫的诗词、歌词 80 余首，创作花灯歌舞剧本 3 个，丰富脱贫攻坚宣传及文化建设。

## 全力做好带头人，脚踏实地干实事

作为驻村扶贫工作队队长，他深知要做好工作不但要有满满的激情，更要脚踏实地干实事、干好事，他与同志们团结协作，紧紧围绕改善村级基础设施建设和提高群众生活水平这一思路，一件事情接着一件事情办，全面推进村集体建设发展。他还亲自拟定《高田村精准落实扶贫措施实施方案》《高田村高田、楠木桥村民小组文化活动场所房屋建筑承包合同》《高田村精准识别摸底调查工作整改报告》《增强“三情”意识，探索发展脱贫之路》等文件，让扶贫工作有计划、思路清晰地开展。

高田村唯一的村组干道大水沟公路（涉及沙子坝、竹林头、旧屋基、岩脚、岩家洞、河条6个村民小组）由于年久失修，路面坑坑洼洼，群众生产积极性严重受挫。要致富，先修路，他带领工作队和村两委想千方设百计，经多方努力筹措到资金12.1万元，又和村组干部动员村民投工投劳，经过近两个月的艰苦奋战，终于修通了一条宽4米长6公里的沙石路。对于其他严重影响村民出行的路，他与法院领导及相关部门沟通协调，努力筹措资金，硬化了村组公路5条共计15.3公里，维修了村组公路共计5公里；新建和硬化了村组连户路共计5710米，新建学生路共计9000米，受益农户418户1809人。为解决村民小组人畜饮水困难问题，与村两委同志们认真研究后，拟新建8个村组自来水饮水工程，极大地提高了村民的幸福指数。

在贫困对象动态管理整改回头看过程中，他带领工作队队员与村两委齐心协力，再次精准识别贫困户277户1082人，并针对不同的致贫原因，实施养牛、养猪、种魔芋、洋芋等产业项目解决235户的稳定增收，民政兜底保障解决18户20人的脱贫，劳务输出培训转移就业解决30户人家的脱贫……

在为期两个月的低保清理过程中，他带领工作组和村两委完成农村低保清理423户452人，建档立卡全兜底户31户52人，半兜底户84户330人；脱贫增收162户283人。贫困户新农合、新农保参保率达100%，全村基本医疗，社会养老均得到了保障。鼓励建档立卡贫困户住房建设115户439人（C级危房45户，D级危房39户，无房户7户，A级/B级房23户）。新建村民小组文化活动场所2个。新建垃圾池和垃圾桶等，提升人居环境改造，让全村群众切实感受到村容村貌的新变化。

在他的带领下，今日的高田村公路硬化起来了，贫困户们房子建起来了，山地乌骨鸡养起来了，集体养牛合作社发展起来了……乡亲们找到了致富的方向，群众笑了，大山笑了，河流笑了，他也笑了。他感慨地说："扶贫工作队不但要成为党的'宣传队'，也要充当党的'播种机'，更要锻炼成为体察民情的'实干家。"

（作者系威信县人民法院政治部干警）

# 盛开在乌蒙大地上的民政之花

李爱菊　丁洪涛

2019 年 10 月 12 日清晨，天空下着小雨，湿漉漉的停车场上突然响起了急促的脚步声，一群拎着公文包打着雨伞的人匆匆来到了停车场。“人都到齐了吗？基本情况都熟悉了吗？手机里都有宣传视频了吗？”此时一个甜美的声音打破了清晨的宁静。

话音刚落，一群人你一言我一语地附和着：

“到了，到了，都到齐了，昨天都把老人们的情况告诉大家了。”

“熟悉了，熟悉了，今天一定想方设法把老人们动员到敬老院去，视频都发给大家了。”

“好的，那大家都上车吧，我们出发了。”

甜美的声音再次响起。一行人在她的号召下迅速地登上了车，随后两辆车缓缓地驶出了停车场，朝着远方急速驶去。

这是我们市民政局挂联组的 8 名工作人员从昭通出发到大关县寿山镇动员失能半失能特困老人集中入住敬老院，发出号令的是黄晶晶。中午一点左右，黄晶晶撑着伞艰难地走在通往寿山镇元坪村寨堡社的蜿蜒曲折泥泞小路上，此时的雨势并没有减弱，晶莹剔透的雨滴如断线的珠子，打在伞上、庄稼上、树叶上、小路上，一时间雨击伞响声、脚踩泥土声、风吹树叶声、谈话声交织在一起，奏响了大自然最美妙的歌曲。经过一个多小时的艰难跋涉，黄晶晶来到了 89 岁失能特困老人罗安珍的家。

两间砖砌瓦盖的房子，房门半掩着，石碓和水缸并排在屋檐下。石碓已失去昔日的光泽，只有碓底光滑的内壁依然记载着曾经的历史；缸口已残缺的水缸盛满了水，一块木板半掩着盖在缸口，水缸内壁的青苔依稀可见。房子的周围长满了葱郁的树木，一小块狭长的菜地里种着些许的白菜、青菜和小瓜。屋前的院坝泥泞不堪，漆黑的水流肆意地流淌在院坝之中。眼前的一切深深地触动了生活在闹市中的黄晶晶，她的神情突然凝重了起来，略带哽咽地说：这种地方能住人吗？同行的人都沉默不语，良久之后一个声音响起：门是开着的，人应该在家，我们进屋看看吧。

推开半掩着的门，屋内漆黑一片，什么也看不见，一股刺鼻的恶臭让人情不自禁地捂住了口鼻。有人在家吗？……有人在家吗？黄晶晶接连问了几遍也没有人应答。突然一阵咳嗽声打破了宁静，伴随着咳嗽声，一个孱弱的声音问道：诶，你们是谁，你们找谁啊？寻着声音发出的方向，黄晶晶揉了揉眼，睁大眼睛努力地搜寻着。

渐渐地，屋内的陈设逐渐清晰了。两条矮矮的木凳、一张在石头上用木板搭成的床、一个漆黑的火塘、四周的墙壁黑黝黝的，墙上没有窗户、墙角凌乱地堆着些杂物，一张方桌上放着个电饭煲，床上的棉絮已失去它原本的颜色，一条破了洞的垫单盖在棉絮上，一床破旧的红色毛毯上杂乱地堆着破烂的大衣，除此之外一无所有。

此时一只枯瘦的手慢慢从红色毛毯里伸出，微微地抬起。黄晶晶走到床前半蹲着身子，双手握住那只枯廋如柴瑟瑟发抖的手，轻声地问道：您是罗奶奶吧，我是市民政局的工作人员，今天专程来看望您，您哪里不舒服啊，怎么咳得这么厉害，有没有上医院去看病啊，怎么就您一个人在家呢，有人照顾您吗？

罗奶奶没有回答，只是用力地拽着握住她的手，想要坐起来。黄晶晶往前一步，一只手拉着罗奶奶，另一只手搂住罗奶奶的背，把罗奶奶扶了起来。罗奶奶掀开被子，慢慢地坐到了床沿上，此时，人们才看清了罗奶奶的面容。一张苍白消瘦满是皱纹的脸，一头不知裹了多少层黑布的头巾，一件蓝色衬衫外面套着一件宽大的红色外衣，一条松垮的裤子只能勉强遮住下身，稍不注意就会滑落，罗奶奶的手一直死死地抓着裤子。看着眼前的罗奶奶，在场的每一个人心中的五味瓶瞬间被打翻，各种滋味一股脑儿地涌了出来，都说“爱美之心人皆有之，更何况天生爱美的女性呢”！

黄晶晶眼眶早已湿润，硕大的泪珠在眼眶里打着转，她低下头背对着众人偷偷地拭去了眼泪，抬起头再次俯身蹲在罗奶奶跟前不停地帮罗奶奶整理着衣服，心里很多疑问“罗奶奶生活不能自理，她是怎么洗澡的？上厕所是怎么解决的？如此差的生活环境下生活了多少年？我们是不是来迟了？”随后哽咽着问道：“罗奶奶，我们送您到敬老院去住吧。罗奶奶没有回答，而是抬起了头往门外看去，这时人们才发现，罗奶奶的儿子周正和歪斜着身子倚靠在门框上。

周正和，69岁，同样是特困人员，但他身体好，平时就爱抽烟、喝酒，种着点玉米、土豆，收成总是不好，没事的时候就爱在人多的地方拉家常，遇到这样的雨天就在家里睡大觉，刚才来的时候没有见到他，看他此时睡眼蒙眬的样子，应该是才起来吧。母子二人没什么收入，就靠民政的特困供养金维持基本生活，一直以来都是周正和照顾罗奶奶的生活，从目前的情况来看，他们的生活远比想象的糟糕。

黄晶晶走到周正和身边说：你是周大哥吧，我是市民政局的工作人员，这次来是看望你和罗奶奶的。周正和有气无力地说道：市里的，来看望我们？怕是又要把我母亲送养老院去吧，明确告诉你们，我——不同意。听到周正和的回答，黄晶晶很是吃惊，再看看旁边的罗奶奶，无名的怒火在心底熊熊燃烧，但是她压住怒气，依然和气地对周正和说：周大哥，你这是怎么的呢，现在国家的政策这么好，今年的特困人员保障标准又提高了，你和母亲每月的生活补助都有732元了，两个人的加起来有1462元了；再加上你母亲每月151元分散供养护理补贴，一年下来有19356元了，你怎么不好好地照顾一下母亲呢，这些钱每年除了买几套新衣服外，还可以把生活过好啊，怎么把母亲弄成这样子呢？

听了黄晶晶的话，周正和略显惭愧，语气和顺地说：是啊，领导，都是现在国家的政策好了，不然谁会平白无故地给你钱呢。这些年多亏了你们民政的帮扶，不然我真不知道该怎么办，但是我真的不愿意把母亲送到敬老院去。两年前母亲也到县城敬老院住过一段时间，去了后把钱也收了，还不给出来，起床、吃饭、睡觉的时间都是固定的，后来我就把母亲接回来了，住在家里我也很烦啊，想走都走不开，但是没办法。

听了周正和的话，黄晶晶接着说：周大哥，听你这么说，我知道你是很明事理的人，这次我们不把你母亲送到县城去，我们就在木杆镇这里新建了一所敬老院，前几天刚开业，现在都有100多位老人住在里面了。都是新的楼房，里面有专人负责大家的伙食，有专业的医务人员，生病了在里面就可以直接看，动不了的老人还有专门照顾的人，条件是相当好，不信你来我给你看看敬老院的情况。这时黄晶晶拿出手机播放敬老院宣传视频，周正和看了视频后脸上露出了笑容，微笑着说：有这么好吗，是不是真的啊？黄晶晶说道：当然是真的，这是前几天工作人员现场拍摄的，都是真实的情况。

周正和接着说：要是把母亲送到敬老院去，是不是她的钱就不发给我们了？黄晶晶说：到了敬老院，吃饭不要自己出钱，每年还定期发新衣服，每月都会给老人们发点生活费，生小病直接在里面就可以治疗，到医院住院的话还有专门的人去照顾，这些都得花钱，况且里面有很多老人还能结交朋友。住到敬老院去你的母亲就能有每月835元的护理补贴，之前直接打给你们的钱就要打到敬老院了，毕竟敬老院请那么多员工来照顾大家是要花钱的。

听了黄晶晶的介绍后，周正和又说：是不是我们住到敬老院，我们的房子就要拆了？这时一同前往的村干部说：你放心地去，房子我们给你看着，一定不会拆了你的房子。

听了村干部的话，周正和走到母亲面前说：妈，听领导们说木杆这里新建了敬老院，领导们说的你都听见了吧，要不送你去看一下，如果没有他们说的这样好，我就带你回来。黄晶晶接着说：罗奶奶，今天我们开车亲自送您去，要是您不满意想回来，我们再送您回来。听了儿子和黄晶晶的话，罗奶奶点了点头。

经过黄晶晶一个多小时耐心细致的介绍，终于说服周正和同意罗奶奶入住敬老院，大家赶紧帮着周正和收拾东西，一个村干部背起罗奶奶离开屋子，黄晶晶脸上重新露出了笑容，一行人如释重负。此时的雨小了许多，西边的天空露出太阳的笑脸，远处的山涧间出现了美丽的彩虹。

驱车来到敬老院已是下午三点四十分，敬老院的工作人员热情地将罗奶奶搀扶进了敬老院，办理了入住手续后，工作人员为罗奶奶洗了澡、剪了指甲、里里外外换上崭新的衣服，梳洗完毕后将罗奶奶送到干净整洁的宿舍休息。罗奶奶看着眼前的一切，流出了眼泪，黄晶晶来到罗奶奶的床边，握着她的双手说：罗奶奶，您看这里挺好的，您就安心地住下吧，我会常来看您的。罗奶奶微笑着说：真是太好了，从来没有人给我洗过澡，这些娃娃就像对待他们的父母一样对我，好得很了。此时，黄晶晶感觉到罗奶奶的手不再颤抖了，这时她才明白，原来罗奶奶在家里身体颤抖是因为她太冷了。她们就这样牵着手聊了许久，不知不觉已到黄昏。

最后，周正和看到母亲前后的变化，仔细查看了敬老院的情况后，他也主动要求入住敬老院，以便能够照顾母亲。挂联组的其他同事也将自己动员的老人陆续送到了敬老院，我们 8 个人一共动员了 9 人入住敬老院。黄昏时分，挂联组的同志们拖着疲倦的身体，满心欢喜地登上了返回的车。

这是发生在我们身边的真实故事，这也仅仅只是民政工作的一个缩影，在动员失能、半失能的特困人员集中入住工作中，全市民政系统 2000 余干部职工和专职工作人员下沉基层一线，人人划定责任田，亲自带头动员入住，全市 4455 名特困供养人员进入敬老院集中供养，彻底改善了他们的生活，改变了他们的命运，创造了特困人员集中供养增速和净增人数均位列全省第一的优异成绩。从药山之巅到金沙江边，从力推集中供养到力排事实孤儿，从服务易迁到进村串户，无不深深地留下了民政人的身影，播下了民政人的情怀，体现了民政人的担当。

我将无我，不负人民。在决战脱贫攻坚的道路上，我们民政人不舍昼夜，永不懈怠；在决胜全面小康的征程中，我们民政人披荆斩棘，一往无前；在建设大美昭通的浪潮里，我们民政人以梦为马，扬鞭奋蹄。全市民政干部正以“只争朝夕，不负韶华”的紧迫感，用大爱之心诠释“菩萨事业”，唯有“您来，我养您一辈子”“把您的苦难全部掳走”，方能释怀……

（作者李爱菊时任昭通市民政局副调研员，丁洪涛系昭通市民政局社会救助科工作人员）

# 那些无私奉献的扶贫干部们

杨　杰

大关县，山高坡陡，沟壑纵横。全县99%的国土都是山地，因境内关隘险阻，道路崎岖，故称大关。地无三尺平，天无一丈宽，是大关县自然环境的写真；峭壁上谋发展，峡谷中求生存，是大关人工作生活的写照。这里留给人们的只有那亘古不变的贫穷和落后的记忆，以及为了改变命运而孜孜不息的悲壮传说。

面对那贫瘠的土地、低矮的老屋、落后的交通，以及那缺医少药的病躯和几十里的求学、赶集之路，有几人能不为之恻隐？这些在贫困线上苦苦挣扎的人们，要过上中国普通人家的生活，就算比别人多付出数倍的艰辛，投入几代人的努力，也未必能达成。

作为一名曾经的驻村扶贫干部，我深深体会到扶贫工作的艰辛与不易，也十分理解扶贫一线干部身上担子的沉重。回首这些年扶贫岁月的点滴，许多事恍若昨日记忆犹新。在往事的瀚海中选几则小故事，与大家分享扶贫干部和扶贫工作的苦与乐。

# 关键时刻有老刘

记得2009年刚到乡镇参加工作时，就与扶贫工作结下了不解之缘。那时候的乡镇干部都必须挂村，我挂的是南甸村，一个曾出产过贡米的地方，现今却是一个深度贫困村。每次到村都有忙不完的扶贫工作，不是走访困难群众，就是开群众会宣讲扶贫政策。

初秋的一个早晨，在镇党委何委员的带领下，我们约了一辆锈迹斑驳、嘎吱作响的面包车，从镇上向村里出发。经过一个多小时的颠簸，总算到了村里。和村“三委”干部简单碰头开了工作会后，我被分配跟着村支书老刘到桃园社去做群众工作。

这次去主要是评选农村最低生活困难保障户，听说分配给桃园社的低保指标有点少，群众矛盾意见大，之前评了一次没评下来，这次估计也很悬。

果不其然，爬了十多里的山路，终于在中午赶到桃园社开群众会时，与会群众就你一句我一言地拉开了嗓门大倒不满，什么要是自己评不上别人也别评；什么要评大家评；什么都别评了，要穷大家一起穷……嚷了差不多有半个小时才渐渐消停。我这个刚参加工作不久的小干部，算真正见识了什么叫众口难调，群众工作难做。

之后，无论老刘和我怎么讲政策、做工作，群众意见总是有分歧。关键时刻，老刘放出狠话，“如果今天再评不下去，低保指标就调给其他社。”开会群众坚决不同意，看来他们嘴上虽然说得硬，但真要放弃还是舍不得，最后不再争吵，一致商定今天无论如何也得把低保评下来。

意见统一后，就是确定评选方式。抓阄评不民主，推荐人选评，各人都推自己，指定人选又有优亲厚友嫌疑。研究了半天也没个好的评选办法。

这时，在旁边角落里一直抽烟没说话的老刘把剩下的烟蒂一扔，“就从全社最困难的农户当中来选。”这个提议得到了大部分人的认可。

随后，大家对桃园社每一户家庭的经济状况进行了分析讨论，最终推出

12 户家庭条件十分困难的农户竞选 6 个低保指标。再之后，经过秘密填票、当场投票、现场点票等流程，初步评选出得票最高的前 6 户作为低保户。

被评上低保户的农户自然高兴，而未被评上的部分农户情绪就不好了，不但不认可评选结果，还抨击评选不公。直听得我头大，简直是无理取闹。

关键时刻还得看老刘,面对这些蛮不讲理的农户,他义正词严地指责道：“这 6 户都是我们大家现场监督投票选出来的，有谁不同意评选结果就是与桃园社 23 户老百姓过不去，以后有什么惠民政策大家都不要考虑这种人。”

老刘的话如一击重锤在人群中炸了锅，大家纷纷支持老刘的意见。那些刚才还嚷着要到镇政府去告一状的刺头儿一看犯了众怒，只得改口，“既然是大家选的，我们哪能不同意！”

见大局已定，我们赶紧趁热打铁，举手表决、张榜公示、签字按印一整套后续程序如行云流水般走完。随后，老刘又向大家讲起了当前的扶贫惠民政策，鼓励大家自力更生发展生产。

村干部下乡不止做一件事,但凡邻里纠纷、土地边界矛盾调解都属于我们的工作职责，不知不觉做完这些事已是夕阳西下。桃园的群众很热情，纷纷留我们吃晚饭。当我们偎着一束微弱的手电光，转山绕水回到住处已是大半夜。

真是晨去不知路遥，晚归已是迟暮，这就是基层一线村干部扶贫工作的实情，我们的工作虽然简单直接，但承载着千百万贫困群众的希望。

## 小邓没吃上的那顿饭

2017 年的夏天，小邓被单位抽调下来协助我们驻龙坪村扶贫工作队开展精准识别工作。小邓 2015 年考到我们单位，是一个说话温柔、身材娇小的女同志。

一到村上，小邓就投入到紧张的工作中。白天，走村串户，开评议会，调查农户基本情况；夜晚，汇报情况，开研讨会，分析数据，核对信息。

那段时间的天气反复无常，白天酷热难当，夜晚却整宿下雨。6月23日，当晚全县普降大雨，龙坪村雨势尤为猛烈。龙坪村山高坡陡，地质脆弱，能经受得住这样恶劣的天气吗？带着这样的疑问和担忧，小邓久久无法入眠。

天刚蒙蒙亮的时候，迷迷糊糊中，小邓被驻村扶贫工作队的华哥急促的敲门声惊醒，“快快快，小邓，有紧急任务，赶紧起来集合。”

小邓的心怦怦直跳，出什么事了，带着满腹的疑问，她赶紧穿好衣服就往外跑。雨还在下，电早停了，天色一片灰暗。

来到村委会院坝内，就听见龙坪村党总支谢书记讲道：“同志们，由于连夜暴雨，我们村春天村民小组老邓等几户贫困户的房前，均不同程度地出现了大面积的塌方，亟需我们救援。现在我宣布，由村上的干部和驻村扶贫工作队队员组成紧急救援队，立即前往春天社开展抢险工作，有谁身体不舒服或者是不愿意去的，现在可以提出来。”话语一出，无一人犹豫，无一人逃避。大家都异口同声地大声答道：“没有！”谢书记顶着阴沉的天，斩钉截铁地宣布：“好，没有，出发。”

谢书记一声令下，小邓和全体人员跳上了车。正准备驱车前往春天社时，只听谢书记说：“小邓，你是女同志，就不用去了，前边很危险”。

小邓咬了咬牙，“不行，既然我是扶贫干部，抢险就是我义不容辞的责任，我必须去。”拗不过小邓的坚持，大家只得同意。

车在危险的山路上盘旋，两旁不时还有山石落下。放眼望去，车窗外，大面积的苞谷倒伏，雨伴着风淅淅沥沥地下着。快到湾子村民小组的时候，突然，前方公路上出现了大面积的山洪和泥石流。原来，连夜的暴雨将新修至老邓家的村组公路冲垮，山洪裹挟着泥石流把村主干道堵塞了。

这可是唯一的救援通道。简短的商议后，大家决定徒步抬着救援物资，直接顺着塌方旁的陡坡前往受灾点。没有任何迟疑，救援队稍作整顿即刻出发。

谢书记在前面探路，村委会舒主任、舒副主任和村监督委员会付主任抬着救灾帐篷紧随其后，驻村扶贫工作队队员华哥、小周和村委会李委员等同志扛着支架走在队伍中间，小邓则和陈委员扛着党旗，在队伍后面压阵。

这应该是小邓记忆中最难爬的山坡了，山坡非常的陡，水掺着泥，一脚下去，泥拌着沙，加上负重而行，脚踩进去就很难拔出来，有些地方必须手脚并用才能爬上去。同时，还得随时提防着山上的落石和一旁的山洪。后来，大伙儿索性把鞋子脱了，光着脚往上爬。

小邓回头向下望着陡峭的山坡，心吓得怦怦直跳，这要掉下去，后果不堪设想。但握着手中的党旗，看着爬行的队伍，小邓一边懊恼自己的胆怯，一边勇敢地又跟着队伍前进。就这样，在战战兢兢中，经过近四十分钟的艰难攀爬，救援队终于到达春天社老邓等几户受灾农户的住处。

经过村上同志的介绍，小邓才了解到，原来老邓几户人家住的地方之前就被勘查出是滑坡隐患点，镇上、村上和扶贫工作队都已做了多次工作，但他们仍旧故土难离，不肯异地搬迁，政府只得给他们几户人家顺着山腰修了入户公路。但动石破土之后，土质变得疏松，结果遇上这场大雨，整条公路的路基和边坡都被冲垮，还连带着将他们房前的院坝都冲了下来，住房随时都有可能垮塌。

面对失落而又绝望的受灾群众，小邓坚定地告诉他们，不要担心，政府已在山下为他们修建了崭新的易迁安置房，现在最重要的是要转移到安全的地方去。

在安抚好受灾群众后，大家立刻通力协作，有的搭帐篷，有的转移群众物资，有的核实灾情。经过两个多小时的救援，他们终于把受灾群众的大部分财产转移到了救灾帐篷内，并成功地引开了冲击房屋的洪水，受灾群众的生命财产暂时有了安全保障。

从早上出发到现在，水米未进，又连续奋战了几个小时，队员们早已饥肠辘辘。但来不及休整，他们还要赶赴村里的下一个受灾点。

在简短的道别后，大家准备出发。就在这时，突然，一双布满老茧的手拉住了小邓。“其他人可以走，但这位小同志得留下来，等我给她做好饭，吃了再走。”

因为小邓也姓邓，加之一到受灾点，她就一直在安抚受灾最重的老邓一家人，并成功地将老邓劝出危房，所以老邓对小邓特别亲切。

老邓拉着小邓的手说，“小邓同志，谢谢你们把我们一家人从危险中救了出来，我把腊猪脚都炖上了，吃了饭再走嘛！”

小邓婉言谢绝了老邓的好意，并执意要走，老邓急了，“都是我不好，不听政府的，不搬迁，还让政府在这崖头上修公路，你们不记恨我，还冒着生命危险来救我，我对不起你们啊！”说着，他哽咽地哭了起来。

老人家的话让小邓心里感觉特别难受，也特别温暖。在推掉老邓挽留的那一刻，小邓所有的劳累和担忧都烟消云散了。

在告别老人后，救援队沿着原路下了山，这时雨也终于停了。途中，老人再次打来电话，泣不成声，让小邓以后一定要去他家吃顿饭。听说，后来老邓等几户受灾贫困户都易地搬迁了，特别是老邓，非常配合易迁工作，现在他们几家人都已住进了村上的易迁安置点。

现在，每每回想起在那场灾难中，那些为了贫困群众争分夺秒开展救援的画面，我依然莫名感动。我不再抱怨群众对我们扶贫工作的不理解、不支持，我不再厌烦当事人对我们审判人员的各种不信任，因为我们是人民的公仆，为人民服务是我们的天职。

只要把扶贫的责任扛在肩上，把群众的利益装在心中，想群众之所想、急群众之所急，在情感上与群众取得认同，就一定能赢得群众对扶贫工作的理解与支持，就一定能让我们在扶贫路上风雨无阻，就一定能取得脱贫攻坚伟大战役的最终胜利。

# 老陈家的水田

2016年5月1日，又到了劳动节，听说单位里的同事们都放了三天假。但我没有放假，作为驻村扶贫工作队的一员，我深知无论何时，驻村扶贫工作队都得有人驻守在村上。

因此，作为队里年龄最小的我，向工作队钟队长主动请缨留下来驻守。钟队长同意了我的请求，并要求我要多到贫困户家中和易地扶贫安置点走走看看，了解当前扶贫工作中存在的困难和问题，找出解决办法。按照队长的指示，我准备再去干田易地扶贫安置点看看，那里还有很多问题需要解决。

走了四十多分钟的路，我终于从村委会来到干田安置点。这里的基础工程已开始动工，但因为征地意见无法达成一致，有一户陈姓老农时常会去阻工。

我今天的任务就是再次了解他的想法，做他的思想工作。说再次是因为之前已与他接触过几次，也见识过他的“厉害”，确实让人感到棘手。

这户陈姓老人今年73岁，是村里的五保户，因有几亩水田被征为易地扶贫安置点用地，他不同意，经常与镇村干部和施工队发生纠纷，主要原因是他觉得将水田用来建房很可惜，他与土地打了一辈子交道，对此有很深的感情。

在地里，我见到了老陈，他精神很好，正在摘野菜。表明来意后，他没有像往常那样冲我发火，反倒是主动请我到他家里坐坐。

我随他来到他的老木屋，映入眼帘的还是一穷二白。他没有立即做饭，而是从一个黑黢黢的柜子里拿出一个红本子递给我。我接过来一看，是一本《土地承包证》，上面显示他家的水田有3.4亩，承包期到2026年。

他说这是他从国家那里承包过来的水田，几十年了，舍不得被用来修安置点。我劝他，“你居住的房屋也应该翻修一下了，不然住着不安全，正好可以用土地征用补助款来翻修。”他说什么也不同意，坚持认为农民不能失去土地。

我又对他讲了当前政府对贫困农户的优惠政策，修建易地扶贫安置点是为了让更多贫困群众居有定所，过上更好的生活，请他多理解和支持，并动员他去敬老院，那里的条件能让他晚年过得很幸福。

他说舍不得住习惯了的地方，就不去敬老院了。思考了很久以后，他同意以后不去阻挠施工了，但希望我们驻村工作队一定要帮助监督好易地安置点的工程质量，并感谢我们之前送给他的米和油等生活物资。同时还自责上次不应该跟镇上的领导发生冲突，感谢我当时及时地拉住了他。

离开他家时，已是中午时分，老人家留我吃饭我婉拒了，不是我嫌弃他的饭菜不好，而是他生活那么困难，我少吃他一顿饭，他就能吃得更好一点、更多一点。有时候，群众并不是不讲道理，而是他们心中始终有自己的生活情结与牵绊。我们需要沉下身子，多聆听他们的想法，耐心做他们的思想工作，为他们打开心结。心结一开，很多问题也就迎刃而解。

以上就是我给大家讲述的发生在我身边的扶贫干部的扶贫小故事，这些故事虽然平凡琐碎，但它们在我的心中一直被铭记。

## 我铭记

我还记得扶贫遍访路上，风雨交加，水坑遍地，身上的薄衣和脚上的解放鞋湿了又干，干了又湿，而遍访表册依旧安静干燥地躺在我的包里。

我还记得烈日炙烤着大地，蚊虫布满了田间，脚上被叮起红包，虽汗流浃背、口干舌燥，依旧兴致勃勃向群众宣讲扶贫政策的场景。

我还记得走访贫困户途中，突下暴雨，一位瘦小的女同事和我心急如焚地帮着一户残疾家庭，抢收晒在平房上的苞谷的情景。

我还记得深山老林有人家，再远也得去，只为了那份能够让贫困户感受到党的关怀，非去不可的责任与担当。

我还记得那几十里的山路上，劝返的两个辍学的小学生，她们接过书包书本时，对知识渴望的眼神。

我还记得为易地安置点拉砖的大车因道路泥泞打滑，十几个村民齐心协力用粗绳把车拉上高山的场景。

我还记得发展扶贫产业时种下的方竹和茶叶，克服对挂钩村的水土不服，顽强冒出新芽的情景。

许多许多的扶贫经历时常在我的脑海里荡涤，可能到了生命终结也不会忘记。

（作者时任大关县人民法院纪检组组长）

# 南林村扶贫记事

金碧琼

## 马支书印象记

记得和马支书的初次相识，是在 2015 年 4 月，当时与单位同事一道送一名年轻人到扶贫点永善县莲峰镇南林村任新农村工作指导员。2015 年春节前夕，又跟随单位领导到南林村开展慰问活动。为数不多的两次短暂接触，印象中的马支书衣着朴素、性情随和、谈吐风趣。他的一言一行留给我的第一印象就是一个真诚、朴实又接地气的基层干部形象。

2016 年，我有幸作为驻村扶贫工作队队员进驻南林村，开启了精准扶贫工作新征程。在与南林村两委近一年的共同学习、生活和工作的时间里，对马支书的认识逐步加深，目睹了他作为南林村的党支部书记兼主任，带领村两委成员为南林村的脱贫出列而忘我工作的一幕幕感人至深的景象。他用自己的实际行动诠释着一名农村基层共产党员淡泊名利、默默无闻、无私奉献的崇高精神境界。

马支书叫马真孝，男，回族，中共党员。1968 年 6 月 7 日出生在莲峰镇南林村长海子自然村，1988 年在永善县一中高中毕业，现年 48 周岁。1990 年 6 月至 2000 年 12 月，先后在莲峰镇大荡村、米田村、后山村、莲峰村担任文书、村长等职务。2001 年 1 月至今，当选为南林村委会主任。2007 年 7 月至今，当选为南林村党支部书记。先后荣获民族团结先进个人、优秀共产党员、先进工作者等荣誉称号，分别获市、县、乡有关部门表彰。

他作为一名村支书，无论工作多么繁忙，始终把学习摆在首位。善于学习，勤于思考。在“两学一做”学习教育活动中，率先垂范，学理论、学《党章》、记笔记。利用基层组织服务平台，带领村两委成员共同收听收看习近平总书记“七一”重要讲话精神、党的十八届六中全会公报、现代科学技术知识等。他通过学习，不断提高自己驾驭工作的能力和水平。他通过学习，及时把党的路线、方针、政策宣传给农户，让农户真真切切从各项惠农政策中体会到党的温暖。

他作为一名村主任，积极带领村民脱贫致富，奔小康。按照年初与莲峰镇党委、政府签订的各项目标任务，动脑筋、想办法、出新招、创特色，确保南林村各项工作任务的圆满完成。从年初的烤烟种植，村民委员会的换届选举，到挨家挨户落实建档立卡贫困户的危房修建户数、时间节点及部分农户房屋在建过程中的照片采集，烦琐的表格填写、一户一档的档案资料整理、专业合作社的筹建、农村养老保险、医疗保险费的收缴等等，每项工作亲力亲为，身先士卒。遇到困难知难而上、从不退缩，力求将村内的所有矛盾纠纷排查化解于萌芽状态之中。

他生长在南林村，熟悉南林的一草一木，南林的父老乡亲就是他的衣食父母、他的亲人。他的足迹遍布了南林的山山水水。在长期步行下队工作过程中，由于扶贫工作的特殊性，饿肚子成为常态。遇到农忙时节下队连口热水都喝不上。偶遇有在家的村民，即便家里没备任何食物，也要倒一小杯薄酒请他喝下，以示敬意。几次跟随他下乡途中，亲眼见证了村民与他之间那种亲密无间、不是亲人胜似亲人的鱼水关系。对于村民向他反映和诉说的每一件事，只要是符合政策，诉求合理，无论大小，他都做到有求必应，有问必答。超出权限解决不了的，他想办法、出主意，积极争取协调各方力量帮助解决。他从文书、村长、主任、支书一路走来，与他多年用心、用情、为民办实事的劳动成果分不开。他多年的努力和艰辛付出，得到了村民和当地党委政府的认可，连续六届当选为南林村主任，连续三届当选为南林村党支部书记，连续五届当选永善县人民代表大会代表，后来又当选为昭通市第四届人民代表大会代表。

他作为一家之主，对家庭亏欠太多。面对繁重的脱贫攻坚工作，不知有多少个夜晚与村两委成员挑灯夜战，熬过多少个不眠之夜，面对相距村公所仅两公里路程的家，常常有家难回。难怪家人抱怨，他对家庭的付出和担当太少。家里家外全靠妻子一人操持。而妻子也非等闲之辈，担任着莲峰社区的副支书职务。面临莲峰社区 2016 年脱贫出列的重任，大量的内部业务压在她肩上。既要完成艰巨的工作又要照管家务，操心子女的成长。他们夫妻二人共同致力于脱贫攻坚的主战场。为了工作，不得不舍小家、顾大家，长年坚守在自己的工作岗位上。这样的工作和生活状态，马支书说，早已成为常态。作为基层一线的一名村干部，他的付出是多么的无私和伟大。他不忘初心，对党忠诚，值得我学习和敬佩。

近年来，南林村的养老保险金和新农合资金的收缴工作任务完成情况，一直名列莲峰镇 14 个村（社区）之首。为确保今年全村两项收缴工作目标任务的按时完成，马支书带领村两委人员提前谋划，及早布置，于收缴工作启动之前，就把相关的收费人员范围、对象、标准及时限要求等政策措施宣传到社、到户、到人，切实做到“村不漏组、组不漏户、户不漏人”，力争按时全面完成两项工作的目标任务。

2016 年 11 月 5 日，村支书马真孝为解决双河口、康家沟两社农户因路途遥远到村上缴费困难的实际，带领村委委员、计生宣传员小何和我，步行深入双河口和康家沟两社农户家中收取养老保险金和新农合资金。

沿途，公路上施工的、路边放牛的、地里做农活的村民不停地和马支书打招呼，马支书也不断地与他们嘘寒问暖。有村民向他反映因经济纠纷抓扯受伤需要帮助调解的，有退伍的参战村民咨询相关缴费政策的，同为 70 多岁的两位老人一个因眼睛患白内障、一个因双手皮肤硬化需要帮助联系治疗的，马支书不厌其烦一一安慰解答。其间，马支书与村民亲切交谈和查看老人病情的亲切瞬间，我用手机镜头作了记录。由于边走边了解民情，倾听民意，不知不觉就到达双河口社，挨家挨户收取两项费用，不一会儿就顺利完成了双河口社养老保险和新农合资金的收缴任务。

从双河口社出来，已是下午一点半钟。为节省时间和缩短到康家沟的路程，马支书带领我们选择翻越山岭到第二站——康家沟社继续开展收缴工作。还好我有一定的徒步基础，面对矗立在眼前海拔 2200 多米的山峰没有畏惧。于是跟随他们头顶烈日，一步一步缓缓向山顶攀登。经过一个多小时的艰难跋涉，终于爬上了山顶。站在山顶放眼望去，绵延不断的山峦，绿得养眼、彩得诱人的松林，星星点点、悠然自得享受着大餐的牛群、羊群，远处若隐若现的莲峰镇，山脚下清晰可见的双河口村庄、莲峰水库，从墨瀚方向渐渐扑面而来的大雾，在蓝天白云的映衬下，形成的壮观云海，宛如一幅幅美丽动人的画卷，让人流连忘返、目不暇接。我们尽情地融入大自然的怀抱，沉醉在眼前的景色中。美丽动人的画面一洗登山时的疲劳，我们各自用手机记录下了一幕幕壮丽景观。惊喜、兴奋之余，一看时间已过两点，赶快简单吃点干粮下山到康家沟。待回头一看时，我们途经的双河口社已完全淹没在云海中。

到达康家沟社长家休息片刻，便抓紧时间向各家各户收费。由于之前马支书已事先电话通知他们将要缴的费用准备好，所以收费过程中没有费太多口舌，便结束了一天的工作。返程途中，听马支书介绍，康家沟社居住着一位 50 多岁、双目失明但生活自理能力很强的村民蒋关宁，据说她上山砍柴、下地干活、收拾家务样样能行。我很想见识一下这位生活中的强者，不巧的是，她在山上砍柴，未能得见。因天色已晚，我们只好返回莲峰。

秋天，不愧是收获的季节。今天一路走来，从上午 10 点出发到下午 6 点返回，历时近 8 个小时，徒步 20 余公里，完成了双河口、康家沟两社人员医疗保险和养老保险金的收缴任务，还饱览了莲峰镇境内的大好河山，更重要的是让我目睹了农村基层干部在脱贫攻坚这场史无前例的大考中，是如何用实际行动在践行着一名共产党员的初心和使命。只是没能见到那位双目失明还能和正常人一样操家理务的能人，未免留下了一份缺憾。

## 盲人蒋关宁的建房梦

当我第一次满心好奇地见到盲人蒋关宁时，她们夫妻二人正头顶烈日在山坡地里点荞子。丈夫在前面用锄头挖窝塘，她跟在后面将挎在肩上的撮箕里拌好粪料的荞种，一步一步丈量着丢进窝塘里，还不时提醒丈夫要把窝塘挖好。他们夫妻二人配合默契的劳动场景让我们在场的每一个人都为之动容。她就是马支书时常赞不绝口的女强人——康家沟社的盲人妇女蒋关宁。

她原系官寨村人，据说幼年时因患眼疾未能及时得到医治导致双目失明。由于生理缺陷，成年后嫁来了康家沟，丈夫田井云比她大 10 多岁且其貌不扬，夫妻俩育有三子。如今老大和老二均已成家，小儿子在外打工。南林村委考虑到她家的实际困难，将他们夫妻二人纳入享受低保一类人员。丈夫年满 60 周岁，又领取了养老保险金。夫妻二人每月能按时领到 500 多元的政府补贴，维持基本的生存已不成问题，但他们丝毫没有“坐吃山空”和“等、靠、要”思想，依然过着日出而作、日落而息的农耕生活。听马支书介绍，虽然她失去了享受光明的幸福，但心底却是一片敞亮，黑暗练就了她非同一般的生存能力。日常生活中，她作为家里的主要劳动力，穿针引线、洗衣做饭、操持家务、上山砍柴、下地耕种等生活技能样样在行，丝毫不比一般人逊色。当马支书向我们介绍她家的情况，随口说道她已经 50 多岁时，她忙着纠正说：“我还没满 50 呢！”我们大家都笑了，她在艰难的环境下仍能保持一颗乐观年轻的心，真的难能可贵。但透过她苍老的容颜，我不难想象，为了在黑暗中摸索着前行，为了与艰辛的生活和岁月的摧残抗争，她付出了怎样超乎寻常的努力。马支书对她的勤劳能干连连夸赞，双目失明的她竟说出这样一句话："我们总不能啥子都躺在共产党身上啊！"一句朴实的话语，将一位农村残疾妇女内心深处对党的感恩之情诠释得淋漓尽致，表现出她身残志坚、自强不息的生活态度。

南林村委继 3 月 10 日、11 日和 4 月 11 日连续三次下队开展扶贫工作以来，4 月 13 日，马支书又带领部分村委成员及驻村工作队队员继续深入康家沟社入户宣传扶贫政策，逐户落实建档立卡贫困农户的安居房修建时限，并查看村民春耕播种生产生活情况。康家沟社位于海拔 2200 多米的高寒山区，距离村委会有七八公里路程。贫困程度位居南林 10 个贫困自然村之首。村民以种土豆、荞子为主，兼种少量玉米。村民主要经济收入来源于外出务工。由于这一带常年有野猪出没，村民一年到头辛苦种下的粮食作物，若后期管理没跟上，尚未成熟就可能被野猪洗劫一空。为此，村民们想出各种土办法，如用木棍制作成人型穿上不同颜色的衣服竖在地里起到恐吓野猪的作用；或在耕地的四周插上竹竿，周围用尼龙绳拴成防线，等待风吹来时发出唔唔的响声，达到驱赶野猪的目的；或在庄稼成熟之季，在地里搭建简易窝棚，人就直接住在里面看管庄稼。恶劣的自然环境导致本不出种的土地更加贫瘠，村民的贫困程度进一步加深。

走访下来 19 户建档立卡贫困农户，目前只有一户建起了安全房，一户尚在建设中。其余 17 户因资金短缺，预计明年才能动工修建。然而，明年就是南林村脱贫出列之年，一旦他们的房屋不能按期完工，无疑会拖全村后腿。所以，尽快采取各种办法，启动 17 户人家的安居房建设，成为摆在村两委面前的首要工作任务。盲人妇女蒋关宁家就是这 17 户人家中的一户。

按照蒋关宁家目前的经济状况，要建安居房仍然十分困难。为了节省开支，省下建房材料的二次搬运费用，她用背篓一背一背地把买来的沙砖从路边背到建房点。尽管如此，她家自筹的建房款加上政府对建档立卡贫困户给予的补贴，仍有近 1 万元的资金缺口。当马支书要她尽快和在外打工的小儿子联系回来把房子盖好，她半开玩笑地说，儿子是靠不着了，希望支书能借给她 1 万元钱。然而对每月补贴仅 1000 多元的村干部们来说，辛苦工作一年，领到手的工资也不过就是 1 万多元。1 万元对他们来说，何尝不是一个天文数字。资金短缺对康家沟社尚未动工建房的建档立卡贫困户来说是一个普遍存在的共性问题。

2018 年 6 月，她家的安居房建设终于启动，农危改资金补助 2.5 万元，差异化资金补助 6000 元，院坝硬化资金补助 800 元，其余资金自筹，请人帮建。历时 3 个月，投资 7 万元建成的 100 平方米安居房完工落地。同时配套修建了卫生厕所，还装上了热水器。政府又为她家硬化户间道近 100 米。为了让户间道与通社公路相连接，彻底改变晴天一身灰、雨天一身泥的状况，她又将平时上山挖中药材积攒下来的 6000 元钱，用于把近 200 米长的连接路面进行简单硬化。为此她家的入住环境和生活质量得以彻底改变。

2018 年年底，她家如愿以偿搬进了安居房，达到户脱贫标准并与其他卡户一起按期脱贫，摘掉了贫困户帽子。如今，她家有 3 人享受 A 类低保，儿子、儿媳在外务工，日子过得一天比一天幸福。

（作者时任昭通市工信局副调研员、驻永善县莲峰镇南林村扶贫工作队队员）

# 挂钩帮扶畅通新路径

毛利涛　郑　平　刘绍清

昭通市纪委监委认真贯彻落实脱贫攻坚各项决策部署，注重扶贫与扶志、扶智相结合，把文化教育作为推进精准脱贫、实现全面小康的重要一环，千方百计采取措施，帮助挂钩帮扶贫困山区的孩子走出物质与精神的双重贫困，从根上阻断贫困的代际传递，在文化教育扶贫中探索出了新路子。

## 精准把脉，探索文化教育扶贫新路径

永善县茂林镇面积 265.67 平方公里，平均海拔 2200 米，镇政府驻地海拔 2260 米，地貌类型以山地为主，属深度贫困地区。由于诸多原因，该镇人均受教育年限低于全市平均水平，农村文化教育一度呈贫困饥渴状态。过去几年里，昭通市纪委监委持续向该镇新林、松林、永安 3 个村派出多名驻村工作队队员，聚焦致贫痛点，找准良药妙方，狠抓精准扶贫、精准脱贫工作。

昭通市纪委原书记、市监委原主任陆维智于 2016 年 1 月 29 日不打招呼到茂林镇走访调研，了解到新林村村民温林翠的丈夫 3 年前外出打工意外去世，独自拉扯着 3 个孩子，其上初中的女儿许金娥成绩很好，因家庭经济拮据，面临辍学困难……陆维智要求随行镇、村干部和驻村工作队队员要密切关注这类贫困弱势群体，特别要在农村文化教育扶贫上下功夫，从思想观念上和文化教育上予以帮扶。

找准病因，才能拔除穷根。昭通市纪委监委拓展帮扶思路，以文化帮扶、教育帮困为切入点，帮助完善基础设施，提高贫困人口文化素质。连续几年来，市纪委监委全体干部职工用心、用力、用情扶贫，致力推动产业帮扶和文化扶贫，为当地协调解决各类项目资金近1亿元。陆维智在广东省中山市挂职期间，积极协调中山市企业出资修建了新林村小学教学楼、住宿楼，帮助多所学校完善了软、硬件设施和设备。目前，镇、村基础设施得到大幅改善，群众思想观念转变了，村庄变得整洁漂亮了，方方面面都呈现出了可喜变化。

一位永善县领导这样说，特别是昭通市纪委监委在挂钩永善茂林帮扶工作中，情系山村教育，用情帮扶，真情帮困，精准发力，合力攻坚，为我们作出了表率。

对深度贫困村的精准扶贫缘何会取得这些成绩？这主要得益于市纪委监委高度重视挂钩帮扶的思路和做法，市纪委监委主要负责人曾多次主持召开会议研究本系统挂钩帮扶工作，专题听取文化教育扶贫工作汇报，要求驻村扶贫干部拿出坚韧求成的必胜信心和刺刀见红的拼搏精神，以务实创新的举措和苦干实干的作风，从思想观念和文化水平提升上入手，在扶志、扶智上狠下功夫，激发群众内生动力，帮助其增强发展致富的信心和决心。

## 爱心捐资，助力莘莘学子续梦校园

又是一年开学季，正是莘莘学子上学时。贫困的茂林镇永安、新林、松林部分孩子考上大学，其家长本该洋溢着喜悦和快乐的脸上却写满了焦虑。作为父母，谁都希望孩子能体体面面上大学，但家庭经济收入拮据，他们为筹措报名费绞尽脑汁、一筹莫展。

为了给挂钩帮扶村的高考贫困学子送去光明和希望，不让一个贫困家庭学子因为贫困止步于大学校门之外，昭通市纪委监委发出倡议书，号召全体干部职工为挂钩帮扶村贫困家庭上二本线并被录取的高考学子筹集报名费，解决他们的燃眉之急，并进村入户引导和鼓励“两后生”接受学历教育和职业技能培训。

据统计，市纪委监委挂钩帮扶的3个村，2019年二本上线并被高校录取的学生19名，绝大多数是建档立卡贫困家庭学生。

只做雪中送炭，不搞锦上添花。8月25日，市纪委常委、机关党委书记李成全一行带着190多名干部职工捐助的4万元爱心款来到茂林镇，回访历年获得资助的部分学生和家长，实地调查纳入2019年资助对象的家庭，举行2019年“金秋助学·惠泽桑梓”助学金发放仪式，分别向3个村8名贫困学子发放了助学金各5000元。

捧着这份沉甸甸的“意外惊喜”，受助学子和家长们脸上都露出了欣慰的笑容。松林村营上小组高考学生张正会被云南师范大学文理学院汉语言文学专业录取，父母在外务工，弟弟在读初三，爱心款来得很及时，解决了她家的一大困难。她表示：“我一定不辜负大家对我的期望，今后争取考一个教师资格证，毕业后回乡当教师，家乡的孩子太需要教育了，我想尽可能地改变家乡孩子的未来。”永安村大山村民小组建档立卡贫困家庭学生李章波被云南大学旅游文化学院科技工程专业录取，家庭原本不富裕，新修的安居住房还未装修完，一家人正为报名费发愁时领到了爱心款。他满怀激动地说道：“感谢叔叔阿姨们的雪中送炭，我到学校后，争取在不耽误学业的情况下找一份临时工作，边打工边求学，让自己成为一个对社会有用的人。”

…………

两年来，市纪委监委干部职工已累计向茂林镇15名大学生捐资7.2万元，协调团市委等有关部门资助另外10余名大学生。他们沐浴着纪检监察干部职工的关爱，在各地大学校园健康成长。

## 搭建平台，整合社会力量推进教育扶贫

扶贫要与扶志、扶智相结合。市纪委监委驻村扶贫工作队在脱贫攻坚工作中始终把文化教育扶贫放在首位。2017年，面对7户因孩子考上大学而经济困难的贫困家庭，他们利用现代网络搭建平台，整合社会力量进行帮扶。

几年来，暖心的扶贫“爱心缘”持续不断，整合社会力量共筹资70476元，其中第一次是2017年8月底，由26名爱心人士对7名大学生捐资助学4.6万元；第二次是为受第一次活动影响又自主申报的30名贫困学生筹资8976元；第三次是2018年爱心人士对此前资助对象和新增优秀寒门学子14人再次资助1.55万元。值得一提的是，浙江一位不愿透露姓名的王先生2017年资助28400元、2018年又资助10000元，在农行昆明市分行工作的昭通人尤小勇连续两年每年资助5000元……

资助有限，激励无限。这些受到关怀激励的几十名在校大学生，经过两年的帮扶和成长锻炼，有的已主动要求放弃资助，今年没人再向爱心人士申请资助，他们已逐步走向自立自信。

为了锻炼大学生们尽快成长成才，与资助他们的爱心人士有效互动，市纪委监委驻村扶贫工作队还鼓励学子们用文字记录下他们的大学奋斗之旅——

湖北省武汉理工大学史凡跃：

你们的爱心和温暖，像是黎明曙光，像是沙漠绿洲，像是海洋孤

岛，又像是筑梦的砖瓦、成功路上的垫脚石……为了国家、社会和家庭，更为了自己的追求和承诺，我们没有理由不更优秀，请所有一路走来关心过我们的人放心，我们会交出一份满意的答卷。这份爱心，不管何时，我们身在何处，不管自己遇到过怎样的世俗，我们都会力所能及地为那些同样身处困境的人献上。

江西省景德镇陶瓷大学肖显奎：

马拉松也有终点，而我的奔跑是没有终点的，就像人生一样，永远也没有尽头，要想不被淘汰，你只能向前。走在爸爸后面，看着爸爸的背影，鼻子酸酸的，很难受，但是我不能表达出来，不能让爸爸看见，我要让爸爸知道他的儿子可以独立自主，可以自立自强了，不能让他担心。

云南省曲靖师范学院汪艳超：

怀着曾经的初心，写写停停。时间虽紧张，但却从未选择放弃。一个人走一条路很难；两个人走一条路可相互扶持，相对容易；一群人走一条路，路会越走越宽，同时越来越容易。开始一个人写，后来成了一群人写。

这些朴素的文字，记录着被资助学子的所思所想、所忆所悟，汇编起来有400多页，是一部厚重的心灵之书！他们的记录，没有空洞华丽的辞藻，没有无病呻吟、故作高深之语，语言平实，情感真挚，表达了自强自立、不懈逐梦的炽热愿望。

据悉，由昭通市纪委监委驻村扶贫工作队牵头汇编的《中国农村文化扶贫研究》《大一这年》等两部有关文化教育扶贫的文集即将付梓出版发行，收录的都是有关农村文化扶贫理论、典型案例和经验文章，这是市纪检监察机关在贯彻落实习近平新时代中国特色社会主义思想的具体实践中，在文化教育扶贫方面所作的有益尝试和探索。有知名人士认为，昭通市纪委监委文化扶贫架起了扶贫者和扶贫对象之间联系沟通的桥梁，既让农村贫困学子受到激励，增强了自强不息、立志成才的精神动力，又让爱心人士见证了帮扶成果，坚定了继续帮扶文化教育事业的信念和决心。

决战决胜脱贫攻坚，贫困地区文化教育帮扶绝不能缺席。当前，正值精准扶贫进入攻坚拔寨、总攻冲刺的紧要关头，纪检监察机关将不忘初心，牢记使命，走在前，作表率，认真履行职能职责，坚决做到“两个维护”，助力全面小康取得决定性胜利。

原载《昭通日报》2019年9月16日第3版

（作者毛利涛系《昭通日报》记者，郑平时任昭通市纪委市监委派驻农业农村局纪检监察组副组长，刘绍清时任市纪委市监委派驻市委宣传部纪检监察组副组长）

# 杨顺强：产业扶贫博士

王　勇

杨顺强，农学博士，副教授。2008 年到昭通师范高等专科学校工作，2009 年 3 月至 7 月，在学校的安排下，作为顶岗实习的带队老师赴昭通市盐津县带队，走遍了盐津县的各个乡镇，对盐津乡镇的农业状况有了基本了解；2011 年 1 月至 2012 年 1 月，赴昭通市鲁甸县，挂职团县委副书记，主要负责基层团建，青年创业工作，开展了姬松茸的熟料栽培研究。2014—2019 年连续 5 年参加云南省科技厅的“三区人才”计划项目，主要开展食用菌科学栽培技术推广应用、农业废弃物资源化利用、林下食用菌栽培等研究和推广，申请发明专利一项；2018 年，杨顺强博士承接了昭通市农产品质量安全中心的“食用菌利用农业废弃物技术集成”项目研究、云南乌蒙山国家级自然保护区社区发展食用菌产业培训示范项目、昭通市供销社以食用菌为纽带综合利用苹果枝条项目及昭通学院在镇雄县牛场镇沙沟村的食用菌产业扶贫项目。

2017 年以来，昭通学院杨顺强博士通过“一对一”和“面对面”的志愿宣讲培训，依托“公司 + 基地 + 农户 + 标准”的合作经营模式，分别在镇雄县牛场镇的沙沟村和长河村，镇雄县花朗乡文阁村，昭阳区苏家院镇双河村，大关县木杆镇三江口林场，彝良县小草坝镇小草坝村，彝良县洛旺乡海子坪林场，曲靖市宣威市热水镇等地开展食用菌培训和示范推广栽培，将农业产业化与扶贫战略有机结合，将斩断穷根与发展内生动力相衔接，将理论宣讲和“示范栽培”深度融合，深入农村一线，免费为山区农户提供大球盖菇、竹荪、猴头菇等菌种10000余袋，开展培训10余场次，培训200余人次，发放技术资料500余册，示范栽培6000余平方米菌种，示范带动山区农户开展食用菌种植，实现了农户、企业、社会三赢局面，实现经济效益30余万元，取得了一定的脱贫效率。

产业是脱贫的主要依托。

昭通多山，海拔差异大，气候类型多样，山区农户产业主要为种植业，由于地理环境因素，导致农业基础设施薄弱，产业结构单一，不具规模效应，抵御自然灾害能力弱等，造成种植业种植效益低下，农户收入低，贫困程度较深。一方面，人口基础大，山区农户受教育程度普遍偏低，与外界的交流较少，获取信息的渠道较少，导致思想落后，制约发展。另一方面，农业以传统农业为主，产业结构单一，管理水平较低，生产过程中产生的大量农业废弃物被丢弃或焚烧，资源化利用程度较小，浪费了资源，也污染了环境。另外，近年来，山区青壮年大量外出务工，留守在家乡的主要为老人和小孩，土地撂荒现象严重，严重影响了当地农业的持续发展。

为了将这些农业废弃物资源化利用，变废为宝，降低环境污染，杨博士开展了以食用菌为载体的产业扶贫探索。

食用菌产业因其具有投入少、周期短、效益高及对环境友好等特点而逐渐发展为继植物性、动物性食品之后的第三类食品—菌物性食品。随着食用菌产业和科技的发展，食用菌栽培新型原料不断开发，农、林、牧业的废弃物大都可作为食用菌的生产原料，生物转换效率在30%—150%之间，即1公斤农、林、牧业的废弃物可生产鲜菇0.3kg—1.5kg，生物学效率高，经济效益明显。因此，食用菌产业被誉为农民增收、脱贫致富的明星产业。

杨顺强博士通过项目研究和推广，探索出农业废弃物资源化利用的有效模式和林下栽培食用菌的科学栽培方法，通过示范、培训等带动山区农户开展食用菌种植，实现了资源化利用农业废弃物近100吨，实现近100万元的经济收益。

他采用的具体方法：

一是依托项目支撑，实施就业扶贫。通过积极争取，杨博士争取到云南乌蒙山国家级自然保护区管护局的“社区发展食用菌产业培训示范项目”和昭通市供销社以食用菌为纽带综合利用苹果枝条的食用菌项目，项目资金共计 7 万元，免费为山区农户提供大球盖菇、竹荪、猴头菇等菌种 10000 余袋，开展培训 10 余场次，培训 200 余人次，发放技术资料 500 余册，示范带动山区农户开展食用菌种植。提供就业岗位 700 余人，设置 300 多个岗位吸纳贫困户务工，安排贫困户务工人员 64 人，人均收入 2 万元。

二是创新扶贫模式，实现收入平稳增长。采取让贫困户组团参与公司 + 农户合作模式，实现自主创业的脱贫目的。计划在拐河、杨集、小史店等乡镇贫困村实施，农户自行建设、自行饲养、公司六统一支持原则，建设 36 个养猪小区，公司带动，农户参与，共同发展。带动二三百户贫困农户实现在家门口创业，每户增收 6000 元以上，实现收入的持续稳定。成立四个农村专业合作社带动贫困户，运用“企业 + 支部 + 金融 + 合作社 + 贫困户”的五加模式成立民兴养殖专业合作社、民正养殖专业合作社、民众养殖专业合作社、恒鑫养猪专业合作社，让贫困户加入合作社，年底保底分红 6000 元。作为农学博士，他坚守社会责任，“以食用菌为纽带资源化利用农业废弃物的研究与推广应用”项目，获中央财政林业科技推广示范资金项目支持，在师生的共同努力下，累计推广食用菌种植 500 余亩，利用农业废弃物 3000 余吨，帮助 17 户建档立卡贫困户脱贫，实现经济收入 800 余万元。

三是深入基层，开展技术培训。近年来，杨顺强博士充分利用周末和节假日时间，分别在昭通的昭阳区、彝良县、大关县、镇雄县、曲靖市、宣威市等地开展食用菌技术培训和示范栽培服务，在不同资源、气候条件下开展了食用菌的示范栽培研究和推广，为昭阳区、永善县、镇雄县等地开展 500 人次的食用菌栽培技术培训；累计培训近 500 人次。两年来，累计服务时间近1500个小时。

四是坚持技术转化运用，实现项目带动增收。2015年，杨顺强来到学校的扶贫点——镇雄县牛场镇沙沟村进行调研，并了解到，沙沟村的贫困程度之深，贫困面之广。此时，杨顺强心里只有一个念头：我是农学人，最大的责任就是要服务农民，让他们富起来，不仅要在学校里培养农业方面的高素质人才，还要把讲台搬到田间地头去，把农学人的知识转化成农民的致富经，让他们把钱赚到包包里，实实在在地让更多的农民共同富裕。2018年，学校投入10万元，在沙沟村建立3000平方米大球盖菇菌示范栽培基地。杨顺强博士带领技术团队，在驻村工作队的带领下，冒雨将6000余袋大球盖菇菌种送至种植户家，通过示范栽培使农户掌握栽培技术，2018年共采收大球盖菇4潮，亩产1.5吨左右。亩产值达1.8万余元，带动帮扶贫困户50人以上。项目共资源化利用玉米秸秆、葡萄枝条等农业废弃物近20吨，通过农业废弃物的资源化的有效利用，促进了山区产业结构的调整，丰富了山区农户收入来源渠道，降低了污染，美化了环境，为山区精准扶贫提供了有效模式。截至2019年6月20日，通过项目的示范带动，镇雄县牛场镇沙沟村农户自主引种大球盖菇500袋，栽培近300平方米；镇雄县花朗乡文阁村农户引种大球盖菇400袋，种植200余平方米；大关县寿山镇引种大球盖菇500袋，栽培近300平方米；昭阳区苏家院乡昊然农业开发有限责任公司引种大球盖菇5000袋，林下栽培10余亩；曲靖市宣威市热水镇引种大球盖菇6000余袋，林下栽培近20亩；在乌蒙山自然保护区周边社区推广种植食用菌20余亩。各地引种示范栽培的大球盖菇目前已陆续出菇，长势喜人。

（作者时任昭通学院党委组织部扶贫科科长、人才科科长）

# 穿越轱辘河上的“二十八道拐”

朱　鹏

在永善县茂林镇新林村弯弯曲曲的峡谷中镶嵌着一条玉洁冰清的玉带——轱辘河。轱辘河河道狭窄，两岸高山林立，绝壁丛生，河水不得不沿着崇山峻岭蜿蜒前行。因其要拐二十八道弯，形态似车轱辘碾过的痕迹，故而被当地人称为“轱辘河”。

轱辘河沿岸散落着石埡口、马路、毛坡营等村社，上千人在这里生活。多年来，一条沿河土路是村庄与外界相连的唯一通道，那是村民们一步一个脚印踩出来的。由于崎岖不平，再加上河水的切割，这条小路早已残缺不全，异常难走。最远村社的村民们到镇上赶一次集往往要四渡轱辘河才能穿越轱辘河上的二十八道拐，耗时近六个小时。如果突遇山洪，赶路的人还会有生命危险。所以，村民的生活基本靠自给自足，很少走出大山，而轱辘河沿岸的村庄也因此成了被现代文明遗忘的角落。

一直以来，这里的人们日夜聆听着轱辘河清脆悦耳的歌声，过着与世无争的生活。然而，随着全面建设小康社会的春风涌进峡谷，轱辘河的歌声变得不再悦耳，那奔流不息的小河再也带不走人们与日俱增的忧伤。因为，闭塞的交通使得对小康生活的向往和期盼化为新林人心中挥之不去的乡愁。

在轱辘河峡谷深处矗立着一座高约 20 米的石峰，外形酷似猴子。“石猴”蹲在奔腾的轱辘河边张望着远方，仿佛在守望着什么。

“谁也说不清这只石猴存在多少年了。我听老人们说，也许是因为乡亲们想修公路的愿望太过强烈，时间长了，便化为了这只石猴。”在昭通市纪委工作的刘丞云是少数从新林村走出去并获得成功的人。虽然已在城市生活多年，可他的心从未远离过故乡。他说，以前没有公路的时候，大家都不出远门，还以为外面和山里一个样，也就没什么想法：后来，通过外出求学和务工，才知道新林村与外面的差距有多大，于是乎想修公路的愿望就在大家心里扎了根。

“村里的一些老人，甚至都没见过汽车。我们真想走出大山，可大家都穷得叮当响，凭我们自己，一点办法都没有！”作为全村百姓的领头人，毛德学内心第一要务就是修路，可由于资金、技术等因素的制约，一直没有进展。直到去年年初，新林村成了市纪委的挂钩扶贫点，毛德学紧锁的眉头才舒展开来。

2015 年，中央和省、市都将扶贫工作列为重点工作。挂钩新林村后，该村的情况和群众的呼声引起了昭通市纪委主要领导的高度重视。市委原常委、市纪委原书记陆维智多次亲临新林村调研后，下定决心要帮助村民们修通石垭口至毛坡营的公路。

市纪委要给乡亲们修路的消息不胫而走，一石激起千层浪，全村上下无不奔走相告，村民心中那久违的希望之火终于燃烧起来。

随后，市纪委成立了扶贫工作队，刘丞云因是本地人，对当地情况比较了解，故而被任命为工作队队长。接到上级的命令，刘丞云万分激动，立即率领工作队进驻新林村。有了市纪委领导的全力支持，刘丞云第一时间就组织人员开展选线工作，石垭口至毛坡营公路的线路很快就定下来了。由于地理条件的限制，该公路仍然要沿河道修建，村民们便把这条公路称作“轱辘河公路”。据测算，轱辘河公路里程约 9 公里，即便只修通毛路也要耗资 400 余万元。市纪委经过多方协调争取，从市交通局协调到 200 万元资金，再加上通过一事一议筹集到的 200 万元，轱辘河公路很快就动工了。

市纪委的工作得到了村民的广泛赞誉和支持。有一次，刘丞云、毛德学等人正带着施工单位在河边村民小组勘测路线，一个风烛残年的老汉，背着箩筐、拄着拐棍，从河对岸颤颤巍巍地向他们走来。刘丞云和毛德学一眼就认出来人。原来，这是78岁的老党员任富章，他听说工作队在附近勘测路线，一定要亲自给大家送点吃的。刘丞云等人赶紧上前搀扶老人，接过老人背上的背篓才发现，高高的背篓里竟然装满了煮熟的洋芋和鸡蛋。

任富章曾随部队出境剿匪，是个从枪林弹雨里闯过来的老兵。由于伤病，任富章早已无法正常行走。刘丞云和毛德学都知道，任富章家到他们的勘测地点的距离不过百米，但其中70来米都是很陡的下坡路，对常人来说不算什么，可对任富章来说却是一段异常艰难的路。捧着热腾腾的洋芋和鸡蛋，所有人的眼眶都湿润了。刘丞云在心里暗暗发誓：一定要尽快把路修通，绝不辜负父老乡亲的殷切期望！

听说老家要修公路了，有一个人激动得好几天都没睡好觉，因为这一刻他等得实在是太久了。这个人就是在昭通城做餐饮生意的李廷才。

李廷才是新林村老房子村民小组人氏。1998年，李廷才走出了大山，来到昆明学厨。经过一年的努力，李廷才考取了国家特二级厨师证，成为一个名副其实的大厨。2000年，李廷才怀揣着梦想回到昭通创业，开了自己的第一家火锅店。经过十几年的摸爬滚打，如今的李廷才已成长为一个成功的企业家。李廷才决定把这个工程包下来。他找到市纪委相关领导，吐露了心头的想法，得到了领导的大力支持。

谈起主动请求参与修路的初衷，李廷才说："最近这些年，村里有不少人在外打工挣了钱，有些人还买了车。可没有公路，每次回来只能把车停在镇上，然后走几个钟头才能回家。那时候，我就想，等挣了钱，我一定要亲手修通这条路。"

8月20日，轱辘河公路的建设正式拉开了序幕，时任昭通市纪委副书记、监察局局长的田荣屏对李廷才说："廷才，这条路的难度不小，除了技术上的问题，资金也很紧张，你能把毛路挖通，就是件功德无量的大事。"

"请田局长放心，我保证把每一分钱都花在刀刃上！"李廷才坚定地回答。

工程动工没多久，李廷才就遇到了一个大难题。因为，有两个路段必须架桥，而对主营餐饮业的李廷才来说，桥梁的设计和施工是个不小的挑战。为此，李廷才找到永善县交通局的专家，请他们帮助设计，同时自己也一边搜集资料，一边学习。

“轱辘河公路”设计路基宽度为4.5米，可李廷才认为，公路修通后，新林村的发展将会大大提速，4.5米的公路太窄，会很快过时。于是，一心想为家乡做点贡献的李廷才作了一个大胆的决定：把路基加宽一米，不够的钱，用他自己的钱补上。就这样，李廷才自掏腰包50万元，不但把路基加宽到了5.5米，还给路面垫上了砂石，给路基增加了挡墙。

李廷才说，他还想跟相关部门反映，希望能把路面硬化，修成柏油路。

“说实话，我第一次见到像李廷才这样修路的老板，一分钱不赚不说，还不停地往里砸钱，这真不是一般人能做到的呀！”刘绍清是市纪委驻村扶贫工作队的队员，谈起李廷才的所作所为，为他竖起了大拇指。

2015年12月底，“轱辘河公路”终于竣工通车了，小汽车第一次开进了新林村。听着汽车马达的轰鸣声，村民李文全乐不可支地告诉记者：“新林村特别适合搞养殖，以前牛、羊、猪都运不出去，就没人敢养，只能受穷。现在通车了，村干部正带着大家谋划发展，准备搞养殖合作社。要是干成了，家家户户都能增加不少收入。”一想到离过上好日子不远了，李文全就高兴得合不拢嘴。

地上的路通了，心里的路就通了。轱辘河流经的每一个地方都不再被忧愁占据，取而代之的是无尽的欢声和笑语，还有那已经越烧越旺的希望之火。

原载《昭通日报》2016.4.1 第 1、2 版

（作者系昭通市纪委市监委干部）

# 一心一意谋福祉　一枝一叶总关情

黄佑金　徐　斌　郑润环　王建星　吴传东　雷　磊

2015 年来，昭通市住建局在决战脱贫的浓浓“硝烟”里勇毅上场，在决胜小康的熊熊“烽火”中冲锋陷阵，充分发挥行业扶贫优势，及时选派精兵强将，向挂钩帮扶的昭阳区炎山镇炎山村和镇雄县以勒镇的瓜果村、以堡村三个村下派驻村扶贫工作队，用心用力用真情驻村扶真贫、真扶贫，在脱贫攻坚一线义无反顾地充当起了扶贫政策宣传员、卡户摸底调查员、矛盾纠纷调解员、脱贫出路领航员、政策落地执行员、产业发展指挥员、干群和谐助推员、脱贫摘帽战斗员，助推数千贫困户如愿脱贫摘帽、三个村如期脱贫出列，获得受助群众和社会各界的思想认同、工作认同和情感认同。

5 年磨一剑，“磨”出了驻村工作队的灼灼足迹与青春荣光，“磨”出了驻村工作队的惊人业绩与动人故事，“磨”出了驻村工作队的使命担当与为民情怀。

桃李不言，下自成蹊！要回望、再现、定格这段非同寻常的时光岁月与奋斗历程，不妨沿着昭通市住建局驻村工作队队员们用心血、汗水和智慧写下的一篇篇驻村扶贫日记，一路追寻、感悟……

## 日记一："我就是豁出命去，也不能丢单位的脸！"

今天是2018年10月1日，我要说一说自己的心里话。

我是昭通市住建局定额站副站长黄佑金，是我们单位全体员工全力参与脱贫攻坚中的见证者和参与者。

说真的，脱贫攻坚战打响以来，单位紧紧围绕昭通市委"133"扶贫工作思路，上下同心、主动请战，吹响号角、冲锋陷阵。

对于脱贫攻坚，我们单位历届领导非常重视，始终把精准脱贫当作当前最大的政治任务、最大的民生工程，迅速成立了以局长为组长、各班子成员任副组长的精准扶贫工作领导小组，层层负责抓扶贫，齐心协力助脱贫，让我们的驻村扶贫工作有了领头雁、主心骨。

近5年来，单位先后召开过16次专题党组会议、22次全体职工大会，专门研究扶贫工作，各界各级领导还多次深入挂钩扶贫的3个贫困村抓调研、解民忧，为驻村扶贫队员送温暖、鼓劲儿。

我们单位人少事多，照样不折不扣地"硬抽人""抽硬人""尽锐出战"，就是择优选派素质好、业务强、作风实的同事们，挂钩扶贫炎山村、瓜果村、以堡村，组建了3支强有力的驻村扶贫工作队，并给予全方位支持和帮助。

2018年，作为党员的我主动申请去驻村扶贫，成为瓜果村驻村第一书记、驻村扶贫工作队队长，一直干到现在。

今天，刚好是国庆节，我想说的是，我是一个有担当的老党员，是一个有闯劲的大男人，是一个懂感恩的住建人，完全有信心有能力做好带队驻村扶贫任务，为瓜果村711户3466名贫困父老乡亲如期打赢脱贫攻坚战助力和赋能！

今天，看着鲜艳的红旗，听着雄壮的国歌，我热血沸腾，郑重宣誓："对于脱贫攻坚，就是豁出命去，也要干好自己的活，决不能丢单位的脸！"

（作者黄佑金系住建局干部）

# 日记二:“没有改变不了的贫困户!”

2019 年 4 月，我被所在的昭通市住建局抽调到昭阳区炎山村，担任扶贫工作队队长、驻村第一书记，并兼任昭通市委脱贫攻坚督导员。

炎山村山高坡陡，交通不便，灾害频发，产业薄弱，贫困面大，现有贫困户 341 户 1341 人，还要在 2019 年全部脱贫摘帽，难度可想而知。

但是，我别无选择，必须知难而进，不辱使命。

2019 年 5 月，我走访得知炎山村 10 组卡户柳再德户（1 人户）居住的房屋正是纳入 C 级危房进行修缮加固的对象，但他对农危改政策不理解，对住房加固质量不信任，便坚决拒绝进行“农危改”。

随后，我和队员姚忠，联合当地镇村干部，三番五次到其家中做思想工作，说破了嘴皮，费尽了心思，他还是不领情，对我们冷言冷语。

我们没有放弃努力，又通过炎山村“三委”，找了柳再德信得过的亲戚、朋友上门做工作，还是收效甚微。

“办法总比困难多，我们绝不放弃！”于是，每天我和姚忠一起去他家，拉家常交朋友，见缝插针地宣讲政策，并发挥住建部门的专业优势，设法打消他对房屋加固质量的顾虑。3 天后，他终于成为“农危改”项目的受益者，加固了住房，硬化了院坝，还在我们帮扶下有了公益性岗位。

2019 年 7 月，我们驻村工作队得知炎山村 4 组贫困户熊春华命运多舛：小儿子幼年时被拐走后，一家人无心打工挣钱；熊春华长期酗酒，“以烂为烂”;2019 年 8 月，其大女儿因婚姻问题精神失常，却又无钱看病。

对此，挂钩领导、镇村干部、驻村工作队全力关爱帮扶，严防因病返贫：通过炎山镇政府协调，将其女儿及时送医，包保单位给予经济补助；村委协助办理残疾鉴定，落实医疗帮扶措施，实施临时救助，增加家庭低保数量；驻村扶贫工作队送岗上门……

如今，熊春华判若两人，戒掉了酒瘾，思想大转变，还在公益性岗位工作中表现良好。

让我欣喜的是，像熊春华这样“华美转身”的例子，炎山村还有钟广富、钟廷斌、陈明美等。

通过这几件事情，我深深明白：只要我们扶贫干部有足够的真心、爱心、细心、耐心和责任心，帮扶工作做得细、做得实、做得活，贫困户都是能够改变和变好的。

（作者徐斌系住建局干部）

## 日记三：穷山沟“飞”来新产业

2018年前，以堡村标水村民小组生态好、野花多，当地村民宋登玉一家世代养蜂，却只是小打小闹，规模只有两三桶。

可是，2018年3月，单位同事李新武被派驻到以堡村担任驻村扶贫工作队队长、驻村第一书记，当地养蜂产业从此变了样。

2018年3月，李新武带着标水组养蜂能手宋登玉，一同前往位于镇雄大湾罗甸村的一个养蜂专业合作社“取经”，买了10桶蜜蜂回家养殖，同年10月收获了42斤蜂蜜，养蜂的信心和技能更强了。

2019年，在李新武协调下，标水组大干养蜂产业，整合了当地贫困户的36万元产业发展资金，成立养蜂专业合作社和村组集体经济组织，买了190箱蜜蜂，委托养蜂经验丰富的宋登玉负责养殖，同年收获200斤高品质蜂蜜，每斤蜂蜜卖价200元，在市场上供不应求。2020年，当地蜂蜜再获丰收，产量增至380多斤，总产值近8万元，成为当地扶贫特色产业。

（作者郑润环系住建局干部）

# 日记四：以堡村的“最后一公里”打通了

20年前，以堡村鱼塘组仅有一条宽约2米的泥土路，后被扩宽到4米。

这条泥土路长1200米，是鱼塘组通往外面的唯一一条通道，承载着当地人的交通出行、物质运输。

可是，这条泥土路坑洼不平、崎岖陡峭，最大的坑道宽约1米、深约0.3米，雨天时车子在路上打滑抛锚，经常“陷身”路上的坑道中难以自拔，而晴天时路上尘土飞扬，车辆在这条路上低速行驶时仍然颠簸不止，当地村民把这条烂路戏称为“跳跳路”。

多年来，当地村民在这条泥土路因雨水冲刷、车辆碾压而损毁得无法行车后，常常拉一些砂石来铺路，但治标不治本。

因交通制约，鱼塘组贫困程度深，22户90名村民中就有建档立卡户17户71人，当地村民把这条泥土路硬化为水泥路的愿望极为迫切，却因资金等各种原因而一度“搁浅”。

2020年，经过我们驻村扶贫工作队和单位昭通市住建局不懈努力，终于解决项目资金难题，把以堡村鱼塘组境内的1200米泥土路全部硬化，当地群众欢欣鼓舞。至此，鱼塘组成为以堡村25个村民组中最后一个道路硬化的村民小组，彻底解决了村民出行难、发展难的问题。

说实话，对鱼塘组老乡们和我们这些驻村扶贫队员来说，这条最后硬化的泥土路都是“迟来的爱”。

（作者王建星系住建局干部）

## 日记五：贫困户余显江的“收入单”

2020 年 10 月 9 日，以堡村天气冷飕飕的，我的心里却暖洋洋的。

2019 年 10 月到 2020 年 9 月，翻开以堡村田坝组 56 岁贫困户余某一家的“收入单”，我倍感欣慰：实施农村危房改造，补助金额 4 万元；目前在读大学的女儿、儿子均享受到“雨露计划”资助 3000 元；女儿累计享受民政低保金 4425 元；视力为一级残疾的妻子累计享受特困供养金 11336 元；患有肢体残疾的余某公益性岗位帮扶，当护林员的月工资 666 元；余某享受临时救助 1500 元；余某获得 5 万元扶贫小额贷款；妻子每月享受残疾护理补贴 70 元；余某每月享受残疾生活补贴 210 元；当地政府分别为余某妻、余某、儿子代缴养老保险参保金 200 元、100 元、100 元；全家 4 口参加医疗保险，政府每人补助 180 元；余某享受医疗报销 1277 元……

（作者吴传东系住建局干部）

## 日记六：“我一定要给叶大哥找媳妇！”

现年 36 岁的瓜果村上槽组村民叶家群，是我驻村扶贫后认识的贫困户，是我打心眼里尊敬的“叶大哥”。

叶大哥识字不多，不爱说话。但是，他身上也有很多优点：勤劳，朴实，善良，好客，上进，重视子女教育。

最近五六年来，妻子从常年外出打工到 2020 年离婚，叶大哥一直含辛茹苦地抚养 4 个孩子，孩子们现已全部就读小学。此外，叶大哥还独自养了母猪、黄牛各 4 头，种了近 20 亩地，每年收 1 万多斤苞谷来养猪养牛，他的吃苦耐劳精神不言自明。

在扶贫政策帮扶下，加上他个人努力，叶大哥已在2020年甩掉了“穷帽子”，日子越过越好。

如今，叶大哥真正急需做的就是找一个媳妇：“只要能帮我照顾下娃娃就行了。”

“这样勤劳上进的贫困户，我必须帮他一把！”2020年10月，去叶哥家走访，我当众给他承诺：“叶大哥，你只要好好继续努力，一定会找到媳妇的。你放心，我也一定会尽心尽力地给你当媒人……”

听后，叶大哥开心地笑了：“为了娃娃，我肯定会努力的。”

（作者黄佑全系住建局干部）

## 日记七：小山村有了新媒体

在瓜果村驻村扶贫工作中，我切身感受到，要宣传扶贫政策，除了口头宣传、活动宣传，还需要一个切实可行的新媒体平台作为宣传窗口。

设计Logo，拟定广告语，写策划方案……2020年3月底开始为了这个微信公众号的“出世”，我在驻村扶贫同事支持鼓励下，每天忙得不可开交，却又乐在其中。

2020年5月4日，经过精心筹备，我们驻村扶贫工作队正式创建并上线运营了名为“美丽新瓜果”的微信公众号，当天所刊发的首篇推文就是《关于瓜果村公众号成立给各位父老乡亲的一封信》，表明公众号的定位是“给瓜果村父老乡亲一个了解脱贫攻坚政策、知晓瓜果时事新闻和及时反映问题的平台”，目的是“全民同心手拉手、共建美丽新瓜果”。

自运行以来，“美丽新瓜果”公众号宣传了扶贫政策，收集了民情民意，凝聚了民心民力，密切了干群关系，获得了各方肯定和鞭策。

下一步，我将努力把微信公众号运维好，让它真正成为瓜果村传播正能量的新平台，成为瓜果村乡村振兴的好帮手。

（作者雷磊系住建局干部）

# 当好急先锋　决胜攻坚战

康卓兴

麻地村位于镇雄县西北角，国土面积21.2平方公里，下辖18个村民小组，2018年有建档立卡贫困人口1564人，贫困发生率高达60.9%，属深度贫困村。按照组织安排，我于2020年3月1日进驻麻地村成为脱贫攻坚的一分子，亲历了麻地村脱贫攻坚工作的点点滴滴，见证了干部群众决战决胜脱贫攻坚感人至深的故事，特别是面对麻地村百年不遇的“6·29”特大洪灾，大家为保护群众生命安全和脱贫攻坚成果所涌现出的不畏艰险、冲锋在前的先进事迹，必将成为我一生的宝贵财富和不竭动力。

## 人在，鱼塘在

6月29日14时50分，昭通市气象台发布强对流黄色预警，全市大部区域将出现雷雨天气，部分区域伴有大风、短时强降水、冰雹等强对流天气。

6月29日15时27分，镇雄县气象台发布雷电黄色预警，全县将出现雷电活动，局地可能伴有冰雹、大风及短时强降水。

6月29日18时，中央气象台发布暴雨蓝色预警，云南东北部等地的部分地区将有大到暴雨。

6月29日18时，云南省气象台发布强对流黄色预警，昭通将出现雷电活动，并伴有短时强降水、局地大风冰雹等强对流天气。

6月29日19时，省工信委派驻麻地村任脱贫攻坚指挥部指挥长王必香召集驻村工作队和村干部，通报当日气象部门发布的强对流黄色预警情况，要求快速将预警信息通知到每家每户，做好观察防范，一旦出现险情立即报告并组织转移，必须确保群众生命安全！在分片开展工作的同时，村支书通过无线广播向村民反复喊话："乡亲们，今晚有暴雨，请注意防范！"一场没有硝烟的抢险救灾战就此拉开了序幕。

21时10分，驻村工作队队员完成任务后全部返回办公室待命。突然，窗外一道刺眼的闪电和随即而来的惊雷打破了夜晚的宁静，顿时大雨如注，办公室的气氛立马变得凝重，大家不约而同地掏出电话再次提醒各村民小组长和重点户落实防范措施。

雨越下越大，雷电交加，暴雨倾盆。时间已到10时50分，王必香安排驻村工作队队长王万伦、大学生村干部刘世杰值守村上，自己带领其他驻村队员和村支书驱车前往麻地村冷水鱼养殖基地。该基地于2020年3月建成投产，一期投资226.1万元，投放鲟鱼2万尾、齐口裂腹鱼3万尾，是麻地村立足自然资源禀赋实施产业扶贫的尝试，是村集体经济零的突破，项目采取"党支部+合作社+农户"模式，由丰林党支部书记付廷元负责管理。

车辆刚驶出村委会，眼前的柏油路已变成一条"黄河"，浑浊的雨水裹挟着石块、树枝、杂草等向前涌去。一路上走走停停，原5分钟的车程整整耗去20分钟。到达渔场，大家惊呆了，渔场左侧的河水已漫过堤坝，渔场外汪洋一片，积水最深处已没过小腿，洪水从渔场大门涌入，从鱼池边倾泻而下，大门已被洪水冲刷变形。

"指挥长，不得了，鱼池的两根进水管有30多分钟没来水了，咋个办？"付廷元看到驻村工作队的同志们就像看到了救星，因雷雨交加，他几乎是吼叫着大声地汇报。在平常，高密度养鱼最怕的就是断水，断水 20 分钟鱼就会因为缺氧死亡。王必香从付廷元手中接过电筒，来到鱼池边认真观察，发现鱼的活动度下降，但还没有明显的缺氧症状，应该是暴雨暂时解决了供水问题，但这并非长久之计，抢通鱼池供水是当务之急！“同志们，鱼池对麻地村脱贫攻坚意义重大，我们绝不能让国家资金和群众期盼付之东流，必须保住鱼池和鱼，大家注意安全。”王必香立即下达命令，留下驻村工作队队员柯任与付廷元一起观察鱼池外，他带领其他同志冲入雨中，驱车前往取水点大河坝。

车行不到 1 公里，前方的道路已垮塌中断，一行人下车徒步奔向取水点。狂风暴雨中，雨伞已成为累赘，同志们轻装上阵，浑身湿透，高一脚矮一脚，时而躲避滚石，时而绕过塌方，尽管双脚被泥石擦得生疼，但没有一人停留。接近大河坝，“轰隆隆”一声巨响犹如天崩地裂般镇住了所有人，“大河坝塌方了，注意安全！”村支书大声吼道。一行人沿着沟边的毛坯公路由下而上，继续前行，在离取水点约 50 米处大家停下了脚步，前方约 1000 立方米的塌方已经把取水点全部掩埋，塌方的泥石与洪水形成泥石流倾泻而下，现场非常危险。王必香要求大家找个安全的地方暂时休息，他自己准备绕到离取水口更近的对岸看看损坏情况。“指挥长，绝对不行，这不安全，看了现在也没有办法处理。”驻村队员卢念拉住王必香。就在这时，一个巨石翻腾而下，大家赶紧避让，巨石从刚才大家站的位置滑过……

雨依然很大，洪水漫山遍野，渔场旁边河沟里传来沉闷的石头碰撞声，给人一种窒息的恐惧。按照分工，柯任负责观察鱼的缺氧情况，在鱼池上来回巡逻，不敢有半点的疏忽。付廷元搭上楼梯爬到管理房屋顶，查看渔场外水情，这时漫过沟渠的洪水更大了，受渔场大门及树枝、石块的阻挡，洪水仅部分通过渔场泄洪，渔场外的积水已经很深，若不立即处理势必导致大门或围墙倒塌，到那时洪水将瞬间涌入形成洪峰，鱼池危在旦夕。付廷元立即拨通了王必香电话。“渔场那边的情况怎么样？”还没等付廷元开口，王必香就焦虑地询问情况。“指挥长，情况很紧急，我准备打开渔场大门泄洪，行不行？”“你根据情况先处理，我们马上过来，注意安全！”得到指挥长的指示，付廷元挺直胸膛大声说：“人在，鱼塘在！”说完就挂断了电话。付廷元用木杆测试，从渔场大门涌入的洪水已有约90厘米深，且水流湍急，人已无法靠拢大门。通过短暂商量，柯任帮助付廷元稳住身子，站在较高处，用长竹竿将卡在鱼池大门处的石块和树枝慢慢掀开，洪水随即增大，在稳定泄洪10分钟后，付廷元继续用竹竿撬开大门插削，在洪水的作用下大门瞬间打开，洪水呼啸而过，瞬间漫过2口鱼池，随着泄洪时间的推移，洪水水面慢慢地回落，低于鱼池高度，鱼池总算保住了。

时间已到30日凌晨，王必香一行赶回渔场，扶着围墙来到渔场边，看到鱼依然没有大的缺氧反应，悬着的心终于平复了一点。但水的问题怎么解决呢？大家你一言我一语地商量着办法。这时，驻村工作队队员的电话开始此起彼伏，这家的房子进水了，那家的牛儿被冲走了……麻地村的灾情开始汇聚。王必香要求，凡出现威胁群众生命安全的，一律组织紧急避险转移，不得有任何失误！麻地村抢险救灾工作在漆黑的夜晚紧张有序地开展。

30日4时50分，雨逐渐变小，鱼池已无法再依靠雨水维持，被迫采取围墙凿洞引山水、河沟取浑水等应急措施。后经4天的连续作战，终于将2条供水管网全部抢通，鱼池恢复正常供水。通过不懈努力，麻地村“6·29”洪灾仅死亡鲟鱼9条、齐口裂腹鱼26条，把损失降到了最低。

## 面对生命，真的顾不了那么多

2020年6月30日零时10分，留在村上值守的驻村工作队队长王万伦接到求救电话，田湾村民小组胡忠成家房屋后方被泥石流掩埋，前方被山洪围堵，数人被困，情况危急，急需救援。灾情就是命令，生命重于泰山。

王万伦立即叫上大学生村干部刘世杰驱车直奔事发现场。当时雨非常大，路边随处可见山石滚落，洪水已开始涌上公路，河里波浪滔天，排山倒海般冲击着大小不一的石头，发出狂吼。一路上，王万伦把雨刮开到最大，眼睛紧盯前方，左右避让肆意滚落的石头，10 余分钟后赶到事发地。因供电线路损毁停电，现场一片漆黑。王万伦没有将车熄火，调整车位使大灯射向胡忠成房屋方向，一场生死救援随即展开。

经初步了解，胡忠成家有 2 个老人、1 个妇女、1 个女孩、1 个婴儿共 5 人被困在二楼 3 个不同的地方，房屋后面的泥石流已漫上二楼，前面的积水最深达 2 米，积水下还有 1 尺多厚的淤泥，受困群众随时有生命危险，情况非常危急。屋内偶尔传出的哭喊声在雷声、雨声、泥石流狂吼声中弥漫，显得无比苍白。

王万伦安排社长先稳住受困人员，他马上电话报告指挥部请求支援。社长大声说："队长，不用打了，我刚接到群众电话，你们来的路已有好几处大面积塌方，你们来晚点可能就车毁人亡了。"王万伦二话没说，与刘世杰简单商量后，一起把电话递给社长，向胡忠成房屋大步走去，来到积水深处，他们扶着水上漂浮的一根木头，一步一步艰难地前进，淤泥中的石块就像刀子一样割得脚生疼，水愈来愈深，已经淹没到 2 人的肩膀，每走一步都十分困难，30 米……25 米……20 米……19 米……18 米，"哎呦"刘世杰左脚突然踩进了一个深坑，瞬间失去支撑倒了下去，王万伦一只手紧紧地抱住木头，一只手死死地拉住刘世杰，"稳住，世杰，稳住！"王万伦大声吼道。刘世杰快速稳住身子后站了起来，但还是被呛了两口水，缓了缓气说："队长，我们这样就是进去了也救不了人，再想想办法。"他们慢慢地退回原处，群众立马围了过来，看到刘世杰左脚严重擦伤，整个小腿血珠直冒，大家无比感动，不停地说着感谢的话……

由于没有专业设备和专业人员，若强行救援，根本无法保证受困人员安全，甚至会出现更加危险的局面，救援工作陷入了僵局。为坚定受困群众的信心，争取更多的救援时间，王万伦和刘世杰每二三十分钟就到胡忠成隔壁的胡忠贵家屋顶向他们喊一次话，告诉他们一定会想办法救援，并鼓励他们要打起精神坚持住。时间一分一秒地过去，不知不觉已到凌晨3点，雨依然下得很大，洪水也没有消退的迹象，王万伦和刘世杰都觉得不能再等了，他们决定再冒一次险试试，就近找来两扇实木门，用床单撕成条把门紧紧地绑在一起，尝试第二次救援，但前进到第一次多2米处，水没过了刘世杰的下巴，已经无法向前了，被迫退回。二次救援失败后，王万伦和刘世杰已体力不支，湿透的衣服在深夜让他们冷得发抖，但他们依然坚持每隔二三十分钟就鼓励一次受困群众。

好不容易熬到4时50分，雨逐渐小了，约30分钟后洪峰逐渐退去，这时天已蒙蒙亮，王万伦和刘世杰从后山绕到胡忠成房屋后面，观察淹没房屋的泥石流已相对稳定，他们冒着危险小心地踏着泥石慢慢地靠拢房屋二楼，成功救出小女孩，随后救出妇女和婴儿，但两位老人因行动不便无法从这一通道救出。王万伦和刘世杰带着已救出的3人到安全地点，马上蹚着齐胸深的积水进入两位老人被困的房间，适当安抚情绪后，在群众的帮助下用大锤砸开公路防护墙，积水顿时倾泻而下，不一会儿就具备了救援条件，他俩立马折回背出两位老人。

救援结束后，他们已饥寒交迫、疲惫不堪，王万伦拨通了王必香电话，“报告指挥长，被困群众已全部救出。”话刚说完，王万伦和刘世杰这两位顶天立地的救援英雄已泣不成声……这时，有群众问：“那么危险，你们就不怕死吗？”王万伦笑了笑说：“怕，当然怕，但面对生命，真的顾不了那么多！”安排好被困群众应急避险期间的生活后，王万伦和刘世杰受邀到热心群众家换上干净衣服，吃了顿热饭，还来不及休息就又徒步回到村上接受其他抢险救灾安排。

麻地村遭受百年不遇的“6·29”特大洪灾，由于监测预警到位、防范措施得力、紧急避险及时，未出现人员伤亡，把损失降到了最低。房屋垮塌4户、受损2户，紧急避险转移13户59人；供水管网损毁8公里；公路挡墙损毁8100立方米、塌方19360立方米、涵洞损毁168.5米、路面损毁 31950 平方米、桥梁损毁 3 座、防护设施损毁 820 米。据统计，直接经济损失 5000 万元。

灾情发生后，镇雄县委常委、罗坎镇党委书记丁勇于次日徒步到麻地村检查指导抢险救灾工作，罗坎镇人大主席、麻地村挂钩领导周龙驻村带头开展抢险救灾工作。在各级各部门的共同努力下，麻地村 4 天抢通临时道路、恢复供水供电、启动民房重建。

脱贫攻坚各项工作有序推进，麻地村按时脱贫出列。

（作者时任昭通市水电移民办副主任）

# 第四编　我们携手　共同富裕

# 群众脱贫无小事

吴贡勤　丁福银

2019 年 5 月 31 日，我们随永善供电局驻墨翰乡柏林村扶贫工作队到该村柏林小学参加“六一”儿童节。在活动现场，永善供电局驻柏林村第一书记、扶贫工作队队长周廷勇在给孩子们赠送学习用具时问道：“同学们，你们认得我吗？”孩子们异口同声地回答：“您是每年都来给我们送图书、送文具，免费给我们接电、理发的周书记。”

在驻村队员看来，其实就是帮群众做了一些小事，但就是这样一些看似简单的小事，背后却有着很多平凡而又感人的故事。

## 入户走访，顺便排查用电安全隐患

驻村之前，驻村工作队就了解到柏林村群众用的是地方小水电，老百姓的室内外线路安全隐患突出，没能用上安全电。出发前，周廷勇就特地安排队员各人准备一套电工工具，并把这套工具作为必备“行李”带到了柏林村。

柏林村位于永善县墨翰乡南部的大山深处，交通不便，年轻人纷纷外出务工，常年住在村里的都是留守老人和儿童。我们的驻村队员从第一天走访开始，每到一户老乡家，都要把室内电线检查一遍。发现接头松动的、线路裸露的、安全距离不够的，队员们都会在现场立即处理。

这种“一边入户走访、一边处理隐患”的工作方式深受群众喜欢，第一轮走访下来，队员们认识了大部分的老人和孩子。很多时候队员们在山这头走访时，山那头的孩子直接对着山这边喊，要队员们翻山越岭去帮忙处理用电隐患。尤其是回坪、洗洋塘这些气候潮湿、山高坡陡、土路湿滑的地方，从这山走到那山，步行起来少则几十分钟，多则两个小时。我们每天早出晚归两头黑也去不了几家，晚上回来都是黄泥巴糊满大腿，但是大家不叫一声苦，不喊一声累，依然开心工作。

从 2016 年 3 月进驻柏林村到年底全村完成电网改造，我们有的队员穿烂了 4 双运动鞋，有的体重掉了近 10 公斤。大家精诚团结、各负其责，完成了柏林村 22 个村民小组 345 户建档立卡户的基本情况调查，先后为留守老人和孩子处理用电故障 200 多次。队员们每次处理完故障离开时都会告诉老乡：有事吼一声就是了！我们一定会及时来处理的。

## 从头开始，免费帮助村民洗头理发

驻村工作队刚到柏林村时，第一次在洗羊塘社入户走访途中遇到几个 50 多岁放牧的村民，头发又长又脏又乱，队长周廷勇就开玩笑说：“老哥，你这个头发太长咯，下次我来帮你剪短点行不？”村民高兴地说：“咋个不行呢？我还要感谢你哟！”

村民为啥不理发，队员们都明白。村民从家到集镇单程要 3 小时以上，来回车费加理发要花费 50 多块钱，他们觉得费时费钱，干脆就不理发了。回到村上，周廷勇连夜到集镇的理发店买了一套工具，每次入户走访都带在包里，免费帮助老人孩子洗头理发。

这些居住在大山里的老人和孩子常年不洗头，所以理发前给他们洗头确实是一件不容易的事情。但这让村民很高兴，逢人就念叨供电局的同志不嫌他们脏，帮助他们洗头理发，他们很感激。老人孩子们朴实的话语让我们的队员很满足，也增强了同志们尽心尽责帮助群众脱贫致富的信心和决心。

这些很不起眼的小事，却能让村民实实在在地体会到扶贫队员们在诚心帮他们。老百姓不仅淳朴善良，而且知恩图报。2018 年年初，柏林村上坪子易地搬迁安置建设要砍村民孔恩德家的一片竹子，村两委反复做工作孔恩德就是不同意，导致项目无法正常推进。周廷勇同志得知情况后，立即带领队员登门找孔恩德沟通协调，刚说明来意，孔恩德拿起柴刀就去把竹子给砍了。边砍边说："人心都是肉长的，供电局的同志们辛辛苦苦地帮我们脱贫，帮我们做了弄过多好事，我还有啥说的呢？我就信他们！"

驻村队员心里都明白，村民孔恩德之所以给周廷勇这个面子，主要还是我们工作队平时为群众做了很多好事而积累了深厚的情感。后来进村走访，队员们都会带上电工工具和理发工具，每次走访都要提前了解哪些群众需要理发，哪些群众家里需要处理用电故障。我们在帮村民理发、处理用电故障过程中，都会抓紧机会和群众沟通交流，既掌握了村民的贫困情况和各种需求，也拉近了干群关系。

## 力所能及，帮助群众解决实际问题

驻村以来，队员们深刻认识到老百姓的事没有一件是小事，也认识到正是这些诸多的小事的积累，导致了他们的贫困和落后。所以，队员们始终本着全心全意、尽心尽责的工作理念，把每一件小事当成大事来办实办好。

2016年年初到柏林时，队员们看到柏林村环境脏、乱、差突出，立即协调资金在安置点为群众新建了畜圈1680平方米。为了长效解决环境卫生问题，我们的驻村队员立即请示“娘家”永善供电局，主动投入环境整治资金4万余元，新建了垃圾池15个、公厕1个，人居环境和人畜饮水卫生得到了明显改善。2020年1月中旬，我们的驻村工作队抓紧在春节来临前，义务为墨翰乡柏林村上坪子安置点64户群众新建微菜园2000多平方米，每个微菜园都架设了围栏、填充了干净疏松的新土，既方便群众种点葱蒜苗，也美化了环境卫生。2020年2月至3月新冠肺炎防控期间，柏林村洗羊塘村民小组近20余户留守老人因天寒地冻出行不便，生活物资短缺，驻柏林村队员坚持定期为他们送去食用油、蔬菜等生活物资，保证了疫情防控期间老百姓的基本生活需求和农村社会稳定。

为了解决柏林村留守儿童文化娱乐活动，驻村第一书记周廷勇同志还主动邀请他的微信群友募捐6000多元，为柏林小学120多名学生购买了儿童图书1000余册，建起了柏林小学历史以来第一个图书室。驻村工作队还连续5年参加柏林小学“六一”儿童节庆祝活动，累计为孩子们赠送5万多元的图书、学习用具和体育用品。

## 全员参与，工作任劳任怨不计得失

永善供电局挂钩帮扶墨翰乡柏林村和墨翰社区以来，除了派驻8名驻村队员常驻一线开展驻村工作外，还选派了43名工作踏实、作风优良的党员干部每月定期深入基层开展挂包走访工作。自2019年9月以来，永善供电局再次增派50名工作务实、吃苦耐劳的党员干部，10人一组，每组为期10天深入墨翰乡柏林村开展农村危房改造、人居环境整治、特殊群体关爱、政策宣传、思想动员、易迁群众物资转运、疫情防控、脱贫攻坚普查等重点工作，全体员工不计得失、勇于奉献，涌现了大批的典型事迹。

驻村工作队队员新员工刘兴涛同志的母亲因癌症住院，同样生病的父亲放弃治疗照顾其母亲，单位得知情况后及时研究并请示组织部门，拟另派一名队员替换刘兴涛回来。但刘兴涛的母亲得知后坚决反对，并电话告诉刘兴涛："现在是脱贫攻坚的关键时期，不能拖组织后腿，忠孝不能两全，你把扶贫工作做好了就是对我最大的孝敬！放心吧，我们会照顾好自己的。"直至2020年9月，刘兴涛同志依然战斗在扶贫攻坚的第一线！

2019年8月，柏林村人居环境整治和易迁群众拆危拆旧开始后，永善供电局首期选派的10名工作队队员不顾烈日烘烤，不顾暴雨倾盆，全面投入安置点群众搬迁和人居环境整治工作。共产党员陈元坤同志面对妻子和母亲先后癌症住院，父亲间歇性老年痴呆等各种家庭困难，毅然选择了奔赴脱贫攻坚的第一线，每天奋战在陡峭的山路上为群众搬运生活物资，用超负荷的拼命劳动缓解内心的伤痛和精神上的压力。李于学同志顾不上陪护脑瘫在床多年的儿子和重病住院的父亲，主动勇挑重担，为群众搬运最笨重的石猪槽、石磨、棺木等辎重物品。分管扶贫工作的罗元斌同志2019年8月至2020年3月在近8个月的时间里，仅回家探亲2次，始终坚守在扶贫一线，年过半百的他每天起早摸黑为群众搬运物资，带领队员开展人居环境整治，自己掏钱购买线材为肖尚杰等农危改户安装电线，大年初一就回到扶贫一线参加疫情卡点执勤，自费为困难群众购买生活物资。2020年大年初三，驻村队员秦方元、谢友祥2位同志就返回到扶贫工作一线，每天起早摸黑，连续工作20余天，为群众嫁接核桃400多亩。驻村近5年来，我们的驻村工作队先后分村组社开展嫁接技术培训6次，举办嫁接苗木现场实训3次，先后有400多名群众参加培训和实训，群众生产生活技能得到有效提高。

# 天道酬勤，助力群众开启幸福生活

2020年3月15日，笔者随永善供电局驻村工作队护送墨翰乡柏林村群众跨县搬迁到昭通市昭阳区靖安新区，在靖安新区思源社区18幢1单元304号易迁群众张家令的新家里，面对全程护送他们到靖安新区，并帮助他们搬家的永善供电局10多名党员干部，张家令特别激动地说："真不敢相信，我们全村父老乡亲昨天都还在春雨茫茫、稀泥烂窖的上威宁寨，今天就来到高楼林立、阳光明媚的靖安新区，真的像做了一场梦！以前在老家，房子矮小柴火做饭，满屋子都是烟雾，眼睛都睁不开，全身烟熏味太重，女朋友都找不着，就医就学更不方便，生存条件太差，外出务工也养不活一家人。现在好了，在党和政府的关心下，我们一夜之间从地地道道的农民变成了城里人，就业、就医、就学等各种条件都非常方便，和过去的生活相比，真是天壤之别啊！"

同样在靖安新区张家令的新家里，当笔者问及周廷勇同志驻村近5年来为何选择从小事做起服务群众？他毫不思索地回答我：群众的事情，再小都是大事！我们既然选择了扶贫，就一定要把工作做好。作为一名普通党员，一名基层干部，虽然我们做不了惊天动地的事业，但只要我们用心去做，就一定能把老百姓的事情真正做好！

2020年7月1日，值此党的99岁生日之际，笔者再次走进永善县墨翰乡柏林村，映入眼帘的是干净整洁的村道，错落有致的房舍，我们真切地感受到群众生产生活已经发生了翻天覆地的变化。夕阳西下，和乡亲们漫步于一户户相通的户间道，行走于一社社相连的硬化公路，仿佛正走进一幅幅崭新美丽的新农村画卷！

（作者系云南电网昭通供电局职工）

# 做特一个产业　带富一方群众

李　斌

在鲁甸县城西部45公里处，有一个面积270.94平方公里的小镇——水磨镇。它是朱提江源第一镇，是鲁甸县面积最大、人口最多、贫困发生率最高的镇，也是给我留下无尽回忆的乡镇。

水磨镇属高寒冷凉山区，自然条件恶劣，基础设施薄弱。全镇有耕地9077亩，其中水田395亩，旱地8681亩，人均耕地2.22亩，以种植玉米、马铃薯、荞麦等经济作物为主。

这里风光旖旎、民风朴实，居住有汉、彝、苗、回等民族。数十年来，看着这样纯朴的、热情的、勤劳的当地群众一直受制于恶劣的自然条件，缺乏基础设施和产业发展配套支撑难以摘去贫困的帽子，2008—2010年期间我曾带领公司人员在水磨村、黑鲁村等地建立马铃薯原种大田生产基地和良种扩繁示范基地，和苗寨同胞一起度过了3届花山节，建立了深厚的友谊，留下了难忘的回忆。为发展基地并带动当地老百姓摆脱贫困，我们在这里投入了很多资金和精力，最后却因公司能力有限，加之没有其他资金的帮扶，造成这项工作未能持续投入而终止，取得的暂时的成效亦未能更好地延续，最终的推广和辐射带动面不尽人意，深感遗憾。

随着2017年9月29日大山包一级公路的建成通车，使得进入水磨镇必须翻越阿鲁伯梁子成为历史，车程由原来的3小时缩短为1小时以内，交通闭塞问题得以扭转，彻底解放了大家走出去的脚步。面对脱贫攻坚“大考”，理世企业围绕昭通市委市政府对苹果、竹子、马铃薯、特色养殖、天麻、花椒等“6个百亿元”高原特色产业的定位，配合地方政府因地制宜地推进“一县一业、一村一品”，破解“一方水土养不活一方人”的顽疾。鲁甸作为云南省特困县之一，为聚力攻克鲁甸脱贫攻坚这块“硬骨头”，县委、县政府将昊龙、理世、大成、鑫辉等地方企业纳入脱贫攻坚大军，发挥企业吸纳就业、产业带动、技能培训等优势，助力地方脱贫攻坚工作。

当我于2017年11月21日接到县委、县政府下达的脱贫攻坚钩挂包保任务时，内心难以平静。我第一时间责令公司人事行政中心成立了扶贫领导小组，由我担任组长，李兴勇副总裁任副组长，落实刘元省、马秉韬、皮天波、龚春林等帮扶责任人9名，将四个村民小组（上海子社、下海子社、火草地社、老屋基社）80户362名建档立卡户分配到每位包保责任人名下，并与每位包保责任人定立了“军令状”，要求“脱贫路上不掉一户不落一人、不拖后腿，务必高质量交出理世扶贫答卷”。同时，我与水磨镇政府领导接洽，得到了镇长宋正昌、副书记桂秘等领导的关心、支持和帮助。在他们的陪同走访下，我对水磨镇镇情、村情、社情有了大体了解。在四个社区社长的引导与协助下，我们顺利完成首次入户走访、摸底调查等方面工作，初步完成收入核算和情况了解，快速搭建起“连心桥”。在走访过程中，部分贫困户因外出务工、入地干活、出门办事等原因白天经常不在家，我和小组成员商议决定采取院坝会、夜间串户、遍访拉家常、电话沟通等不同方式进行日常沟通，问候寒暖，通过帮缴医保、带药品等小事，你来我往，逐步增进了互信互通和相互认知，我们工作组成员被当地农户亲切地称呼为薯片厂的领导。时至今日，走访的场景还时常在我脑海里浮现。

上海子社和下海子社以水井为界，统称石板河，公司包保的80户贫困户以及石板河的住户几乎每家门前都拴着一条狗，鸡鸭鹅游走在门口的小院里，满地的鸡鸭鹅粪，猪圈流出的污水淌在路面上，微风一来，空气中弥散着牲畜的粪便味；通过入户入地，我发现村民栽种的云薯505、青薯9

号、云薯 105 等品种亩产高但商品薯价值低，除少量作为商品薯售卖外，多数只能留作饲料喂牲口。结合公司对本次结对帮扶工作“真扶贫、扶真贫、见实效”的要求，一方面我们按照驻村工作队要求完善户档、家庭档案袋、安全住房、控辍保学、水电路排查等工作，另一方面也积极动员富余劳动力、技能贫困户外出或就近务工，居家老人和妇女大力发展种养殖业……为做实、做细贫困户档案资料、算精算准人均纯收入、严排严把低保户、低保边缘户、监测户，遍访频次多了，村社的狗也不再狂吠不止，我常和小组成员开玩笑说：“遍访工作到不到位，就看狗见了时咬不咬。”

在各级党委政府高度重视下，上、下海子社到铁厂社区的主干道得以硬化，为村民的出行、就学、农产品运输带来了极大便利。2019 年四个村社的院坝路、串户路也相继动工，随着水、电、路的进一步改善，危房的拆除、公厕的布局和推进，加之产业帮扶的深入落地，使得乡村更加美丽、农村更加宜居、生活逐步富余。为扭转贫困户较差的生活卫生习惯，我发动公司党员和员工到包保村社进行卫生大清扫，对其生活卫生习惯进行劝导，发放四害消杀宣传资料 430 多份。2020 年疫情暴发后，新闻媒体、电视广播、微信微博、抖音快手大力传播，做好个人卫生防疫宣传，也对我们包保贫困户有了较大促进作用。

后期入户时我发现牲畜圈的污水不再流到路面上，而是铺设了污水管道，窗户上的旧衣物也不见了，家中收拾得井然有序，很多贫困户家中新添了冰箱、农用三轮车等生活生产物资。在包保的过程中，贫困户潜移默化的改变让我感到欣慰，尤其包保户中的 53 户易地搬迁户，他们的思想观念、生活习惯已有了较大改观，这让我不禁联想到整理户档资料时大家自愿放弃周末休息，亲自到铁厂社区委员会加班加点完善户档和国办系统的场景，特别是小组中的回族同事克服生活不便和心理负担，入户宣讲政策聊家常问寒暖。

昭通作为云南马铃薯主产地之一，常年马铃薯播种面积 300 余万亩，总量虽大，但品种杂、品质差。为激发老百姓种植热情，实现“种得出、卖得好、能增收”的目的，自2010年公司开展“万企帮万村”行动以来，我带领企业按照“企业+科技+基地（合作社）+农户”的经营模式发展加工型马铃薯种植基地，对农户执行“良种供应、垫资扶持、订单种植、技术支持、价格联动、保价回购”政策，原对口帮扶的鲁甸县文屏镇黄家山组66户村民按期脱贫出列，在我的引导和带动下，2012年鼓励投资50万元在黄家山成立“鲁甸县庆丰马铃薯种植专业合作社”，马铃薯种植面积由初期200余亩增加到如今的3000多亩，马铃薯种植俨然成为当地群众增收致富的支柱产业。

有了成功经验的借鉴，说干就干。2018年我找到水磨结对帮扶的上、下海子等四个村民小组的社长一起商议，最后制定了《理世年度帮扶方案》《铁厂社区加工薯种植实施方案》等文本，动员贫困户打造了100亩加工型马铃薯样板示范种植基地，为确保种植户不因气候干旱减产而减收，维护种植户信心，公司明确以2.4元/kg的价格组织车辆上门进行收购，让种植户吃下了定心丸。2019年很多包保贫困户和非卡户找到我，都想栽种公司发放的加工型马铃薯，于是我责令公司相应部门优选并采购地方适应性强、抗病好、产量高的一级种薯合作88和云薯304发放给大家种植，2020年的种植面积已扩展到1600余亩。

随着带动成效逐步显现，老百姓的底气更足了。为了更进一步提高贫困户种植技能，改变传统的耕作、施肥、防控方式，我们还聘请了农技专家、技术人员为农户开展马铃薯科学种植和管理培训，编制形成种植规范，让广大种植户科学施种，规范施管，提高了单产，增加了附加值。同时，我们还通过就业培训、就业引导和就业帮扶方式，积极鼓励卡户到公司就业或通过社区、工会对卡户进行技能培训后输出就业，为让有了产业支撑的铁厂社区贫困户如期脱贫出列提供了保障，切实做到真帮实扶，为切实啃下水磨镇扶贫工作坚中之坚这块“硬骨头”奠定了基础。

“感谢理世集团，这是我们的脱贫薯、致富薯！”铁厂社区65岁贫困户李臣松老人欣喜而感激地说。在公司提供种子、技术管护、每市斤1.2

元收购等帮扶下，2019年他家种植了4亩多洋芋，收入1万多元，全家6口人也顺利脱贫摘帽。于是，他家在今年种植了30多亩适合加工马铃薯片的洋芋，信心满满地准备在马铃薯上好好做出“名堂”来。这让我感到无比欣慰，能够实实在在帮助到乡亲父老让我觉得一切的辛苦都值得，我感到无比自豪，身上的担子虽重，但心里却很甜，底气也更足，产业扶贫势在必行。

自2017年年底接到包保任务以来，每年的中秋和春节我都和小组成员一道带上“噜咪啦”鲜切薯片、大米和菜籽油等物资向包保群众送上祝福，同欢同度佳节。在一次走访中，我了解到李臣明的女儿患有过敏性角膜炎，碍于无钱医治一度放弃治疗，弄明白情况后，我及时联系他，一面劝导他及时给孩子治疗，费用可用医保报销，一面为她联系了昭通市华山眼科医院进行治疗，为贫困群众做力所能及的事，尽一份心……这一件件、一桩桩实事、好事、暖心事，深得贫困户一致好评，增强了广大农户对我们包保责任人和理世企业的信任度和满意度，3年的钩挂包保也极大地鼓舞了贫困户自力更生的斗志，使他们的思想意识在潜移默化中有了转变。授人以鱼不如授人以渔，我们与贫困户手挽手，同谋发展共致富。

2018年我荣获云南省脱贫攻坚奖社会扶贫模范荣誉，这对我是莫大的鼓励和鞭策，作为一名非公经济企业人士，我深知脱贫工作必须找到问题症结并下好绣花功夫，才能真真实实为家乡的父老乡亲们做一点实事。只有贫困户实现户户融入产业发展环节中，户均有一个劳动力有一门就业技能，没有劳动能力的贫困人口落实民政兜底保障，达到贫困户“两不愁，三保障”，实现脱贫致富目标任务，理世扶贫才能交出高质量答卷。因此，自2019年11月我参加了由云南省工商业联合会组织的云南省民营企业制造业研修班赴德国开展考察、学习与交流以来，我充分利用国内外交流学习的机会不断充实自己，通过不断学习并进一步明确企业定位和夯实发展基础，为企业第六个“五年计划”规划蓝图，将所学用业绩回报给我的家乡，用产业助力家乡脱贫攻坚，推动加快脱贫进程；同时，充分利用我社会履职的身份，认真履行云南省工商联执委和昭通市及鲁甸县政协委员职责，回归群众，了解民情，把群众的需求和促进家乡发展有益意见建议，形成提议提案，在每一次工商联会议、政协会议上积极建言献策，努力传递正能量，用自身经历鼓舞更多企业人士积极参与到脱贫攻坚这个伟大的事业中来。

24 年磨一剑，我从爱吃马铃薯到吃上加工薯片的“产业饭”，把爱好发展为产业，我和我的团队一直专注于此，用了整整 24 年的时间磨出了昭通马铃薯扶贫产业的曙光与荣光，做大了一个叫“噜咪啦”的知名品牌，做活了一个营业额达 4 亿余元的地方特色产业，做强了一个有 900 多员工的集团企业，做实了一个有实力有担当有情怀的行业标杆，继续做特一个带动千家万户脱贫致富奔小康的扶贫大产业，带富一方群众。

我笃信“天道酬勤、功到自然成！”“只要盯住一件事去做，并且把它做到极致和完美，就离成功不远了！”24 年坚持和专注，理世企业从一个前身并不起眼的小型食品企业，发展成为以食品生产和销售为主、货物运输为辅的集团企业，现为“国家扶贫农头企业”“农业产业化国家重点龙头企业”“全国主食加工业示范企业”“全国模范劳动关系和谐企业”和“十二五”以来“全国民族特需商品定点生产企业”，实现了“小企业、大发展，小土豆、大市场”的梦想，迈入了高质量发展的快车道。

2020 年鲁甸县顺利通过省检、互检和国检，如期退出贫困县序列，我内心由衷感到喜悦。特别是 2020 年 8 月 18 日昭通市获得“世界马铃薯高原种薯之都”称号，为昭通马铃薯产业增添了浓墨重彩的一笔。以此为契机，市委、市政府将马铃薯产业作为六大百亿元产业之一，按照《昭通市马铃薯产业行动计划（2017—2020 年）》的规划和思路，结合地方区位特点和气候特征，根据不同类型深加工产品对原料的需求，通过原料、产业链、仓储配套，不断提升优质加工型马铃薯专业化进程，推广扩大面积，提高本地供给，促进产业升级。

回顾一路走来的扶贫帮扶之路，看着所包保的贫困户日子一天比一天好，脸上洋溢着对未来新生活的向往和憧憬，但我们与包保户的情缘还将继续。所谓脱贫不脱责任，我将继续与贫困户心连心、手挽手、肩并肩，让马铃薯铺就一条更加广阔的康庄大道，用“理世”扶贫工作践行“谋利于世，造福于众”的企业宗旨，以感恩党和政府及回报社会的思想，以实事求是的态度，以开拓进取、勤勉务实的工作作风积极稳扎稳打，用心扶贫，用行济困，为社会发展贡献更大的力量，助力脱贫攻坚，为即将到来的乡村振兴战略落地实施打下坚实基础。

（作者时任云南理世集团董事长）

# 让大山深处贫困群众笑容绽放

汪显坤　宋长万

盐津县普洱镇桐梓村56个村民小组1163户5378人，分散生活在3座褶皱大山中。中亚热带与温带共存的季风立体气候使得桐梓村雨多、潮湿。在桐梓人的记忆中，雨季总与塌方、河流涨水以及浸没小腿肚的泥路联系在一起。大山深处，群众虽迫切想要摆脱贫困，却心有余而力不足，愁容满面。

2015年10月，云南中烟红塔集团昭通卷烟厂挂钩帮扶桐梓村，工厂党委吹响"举全厂之力助推桐梓村高质量脱贫"的冲锋号，桐梓村开启了一场巨变。

## 修路架桥，偏僻山村斩断穷根

"都说要致富先修路，桐梓村不解决交通出行问题，脱贫致富无从谈起。"昭通卷烟厂驻村第一书记王向说。

瞄准桐梓村"路难行"这一致贫根源。2016年以来，昭通卷烟厂先后投入1141万元，硬化和维修公路11条31.2公里，为桐梓村脱贫攻坚源源不断地注入活力。

“这条悬崖边的路，祖祖辈辈都在修，但出行还是靠双脚。”圈岩社社长邓永亮说：“以前，卖头猪到城里很麻烦，撵活猪下山，一不留神，猪乱跑摔下山去，连个影都找不着。”

如今，硬化路修通了，种养出来的农产品最多不超过半小时就可以送到集市上销售，“路难行”再也阻碍不了群众发家致富的步伐，群众信心满满。

桐梓村宽滩社、田湾社去往普洱镇需要穿过河流，宽滩和田湾桥成了桐梓村这两个社群众出行的必经桥。大雨一来，洪水暴涨，建在河上的两座桥被冲塌过好几次。

为此，昭通卷烟厂投入 48 万元帮扶资金，重新设计修建了两座坚固的跨河桥，打通了宽滩社、田湾社连接外面世界的“最后一公里”。

逢山开路，遇河架桥。桐梓村脱贫致富的主动脉被彻底打通，“晴天一身灰、雨天一身泥”“涉水过河”成为历史，桐梓村迎来了发展的新曙光。

## 危房改造，家里家外焕然一新

“2015 年来调查贫情时，越往深处走看到的破烂房子越多，觉得我们来迟了，让群众受苦了。”帮扶干部陈文富心里沉甸甸的。

杨友发家是桐梓村典型的贫困户，妻子和母亲身患残疾无法劳动，三个子女都还在上学，家是低矮破旧房，冬天躺进沾满湿气的被褥，只有钻心刺骨的寒冷……

昭通卷烟厂党委组织帮扶干部对桐梓村进行了全面深入的摸排，先后投入资金 108.1 万元配合地方政府实施“农危改”项目，推动桐梓村真正实现了“危房不住人，住人无危房”的目标。

2018年12月，杨友发家六口人从深山老林里搬了出来，欢欢喜喜地住进了八十平方米的砖房。

“老房子漏雨还很窄，一家三口挤在一起，亲戚来了，连个落脚的地方都没有。”建档立卡贫困户张关田说，“昭通卷烟厂不仅帮我修了两室一厅的住房，还单独建了厨房，硬化了院坝，我咋个不高兴嘛！”

## 输血造血，传统产业大有作为

产业是发展的根基，产业兴旺，乡亲们收入才能稳定增长。

2016年，昭通卷烟厂各党支部组织党员干部捐款25.24万，帮助桐梓村建档立卡贫困户养殖猪牛羊。

“昭通卷烟厂发了2头母猪，驻村扶贫工作队还经常请来老师传授养殖技术。”有听力障碍的解德平已成为远近闻名的养殖专业户，“我家的母猪能下‘金蛋’，娃儿这几年上大学的费用主要靠它们。”

2017年，昭通卷烟厂拨款25万元，指导桐梓村成立盐津利民蔬菜种植专业合作社。2018年，昭通卷烟厂向桐梓村追加70万元产业扶贫资金，扩大再生产。昭通卷烟厂还面向桐梓村开展消费扶贫，干部职工累计购买桐梓村6万余元的农产品。

田坎社的张道文是桐梓村的务工明星，一年下来合作社给他发了1万多元的劳务费。“家门口的合作社提供了岗位，每天要干什么，管理人员交代得清清楚楚，我按生产标准一一照做，还可以学习实用技术。”张道文开心地讲。

2020年，昭通卷烟厂党委在桐梓村启动党支部“惠农工作站”建设，国有企业、农村党支部深度融入农村产业发展。

“今年，在惠农工作站的指导下，我计划在林子里养4个批次400只左右的乌骨鸡，卖 30 元一斤，4 万元的收入稳当当的。”麦子社 69 岁的徐仕贵老当益壮，撸起袖子加油干。

## 温暖助学，莘莘学子筑梦启航

“人生百年，立于幼学。”如何让孩子们茁壮成长、学业有成，昭通卷烟厂各级组织想了很多办法。

2015 年至 2019 年，昭通卷烟厂党支部、基层工会、共青团捐款捐物，持续深入桐梓小学，系统性地开展“微心愿”“初心造梦人”等助教活动；2017 年，工厂向桐梓小学捐款 16 万元用于改善学校生活设施，捐赠电脑 30 台用于信息技术教学；2019 年，工厂驻村扶贫工作队、志愿者联合发起“爱心衣橱”送冬衣活动，向桐梓村小学捐赠 361 件羽绒；2020 年，工厂捐资 10 万元，专项资助高中以上阶段困难学生完成学业。

“昭通卷烟厂对桐梓小学的关心持续不断，工厂志愿者深入学校，讲知识改变命运、大国崛起、智能制造、工匠精神，极大地激发了同学们的学习兴趣和爱国热情。”桐梓小学校长吴成明说。

“昭烟亲人雪中送炭，帮我们在大学里缴了 2 万多元的费用，否则我和妹妹哪能踏实地坐在教室里。”已研究生毕业，顺利参加工作的熊启林眼睛里充满着感激的泪光。

## 不负韶华，小康路上一个不掉

“昭通卷烟厂党委全面压实帮扶责任，累计派出驻村扶贫队员 8 名和挂钩结对帮扶责任人 57 名，累计投入帮扶资金 1545.1 万元，为困难群众解决了许多突出难题。”普洱镇镇长朱明锦如数家珍。

昭通卷烟厂党委书记刘向虹：“工厂始终坚定不移贯彻精准扶贫精准脱贫基本方略，我们与桐梓群众同呼吸、共奋斗，积极发挥国有企业在脱贫攻坚中的重要作用。桐梓的持续发展，是我们的责任。愿桐梓村群众的笑容更加灿烂！”

截至 2020 年 9 月，桐梓村有建档立卡贫困户 394 户 1904 人，已脱贫 384 户 1861 人，桐梓村贫困发生率已降至 0.8%，现有未脱贫户已全部达到脱贫标准，桐梓村“两不愁，三保障”任务目标得到根本性解决。

至此，桐梓村从温饱不足迈向全面小康。

（作者系红塔集团昭通卷烟厂驻村工作队队员）

# 澎湃的歌

刘邦坤

在昭通全市脱贫攻坚大决战取得决定性胜利的今天，回顾民盟昭通市委做过的工作，走过的足迹，虽平凡琐屑，微不足道，但又让人莫名平添几多感慨和欣慰。

## 一、扶贫义诊

民盟在脱贫攻坚中开展得较多的一项工作，当数扶贫义诊活动。记忆犹新的是2018年5月13日在水富市太平镇二溪村开展的一场义诊活动。天刚放亮，来自市第一人民医院、仁安医院、北方医院等各大医院的内科、妇科、骨科、儿科近10位专家已经匆匆从县城赶赴二溪村，甚至来不及吃早点、来不及喝水，一到义诊现场，专家们马上被前来诊疗的群众包围了，各位专家耐心细致地帮群众测血压，测血糖，细心询问病情，解答群众咨询的健康问题，认真进行诊断，给患病群众出具治疗方案。此次活动为300多名群众进行了诊疗，发放了价值6000多元的药品。

医疗专家到了群众的家门口，使患者足不出户就享受到高档次的诊疗服务，受到患者的一致好评，得到了群众的广泛认可与赞誉。红岩坪 13 社 76 岁的郭其芬老人特别高兴，她患有高血压、糖尿病，常年以药为伴，最近肩膀又疼得手都抬不起来，一直说要进城治疗，但山高路远，家里也丢不下，念叨念叨又自己忘记了。几天前村上的干部宣传，说 5 月 13 日赶场天，昭通大医院的医生要来村里免费瞧病。老人着实有些兴奋，一大早就催促老伴出门，一起来到义诊现场。专家对老人的肩膀进行认真仔细的检查，为老人免费送上了对症治疗的药品，老人心里乐开了花。

医生义诊的同时，其他盟员走访看望了贫困户，了解群众困难，帮助群众梳理脱贫致富思路。盟员们感慨："这种活动真是太有意义了！让我们既承'天气'，又接'地气'，真切地了解到了群众的疾苦与呼声。"当西坠的夕阳在树林间筛出万点金光，民盟的同志们结束工作，匆匆踏上了返程的道路。一天的长途奔波和辛苦劳累虽然让大家非常疲乏，但他们的心里却感到特别充实，特别快乐。

另一次在鲁甸县梭山镇义诊，天色已晚，义诊队正准备出发，两个山里的大妈拦住容俊医生，说：我们等你一天了，一直排不上，请容医生无论如何要帮忙看看。容俊没有犹豫，又重新穿上白大褂，为两位大妈看病。不料却需要做一个小手术，义诊队一直在街头静静等待，直到华灯初上才完成治疗上车出发。

几年间，民盟昭通市委共开展扶贫义诊活动 17 次，共服务困难群众 50000 多人次，免费发放约 60 万元的各类对症药品。在永善县马楠乡，14 位专家义诊 1000 人左右，发放价值 18.9 万余元的药品；在彝良县城，"明眸工程"成功地为 320 多名患者实施了免费白内障复明手术。拆开包裹眼睛的纱布，一位快嘴的大妈兴奋得叫喊起来："看得到了！看得到了！瞎了多少年，看东西就是一坨一坨的，这回算是看清楚了！"

民盟市委还积极配合盟省委社会服务部实施民盟中央"天使行动"项目。先后到昭通市第一人民医院、第二人民医院、镇雄县人民医院、永善县中医院和巧家县人民医院调研医疗设施设备配备情况，成功争取价值 100 余万元的全自动化学发光分析仪捐赠永善县中医院，为昭通市第一人民医院争取价值2000余万元的全自动免疫分析流水线1套。

## 二、送教下乡

民盟在脱贫攻坚中开展得较多的另一项工作，是送教下乡活动。2020年6月6日，为帮助永善县备战高考中考，民盟昭通市委市一中和实验中学高、初中毕业班语文、英语、政治、数学名师到永善县开展“烛光.永善”中学教学水平研讨活动。对高考作文的体裁、审题、立意、命题热点、增强政治二轮复习的有效性问题，进行了两个小时的精彩分享。对中考英语最后冲刺阶段的复习备考，语文学科的教学实战经验以及贯穿于其中的教学理念，可能遇到的教学困境，近三年数学的考点、考情及备考要领一一进行点拨。

这些一线名师毫无保留的经验传授，浓缩凝练的教学方法分享，让听课的老师们兴奋不已。大家专心倾听，奋笔疾书做好了相关笔记。讲座结束后，又忙着要电话、留微信，希望能有进一步的、长期的互动，从中获取更多的教学经验。

研讨结束，昭通民盟还向永善县一中捐赠了图书500册。

这几年，民盟开展了送教下乡活动近10次，虽然每一次的故事都不尽相同，但有一种东西是始终不变的，那就是民盟组织传承有序的做事风格：实实在在，不作秀，不张扬。

除了精神上的“送教下乡”，利用盟员的资源优势，还开展了多次公益助学活动：2018年10月17日，盟员徐晓峰向昭阳区苏家镇桂花箐小学20名贫困学生捐献价值3万余元的冬衣冬鞋和学习用具。2020年8月22日，盟员李正英向昭阳区大山包、苏甲、苏家院、大寨等乡镇学校捐赠价值15万余元的运动服装和体育器材。盟员臧庆富凭一己之力创办安然公益联合会，每年出资10余万元投身社会公益事业，积极承担市委统战部“同心天伦”活动，在昭阳区西城小学长期帮扶留守儿童。各种事例不胜枚举。

## 三、助力脱贫

民盟市委机关积极参与水富市太平镇的脱贫攻坚工作，对扶贫对象进行了力所能及的帮扶，民盟机关干部所联系的7户贫困户已全部脱贫出列。

太平镇二溪村，铜锣坝原始森林入口处的一个偏僻山村，高山笔立，两条小河在此交汇，一条公路沿河而上，密密层层的住房傍路而建，地势逼窄而局促。碰到赶场天，群众沿路摆摊，一条路既拥堵又险象丛生。面对这种情况，民盟昭通市委多方奔走，协调资金20万元，为二溪村建成了农贸市场一个，为群众做了一件大好事。

针对贫困村的实际，民盟先后出资4万余元为群众解决实际困难。除水富太平镇外，民盟还为鲁甸县解决了村卫生室建设项目资金30万元。

平心而论，限于职能设置、资源配置等因素的制约，民盟昭通市委所做的工作，放在全市脱贫攻坚大决战的背景上，不啻一滴水比之于浩瀚的大海。然而，万涓成水，终究汇流成河，与主流一起唱一首澎湃的歌！

（作者时任民盟昭通市委专职副主委）

# 走实基层协商　解决群众困难

王恩娇

习近平总书记论“精准扶贫、精准脱贫”时说，“因村因人施策、精准滴灌、靶向治疗、扶贫扶到点上、扶到根上”。我牢记总书记的嘱托，在这几年的挂钩扶贫中，用心用情，竭尽全力去做好这份工作。

在这里，我要讲的是我的挂钩帮扶户张德平，通过基层协商解决他黑户过程。

张德平，男，1976 年冬月 12 日出生在鲁甸县梭山镇挖水村，他家现在有五口人——他、妻子、两个儿子（老大初中、老二小学四年级）、一个女儿（小学一年级）；住老村公所旁，土地在现在的村公所所在地，2014 年年底要搬迁村公所（现在挖水村公所所在地），他家土地就被村公所征用。村公所给他家四个低保作为征地条件，他当时同意了。

可这样一来，就没有土地种了，一家人也不可能仅靠低保勉强过活。几经思量，他决定外出打工，安排妻子在家带孩子读书。为了给孩子提供更好的上学条件，于 2015 年年初把户口迁移到鲁甸县他大哥张德良名下，户主是他哥。两个儿子就在县二小读书，女儿在县幼儿园。

他家是 2017 年划给我包保，我每次去走访，挖水老家都没有人。村上给了我电话，打去是空号，无法联系。问村公所及扶贫队员，才了解到他搬家到县城了，还强调他家不属我挂钩的对象；我就纳闷了，问道：“你们为什么还要把他列入卡户，分给我呢？”

2017 年 7 月至 2018 年 6 月一年时间，我到挖水走访就没有去他家，也没有联系。2018 年 6 月 11 日，我到寨子走访过程中，于下午 3 点 25 分接到张德平在外打来的电话，他非常激动：“王同志，我是张德平，是你挂钩的帮扶对象，有事情找你，你得帮我！村上 2014 年把我的土地征用去修村公所。当时给了我家四个低保，我就没有土地种，为了方便娃上学，就举家搬到县城，户口在大哥家。到 2017 年底清退低保，我家的低保给清退了，我 2018 年春节后到挖水村公所问、镇上问，都说‘你已经不是我们挖水人，不属我们管’。到了县城过问，人家又说‘你不是县城人，没有你的户口’。我现在在鲁甸成了黑户。”他在电话中给我提请求，要我帮他恢复挖水村的户口，并纳入此次异地搬迁范围。听完他的讲述，我安慰他别急，总会有解决的办法，遂挂断了电话。

当天走访完，回到村上，我给村支书及扶贫第一书记汇报他家的情况，他们听后均讲：“王同志，你不要管闲事，他不属我们挖水人，户口不在挖水，就不是你包保的对象！”他们讲得没错，但我作为一个政协人，坐着不管是不行的，良心总过不去。习近平总书记讲：“在扶贫的道路上，不能让一个老百姓掉队，2020 年底全面实现小康。”这个人的问题不解决，会拖我们整个昭通的后腿。

2018 年 6 月 16 日回到单位上班，我给鲁甸县政协人资环委主任杜永贵（市政协委员）打电话，说了张德平家户口一事，并分析张得平的户口是在他哥的户口名下，在鲁甸县文平社区，精准识别没有查着；他现在是文屏镇保健社区人，请主任给联系一下文屏镇派出所和保健社区扶贫办，确定一个时间，与我一起到相关部门了解核实，并找出解决问题的办法。2018 年 6 月 19 日，杜主任与我一同去了文屏镇派出所，查了他家的户口，张德平一家五口确实落在他哥张德良户主的名下，但 2015 年已划出，单列了他大哥所在的社区！

此时我想，2017 年的精准识别，社区是不是搞落了？为什么？问题在哪里？

然后再到社区了解，社区的办事人员说："他本人来问了好多道，都给他讲了，他是挖水才搬来的，不属我们社区的，我们社区不管，叫他去找挖水！"我听着很无奈。户口在这里了，还不是你们社区的人，说不过去，但基层同志办事可以理解，扶贫任务已经很重了，多一事不如少一事。

之后，我就他的情况咨询了县扶贫办，县扶贫办的同志工作认真负责，政策很熟，当时就给出了肯定答复："户口在社区，就是我们社区的人，我们会解决好他的问题。"

6 月 23 日我打电话联系张德平叫他回来，到社区办理相关手续，他 7 月 6 日回来了，7 月 12 日中午就给我打电话说"到社区办理相关手续，社区同志积极主动给他办理；承认他是文屏镇保健社区的人，申请公租住房表已填，叫他回去打工，等候消息"。别提他有多高兴！

2018 年 12 月底，张德平拿到了公租房的钥匙，2019 年春节前一家五口搬进了 56 平方米的公租房！他电话联系我时，非常激动地说："感谢党，感谢政协挂包干部，帮助我解决了近年来一直想解决的困难，我现在可以轻轻松松地把家照顾好，扶持好娃娃上学。"

作为政协人，通过基层协商，帮他解决了实际困难，我非常欣慰。

（作者时任昭通市政协人口资源环境保护委员会副主任）

# 挂包三棵树村二三事

杨玉昆

“挂包帮”“转走访”是兑现如期脱贫硬承诺的关键之举，是实现精准脱贫转方式的务实之策，是落实作风转变新要求的具体之行。按照区委政府的统筹安排，我们单位——昭阳区融媒体中心挂钩帮扶三棵树村。

三棵村隶属云南省昭通市昭阳区旧圃镇，地处城郊接合部，经济条件相对较好，南邻土城村，西邻三善堂村，北邻红泥村，属于坝区。距离镇7.00公里，面积2.97平方公里，海拔1902米，年平均气温12.60℃，年降水量1000毫米，依靠着蜿蜒曲折的昭鲁，有了水，水稻收割完接着种豌豆，三棵树的水果豌豆种植已经是一张响亮的名片了。

挂钩帮扶三棵树村几年来，最大的感受是，如果以帮扶身份出现在贫困户家中的时候，要么照相留痕迹，要么就是贴明白卡，有时候，就为了贴明白卡，群众在很远的地里，也要叫他们来把门打开，贴上明白卡，反复多次，我很害怕再去干扰他们了。但走访工作还得进行，于是我就换一种身份，忘了帮扶人的身份，只是路过的路人，去坐坐看看，聊哈天，这个时候，说到吃穿的问题，说到住房的问题，说到村子里的逸闻趣事，摆不完的龙门阵好多啊！

周某某原来是在城里饭馆当厨师的，找过一个湖南婆娘，日子还是好过的，这个砍脑壳的，一有时间就去赌博，还在外面找女人，湖南婆娘伤心了，就跑了。现在，回村子头，一天就是睡觉，人家村子上安排一个公益性岗位给他，每个月 500 块钱，有点钱，就整酒喝。他庄稼也不种，懒死了，村子头只要有红白喜事，他就去转，去白吃白喝。说到情深处，许多群众都感慨地说：现在政策太好了，只要勤劳一点，日子会好过的。实际上，在走访的过程中，作为挂钩单位的负责人，了解掌握整体情况，已经是我在三棵树脱贫攻坚工作的一部分了。当听到群众发自肺腑的话语，我的心情是激动的，说明贫困群众有一颗感恩之心，有了这颗心，我们做什么都值得。

帮扶的日子没有传奇，也没有惊心动魄，每月都反复紧盯“两不愁，三保障”开展着“自强、诚信、感恩”工作。刚进村的时候，走过村子里的串户路，狗撕心裂肺地叫唤，叫得人心惊胆战，生怕狗跑过来咬一口。现在，走在村子里，从村头到村尾，一路都有认识的人，都在和人打招呼，嘘寒问暖，狗安静地在屋檐下睡觉，一点也不担心狗会跑来咬一口了，这源于和贫困群众逐渐熟络了起来，我自己仿佛成了三棵树村的一个村民。

最难忘的日子是脱贫攻坚百日冲刺。2019 年 11 月 27 日区扶贫开发领导小组视频会议后，按照《昭阳区脱贫退出抓村盯户暨重点问题大排查专项行动方案》（昭区扶组发〔2019〕84 号）和《关于做好脱贫退出重点问题大整改的通知》（昭区扶组发〔2019〕88 号）文件要求，我们挂钩单位几位领导分片分组到三棵树社区抓村盯户暨重点问题开展大排查整改。

我们分片分组的工作一方面开展入户排查工作，排查走访了 1345 户 5296 人，其中建档立卡贫困户 76 户 233 人，非卡户 1269 户 5063 人。排查出基础信息方面 5 条，全部是建档立卡户。一是 9 组赵家全家儿媳耿怀波，离婚外嫁；二是 6 组贺茂林的女儿贺声庆外嫁未迁户；三是 2 组周世庆家女儿徐梅外嫁失联未迁户；四是 1 组徐剑生于 2019 年 12 月 10 日因病死亡；五是 10 组赵家文家儿媳朱立娇离婚外嫁未迁户。非卡户安全住房无保障 42 条：一是居住土坯房存在安全隐患，属于五不扶对象的有 32 户，分别是 2 组仁登凤、陈发明、张尔平、周世学、周世华，3 组王绍云，4 组刘从先，6组何远德、赵家成、刘啟学、贺德龙，7组訾永芬、余荣正、余荣宽、赵家礼，8组余荣珍、赵家奎，9组夏举福、解开凡，10组保福宽，保正云，11组黄选凤、秦明凤、廖春荣，12组陈玉元、马米祥、马贤举、胡国贵、马米荣，13组崔世祥、胡国忠，14组刘顺田。二是通过“同吃同住同劳动”，在贫困户姜某某家、刘某某家、邓某某家，分组干部七手八脚洗菜的洗菜，做饭的做饭，炒菜的炒菜，和群众打成一片，温馨和谐的情景让人难以忘怀，晚霞映照在帮扶干部的身上，劳动后的笑容在晚霞下灿烂。在和贫困群众近距离接触中，我们感受到了贫困群众的淳朴善良，当然也有部分群众不听道理，他们有心结，当换一种身份说话的时候，朋友身份就能听到他们人生中的苦与乐，这个时候，苦可能是这样那样的问题，都是历史烟云了，我们只能安抚，拿快乐来聊天，他们也会很腼腆地笑起来。

在补短板工作中，有的贫困户家窗户没有安装，有的没有厨具，有的没有及时搬进新盖的房子里，这些事情都落在身上，甚至有的贫困群众没有交医保金。责任！责任！帮扶的责任！这个时候，虽有怨言，但大家各自都积极地想尽一切办法去解决，有的同志争取爱心企业送来了资金、沙发、柜子。

村子里弥漫着爱心，涌动着走村串户热情的身影。补短板的工作紧张地进行着，大家都在为迎检做问题清零的工作。

我挂钩的何成莲家，一直借居在她的亲戚家，新房子盖了，室内没有刷墙，也没有打地皮，再不搬进去就是问题，村上的去了，工作队的去了，何成莲总说没有钱，没有办法，为此，我多次去了她家聊天，在问到她家里的情况时，何成莲告诉我，她的儿子三十多岁了，一直没有找到媳妇，就是想把房子再盖高一点。了解到这个情况的时候，我做她的工作，盖高是时间问题，搬进去，条件好了，媳妇都要来得快一点，盖高还要到处去借钱，压力大得很。她听进我的话了，他的儿子也很配合，一周内，墙白了，地皮打好了，看到这样的情景，我高兴地对她说：搬家的时候，我送一套沙发给你。何成莲很不好意思地说：我不能白要你的。何成莲搬家的时候，我兑现了我的承诺，之后，她总是不断地打电话给我，问我住什么地方。我明白她要兑现她说的不能白要，她要送东西给我。当然，我是不会接受她的赠送的，这样寒暄一直持续着，她家放秧田水，捞到鲫鱼了，她也打电话给我，叫我去吃，我找理由没去，我不能吃贫困群众的惠赠啊！路过她家门口的时候，我会毫不迟疑地到她家坐一会儿，我只是盼望她家的日子越过越好，也盼望她的儿子尽快找到媳妇。

农村工作千头万绪，我和我们的干部不厌其烦地走访着，没有窗户的家庭，我们尽量帮助安装了，没有打地皮的协调打好了地皮，房前屋后的环境卫生逐渐变好了，我们也看到了在城市发展中，三棵树村已经在绕城高速的圈子里，除了豌豆种植，一个更大的产业——700亩食用菌种植基地落户三棵树，发展的机遇大了，看到这一切，我们都很欣慰。我们也知道脱贫不脱政策，我们将一如既往地和贫困群众增进感情，“扶贫更要扶智”，在“自强、诚信、感恩”中，让他们的自身造血功能更加强大起来。站在食用菌种植基地的一个高坡上，村支书兴奋地对我说：我们要在这个地方建一个观景台，看三棵树的产业，还要种上有观赏性的花，三棵树也要成为风景，不远的将来，这个地方一定游客云集。

此时，充满生气的三棵树村，太阳的光线很透很透，地里的玉米很精神地站立着，星罗棋布的农家小院一片祥和，我再次明白了农业强，中国强；农村美，中国美的哲学关系。

（作者时任昭阳区融媒体中心主任）

# 脚踏实地倾情帮扶　完成扶贫走访工作

訾承勇

作为昭通市税务局的一名税务干部，同时又是市政协委员，投身扶贫工作，我倍感使命光荣。在整个扶贫工作中，我作为一名帮扶干部，认真学习扶贫知识，努力掌握应知应会扶贫业务，严格按照市政协、市税务局机关党委部署和要求，履职尽责，认真负责，严格按照时间节点和阶段性工作安排，完成了职责范围内的每一项扶贫走访工作任务。

## 一、服从安排，切实履行帮扶责任

根据市扶贫办的部署和本单位具体扶贫工作要求，本人先后挂钩大关县天星镇沿河村，后又挂钩镇雄县坡头镇堰塘村陈家寨的帮扶工作。在帮扶工作中，始终严格按照单位要求和工作安排，认真开展扶贫走访工作。自己在单位主要从事税收业务工作，对其他综合性工作接触相对较少，对农村工作也不熟悉。但好在通过不断学习扶贫工作知识，提高思想认识，我慢慢学会了静下心来，沉下身来，一次一次，一户一户，核对信息，宣传有关政策，始终把光荣的使命印在心中，不折不扣地完成好每一项走访、核实、表格填列和电话回访工作。

## 二、密切联系，每一户情况准确掌握

本人共帮扶 9 户 38 人，已脱贫户 4 户 19 人，未脱贫 5 户 19 人。截至 2020 年 6 月底，已脱贫户无返贫风险，未脱贫户中 5 户 19 人目前测算已达到脱贫标准。

陈联超，全户 6 人。户主陈联超、妻子刘兴菊属普通劳动能力，在浙江省金华市普江县务工；女儿陈艳属普通劳动力，在浙江省杭州市务工；父亲陈洪元享受养老金和低保金；儿子陈刘乾在金华芦溪小学就读六年级；女儿陈欣在厦门甘玲小学就读六年级。重点核实了外出打工信息。

陈洪朝，全户 5 人。户主陈洪朝属普通劳动力，妻子严宗会属技能劳动力，大女儿陈娥和次女陈菊属普通劳动力，长女陈娥 2020 年 4 月起在本地从事教育工作，次女陈菊在镇雄县坡头镇财政所工作，儿子陈麒麟云南农业大学本科三年级在读。重点核实更新了务工和工作情况，农危改补助对象资金到位。

陈洪祥，全户 4 人。户主陈洪祥属普通劳动力在外务工，妻子欧世荣属弱半劳动力在外务工，长子陈续在云南经济管理学院读大专二年级，次子陈伟在云南经济管理学院读大专一年级。对务工信息、收入情况等进行了重点核实。

陈洪柒，全户 4 人。户主陈洪柒、妻子王开凤属普通劳动力在家务农务工，长子陈涛镇雄县坡头镇堰塘中学读七年级，次子陈剑雄镇雄县坡头镇田湾小学就读五年级。重点核实了务工和养殖业情况。

陈联政，全户 5 人。户主陈联政属技能劳动力在外务工，长子陈俊在镇雄县坡头镇田湾小学就读学前班，长女陈玉玲、次女陈本倩属学龄前儿童。重点核实了务工情况和家庭人口情况，如户口簿上只有 4 人，原配偶刘江南不在户口簿上，反映与配偶分开 3 年了，但国办系统配偶为罗晓凤，核实现配偶为罗晓凤，农危改补助对象资金到位。

陈坤，全户3人。户主陈坤属普通劳动力在本地务工，妻子龙露属技能劳动力在家带小孩，儿子陈志伟患大病残疾。重点核实了务工情况和家庭人员情况。

宋登元，全户3人。户主宋登元患大病残疾常年卧床，无劳动力；长子陈洪陆属普通劳动力在本地务工；儿子陈亮属在校学生。重点核实了务工和家庭人员情况，农危改补助对象资金到位。

贾成兰，全户4人。户主贾成兰属技能劳动力，从事公益性岗位；长子陈检在滨州医学院就读本科；长女陈蕊在镇雄县以勒中学就读高中；次女陈静在镇雄县坡头镇堰塘中学就读九年级。重点核实了劳动力和收入情况，提出了收入存在短板，解决了公益性岗位。

常国云，全户4人。户主常国云属技能劳动力，从事公益性岗位工作；子女陈郡梅、陈建锋、陈锦培属在校学生。重点核实了收入情况和住房安全情况。

通过各级各部门和作为帮扶人员的自己，长年累月，付出辛苦和努力，9户贫困户目前人均纯收入均已达到标准，住房保障、饮水保障、教育保障和医疗保障均已达标。

## 三、主动作为，认真完成每项具体帮扶任务

在每一次走访中，认真完成每一项具体帮扶任务。在走访中，密切与社长进行沟通交流，总体了解各家各户基本情况，实地走访，深入了解，逐项核实每一项数据；对核实了解的数据，进行认真分析、比对，负责任地填列表格；对一些可能变化或者存在情况不清楚需要进一步深入了解的事项，通过电话了解核实；每次走访结束后，及时将存在的问题向单位驻村工作队反映，与村上片管干部进行分析、研判，及时解决扶贫工作中的

难点，及时解决贫困户提出的问题。同时，也按照市政协统一要求，积极为扶贫捐款，助力脱贫攻坚。

（作者系昭通市税务局干部、时任昭通市四届政协委员）

# 采得百花成蜜后　为民辛苦为民甜

廖仕松

红旗村是大关县政协挂钩帮扶单位，属于高寒山区，平均海拔2070米，最高气温25℃，最低气温-8℃，年平均气温11℃，年降雨量1100毫米，相对湿度75%，是深度贫困村。受地理气候条件限制，村民常年只能种植玉米、土豆等农作物，且作物单位产量、耕地综合利用率极低。

风好正是扬帆时，不待扬鞭自奋蹄。面对单位挂钩村脱贫摘帽的“大山”，机关派驻红旗村的干部扑下身子认认真真履职，弯下腰杆兢兢业业干事，扬鞭奋蹄负重前行，圆满完成了红旗村制胜脱贫攻坚的答卷，书写了一段段不平凡的故事。

## 攻坚齐上阵，扶贫父子兵

李德军同志是政协教科卫体委主任，2017年响应组织号召，服从单位安排，11月派驻上高桥乡红旗村任驻村工作队第一书记、队长。

面对挂钩村的贫困情况，德军同志深入实际，紧紧围绕“为了谁，扶持谁，怎么扶”，把“寻因开方”作为重头戏，一头深入群众，边走访入户，边宣传政策，边听取群众意见，边动员勤劳致富，找准扶贫良策，制定了以强党建、强产业等“四强兴村”及环境整治好、精神风貌好、勤劳致富好的“七好兴家”的“四强七好”，美丽红旗的三年脱贫攻坚方案。

蓝图绘就之后，采取干部分片负责，白天以“党旗进农家”“美丽红旗，清废有我”“抓实教育，持续发展”等多种主题、多种方式，入户动员群众外出务工、指导做好当地特色养牛业种竹业发展、教育指导做好环境卫生、抓实引水修路建房、健康扶贫、教育发展等工作，晚上以反复宣传教育、反复督促、反复指导“三反复”工作法开展扶志扶智宣讲、自强诚信感恩教育、“三讲三评”工作会推进工作。经过三年的努力，红旗村的扶贫工作得到了群众的肯定和认同，各项扶贫政策都切切实实变成了温暖群众的温度。

平时交流中，我从来没有听到李主任有任何抱怨，他总是乐此不疲地谈论工作。耳濡目染，润物无声，在父亲的感染中，其儿子李潼也于2018年主动请缨到高桥镇车来村当上了一名驻村工作队队员。

“爸爸工作经验丰富，扶贫工作中遇到困难和问题，我随时可以翻他这本‘活字典’。”李潼说道。

这队脱贫攻坚中的“父子兵”，在一线攻坚中始终担当尽责、主动作为，在自己的岗位上夙夜在公，“5+2”，“白加黑”，勤勉工作，用奉献阐释了情怀，用担当作为推动了脱贫攻坚各项工作落到实处。由于工作实绩突出，双双走上表彰台，受到县委县政府的表彰。

## 此时父子情，两地同惚恍

游国军同志是政协人资环委主任，2017年为了减轻挂钩村扶贫压力，经过主席会议研究，决定增派他到红旗村驻村，配合机关驻村工作队开展工作。从此开始了他长达3年的驻村生活。

当时正值 2017 年岁尾的一个清晨，国军接到了一个很特殊的电话。

他接通电话，是父亲微弱的声音："游国勋，你在哪里？你来扶我起来走走。"

"爸爸，我是游国军，不是四哥。我马上打电话给四哥让他扶你，我这几天工作还很忙，等我把手头的工作忙完我就来看你，你要听从医生的安排，好好养病，等病好了，我们一家人好好在一起过个年。"游国军说道。

"你是国军哦，你要好好工作，我这边你不用担心，医院有你哥他们在，先把工作做完了你再回来。"父亲安慰他道。

此时父子情，两地同惚恍。但还没等游国军把这一段的工作做完，医院就下了病危通知书，等他急匆匆从村里赶到医院时，连父亲最后一面都未能见到，父亲已经永远地离开了人世，而他亏欠父亲心心念念的那个搀扶，化成了对挂钩村的爱，奉献给了这片高原大地上的贫困群众。

## 扶贫抛家去，佳人勇当"男"

"爸爸，你快回来给我讲王二小的故事嘛！"这是申磊与儿子的视频通话。

2016 年 10 月申磊被派到红旗驻村，一去就是三年，聚少离多成了家常便饭。三年间里申磊说得最多的一句话就是：最对不起的就是妻子和孩子。

2017 年 5 月，全市精准识别摸底调查正开展得如火如荼，为圆满完成摸底调查任务，还在陪护假期的申磊抛下正在月子里的母女，毅然回到村上参与工作。此后三年里，除了上班还要照顾两个孩子便成了申磊妻子的日常。

平时他的妻子上班前，背着一个，抱着一个，先将大的孩子送到幼儿园，再把幼小的女儿"托付"给学校的门卫照顾。这还不是最严重的，由于两个孩子都还年幼，抵抗力不好，经常同时生病。

有一次，申磊正在开易地搬迁和参与引水工程群众动员会，他的妻子突然打电话来说："儿子已经感冒治疗一个星期了，但是一直没有好转，刚才发烧抽搐，你赶快回来，我忙不过来了。"在场的群众都说："你快去，路上注意安全。"

还有一次，幼儿园的周老师对我说：申磊同志的媳妇真的了不起。有一次她上完班，背着女儿急冲冲赶到幼儿园接儿子时，幼儿园里面只有一个老师和她的儿子了。他的妻子满脸堆笑对老师说：对不起，老师，因为今天工作上有点事临时耽搁，让您久等了，实在对不起。单位的同事了解她家情况后，都说："申磊的媳妇了不起，一个人带两个孩子还要正常工作，真是太伟大了。"

就这样，他的妻子默默地支持着丈夫一心投入扶贫工作。通过三年的努力，鱼塘村完成了从群众意见大、环境卫生差到群众积极参与自治、环境卫生改善的华丽转身。

他们只是脱贫攻坚战场上的一个缩影，正是有无数像他们一样的干部舍小家，为大家，用汗水乃至生命才圆满完成了这张成之唯艰的时代答卷。他们是最平凡的干部，他们是最不平凡的人。

（作者时任大关县政协党组书记、主席）

# 我的驻村经历

吉永鹏

“吉书记好啊！”清晨的竹林里传来亲切的招呼声。

吉书记就是我，我是民进市委办公室主任，2017 年年初，我来到昭通市委统战部挂钩扶贫点二溪驻村蹲点，在地处绥、水交界的庙铜沿线，二溪 500 户 1780 人口就有 202 户 791 人在温饱线下挣扎求生。我到村上的第二天，就到三星坝片区统战部挂钩帮扶的贫困人家走访，看见几乎过半的人家住的是脏乱差的窝棚杈杈房，家中无锅无瓢无衣无被的窘境，同时又看见一张张期待致富的面孔，我坚定了坚守山村扎根扶贫的初心。3 年来，我走遍全村大大小小每一个角落，与贫困群众结下深厚感情。重基础，兴产业，真帮扶，让二溪驻村旧貌换新颜。

## 扶贫先“扶心”

“吉队长，你今天得闲不？李成香老人想你得很，你能不能抽空来一趟？”当初我进村入户走访调查，看到少数民族人家生活落后习惯差，说教引导不管用，我就身体力行从小处着手。抬热水为九十高龄的李成香老人洗脚，让老人感动得眼泪在眼眶里打转，絮絮叨叨地说：“吉书记，使不得使不得啊，这活只有自己的娃娃才能干啊！”我说：“那您就把我看成您的儿子！”；看到挂包户张文富家里蚊蝇飞舞，垃圾乱扔，我提起扫帚帮张文富家打扫卫生；看到贫困户王勇家院坝有不少口痰、粪便，我拿起水管为王勇家冲洗院坝……群众心中一杆秤，大家看在眼里，记在心上。在群众的闲谈中常会听到：“今天吉书记又去帮刘大芝家切菜煮饭了！”“吉书记今天又下田帮朱远华（空巢缺劳老人）种魔芋了！”我与村民的感情逐渐升温，从最初村民堵门不让进家还骂娘的窘境，成为农民群众的知心朋友，架起了工作队与老百姓的连心桥。我趁热打铁建立了党员联户机制，定期组织党员对年老体弱的村民进行上门服务，帮助打扫室内卫生，营造了和谐的邻里关系，得到了村民的一致肯定。从此，“做人实诚，干事巴适”，成了二溪百姓嘴中提起我时的口头禅。

## 走上脱贫“畅通路”

“服务群众”是我矢志不渝的初心。针对村子基础设施薄弱的现状，我积极发挥自身资源优势，帮助乡镇改善容貌，提升群众幸福指数。

基础设施“扶一把”。了解到村委因无力支付电费，二溪集镇路灯被迫停用，街道黑灯瞎火的情况后，我多次向部领导汇报呼吁，在解决 3 万元办公经费的情况下，争取统战部支持资金 12 万元，为二溪集镇安装太阳能 LED 光伏路灯 24 盏，不仅为村民出行提供了便利，每月还节约电费 2000 多元；看到集镇因无垃圾池，垃圾堆放不规范，处理不及时，氨气异味危及群众身心健康的情况后，我积极争取资金 6 万元，建成 800 平方米垃圾池，为村街道垃圾规范处置提供了保障，并引导村民积极参与村级治理。我在红岩坪的工作期间，了解到红岩坪群众因引水管年久老化、爆裂渗水影响村民吃水的情况后，就到市水利局寻求帮助，争取资金 5 万元购置 Φ50 管 3000 米，Φ40 管 2000 米，使红岩坪片区 80 户人家吃上了清洁安全的自来水。在三星片区回龙堡工作期间，了解到村民的主食洋芋由于多年未换种，洋芋个小质差产量低的情况后，主动争取民进市委支持，为挂钩帮扶户解决洋芋种 9 万斤，换种 300 亩，推广高垄种植和马铃薯晚育病防治，从而提高了单产。了解高寒山区回龙堡、大院子村民因缺少炕房冻坏了身子、霉变了粮食、腐烂了腊肉时，我到处找寻资金支持，反复沟通交涉，最终争取了资金 67 万元，为 41 户人家建起了炕房。一系列举措让村庄面貌焕然一新、村风民风更加和谐、村民干事热情更加高涨，为乡村振兴增添了强劲活力。

## 精准扶贫不落一人

我在 3 年多的驻村扶贫工作，特别是精准识别摸底调查及“百日攻坚战”工作期间，主要负责三星坝片区 80 多户建档立卡贫困户的走访调查任务。接受任务后，我每天清晨，天空刚泛起鱼肚白时就步行 10 多公里山路，走村入户调查。在精准识别摸底调查任务的过程中，了解到王胜均一家四口仍然生活在屋不避雨的脏乱差环境中时，多方协调，市委常委、统战部申琼部长亲临王胜均家了解实情，拍板定夺，作为易迁对象建了住房，购了家具，置办了衣被，使王胜均一家在春节前搬进了新家，住上了新房；看到王金贵等单亲家庭既当爹又当妈，吃了上顿无下顿的情况后，我多次请示汇报，得到镇、村领导的理解支持，使王金贵、黄明均、韩义德、周朝琴等极贫人家按最高标准落实了最低生活保障；在了解到韩义德、王正银等少数人家虽然建了新房，但由于经济紧张，无钱置办门窗、家具、床铺而搬不了新家，住不进新房的实情后，我又千方百计多方筹资，买床铺、购衣柜、办炊具……倾情助力为群众办实事解难题。

## 因地制宜发展产业

精准帮扶要注重激发贫困户的脱贫内生动力，才能更好地提升脱贫质量，确保不返贫。二溪三星坝片区是水富最边远高寒、贫穷落后的苗族散杂居村寨，贫瘠冷凉的土地长不出高产的粮食。千百年来，村民无稳定收入，全凭天赐的山林——国家级铜锣坝森林资源来抢采竹笋、寻找药材、猎食动物维持生计。

“想要真正过上好日子，一定要有自己的产业。”来到二溪村的第一天，我就这样对村里的干部说。为此，不知多少次走村入宅咨询当地老农，召开小组会、院坝会、村民代表会议反复调查论证，根据二溪村资源禀赋、自然气候，海拔纬度等地方特性，我拟定了“近抓劳务输出稳脱贫，远抓竹笋药材长致富”的产业发展思路，并沿着这个思路研究措施和办法，制定目标和任务，争取资金和项目。调研遴选海拔 1400 米最适宜区二溪大院子为示范点，成立水富市竹产业专业合作社流转村民土地荒山荒坡种植方竹。为此，我千方百计争取项目资金，并组织人员外出考察询价讨价购苗运苗，同时组织村民规范化打塘栽苗播苗。

2018 年深冬，干部群众战冰冻斗严寒，在不到一个月的时间内就科学建成了组织化、规范化、标准化为一体的高标准竹产业示范基地 1200 亩；2019 年合作社通过贷款等方式，自筹资金 120 万元，租地 45 亩，购种 4500 斤发展方竹苗基地，一年时间实现纯利润 18 万元。合作社以短养长制定了土地出租费、竹苗薅锄管理费，村民不仅在合作社就近务工能拿工资，还领取了出租土地的费用。通过水富市竹产业专业合作社大院子示范点带动，三星坝 80 多户贫困户纷纷加入竹产业合作社，两年时间发展方竹 6500 亩。

如今二溪 202 户 791 人全部脱贫，他们正向着美好的小康生活大步迈进。我难掩心中的喜悦，幸福地说："和二溪村村民的感情已经成为我生命的一部分，我深深地爱上了二溪这片土地和村民，他们就像我的亲人，为了自己的亲人能过上好日子，再苦再累也值！"

（作者时任民进昭通市委办公室主任）

# 山高水长情意浓

赖国春

“路通了，车开进来啦！”人们放着鞭炮，奔走相告，山村沸腾了。

这是2016年春节前，永善县茂林镇新林村轱辘河的一个情景。时间虽然已过去了三年多，但在我脑海中仿佛就发生在昨天。

“市纪委为我们修的路通了。”通车那一天，一位80多岁的老人高兴地对我说，“真没有想到，有生之年还能看到公路修到家门口，祖祖辈辈跋山涉水的历史结束了。”

2015年，在党中央吹响全面脱贫攻坚战的号角声中，市纪委挂钩帮扶永善县茂林镇永安村、松林村、新林村。三个村中，最为困难的是新林村，72.5平方公里的土地分布32个村民小组，散居着1395户5862人，其中建档立卡贫困户就有745户3221人。在新林村的轱辘河沿岸，有6个村民小组不通公路，300余户人家中只有2户修有水泥房，其余的都属于不安全住房。村里很多60岁以上的老人从未走出大山，连汽车都没有见过。

据当地人讲，几年前的一个夏天，一场洪水冲走了一位蹚水过河的小学生。乡亲们跟随其父母沿河寻找了好长时间才找到。上学路上，幼小的生命被凶猛的洪水吞噬，每每讲起，无不倍感悲痛。

回到单位，我向市纪委原书记陆维智汇报了挂钩帮扶村的情况。陆书记深有所思道：“还有这样的情况？”接着他又说，“路不通，群众脱贫就很难，我们首先得把路的问题解决掉！”随后，陆书记带着我们再次来到茂林镇，来到轱辘河。

河边社社长闻讯赶来，对此充满了期待，见到陆书记，他说：“陆书记，真没有想到，你翻山越岭、蹚水过河，不辞辛苦，来到我们小山村，谢谢你了。”

陆书记对他说：“我了解到你们的情况，想到实地来调研一下。来到这里，看到你们的状况让我深感焦虑，路不通，怎么能脱贫，这么多年了，还有这样的状况，是我们没有做好工作，愧对了父老乡亲。你放心，明年我们一定把公路修到你们家门口。”

我们跋山涉水，往返 20 余次蹚过轱辘河，才把 6 个组走了一遍。入户中，我们看到有的是家徒四壁，有的是房不能遮风避雨，有的是贫病交攻，村民的生产、生活状况比我们想象的还差、还困难。

2016 年 8 月，在市纪委牵头协调下，通过争取国家帮扶项目和 400 余万元的帮扶资金，加上老百姓投工投劳积极参与，不久之后，一条 4.5 米宽、8.9 公里长的乡村公路就修通了。

2016 年的春节前夕，轱辘河岸，山笑，水笑，人欢笑。一条蜿蜒的金色大道展现在村民眼前，大家激动地将这条金色大道称为梦想之路、希望之路、致富之路。

摩托骑进来了，汽车开进来了，扶贫物资送来了，老百姓的山货特产卖出去了，几代人的梦想实现了，人们口口相传：“共产党好，我们国家的扶贫政策真好啊！”

在随后的三年中，市纪委不断加大挂钩帮扶工作的力度。按照“两不愁，三保障”的要求，三个扶贫村产业发展起来了，安全住房修好了，群众生产、生活得到了极大的改变，老百姓彻底告别了过去的穷日子、苦日子。

便捷的交通、安全的房屋、整洁的环境，彻底改变了山庄面貌，农户们高兴地说：“要不是党的政策好，我们不敢相信会有今天的幸福生活。”老百姓用质朴的语言，表达了他们内心的感激。

（作者时任昭通市纪委市监委常委）

# 涓涓暖流润乌蒙

王培敏

自开展脱贫攻坚以来，昭通市工商联充分发挥职能优势，最广泛地动员民营企业和民营经济人士，积极投身于脱贫攻坚，探索形成“社会力量踊跃参与、携手同心奔小康”的社会扶贫工作新机制。

万企帮万村，昭通市民营企业勇当社会扶贫主力军，积极参与到精准扶贫、精准脱贫之中，成为决战决胜脱贫攻坚战场上一支强有力的生力军，为打赢脱贫攻坚战贡献了坚实力量。

## 产业帮扶因地制宜，激发脱贫“造血”能力

2016 年 4 月，市工商联联合市扶贫办、市光彩会三方组成领导小组，启动“万企帮万村”精准扶贫行动，领导小组广泛动员民营企业参与扶贫开发，将不同领域的企业因地制宜地与贫困村组成结对帮扶，将资源最大化利用起来，探索出一条适合企业与帮扶对象共同发展的“双赢”扶贫之路。

“万企帮万村”精准扶贫行动启动以来，全市有 302 家企业参与到其中，与全市的 309 个村签订了帮扶协议。实施扶贫项目 503 个，累计投入帮

扶资金3.31亿元。其中产业帮扶投入26078.345万元，就业帮扶投入6247.875万元，技能帮扶投入264.35万元，带动12154户97323名建档立卡贫困人口实现稳定脱贫，有效地推动了精准扶贫精准脱贫的落实落地，实现了助力脱贫攻坚和企业转型升级的双赢，体现了民营经济的社会担当。

在永善县细沙乡一个苍翠欲滴的深谷中，云南菜人家食品有限公司董事长廖兴巧带领公司扶贫领导小组走访调研，访贫问苦，排忧解难。自从2016年与永善县细沙乡三堡村签订《“万企帮万村”精准扶贫行动村企结对帮扶协议》以来，廖兴巧的帮扶足迹留在了贫困山村田间地头、贫困群众的家中，动员吸收帮扶村的56名劳动力进公司务工，月平均收入达3000元以上。出资20万元购买小米辣籽种，免费发放给365户贫困户种植，培育小米辣示范基地450亩，在全县七乡镇推广扩大到7500亩，实现户均年增收0.95万元左右，产业帮扶起到了良好的促进作用。

“我是一名十九大党代表，更应该发挥企业家精神，积极承担社会责任，在脱贫攻坚中主动担当作为，让企业发展与区域发展、国家富强同频共振。”党的十九大党代表、大关县上高桥乡大寨村党总支书记、大关琦鑫农产品生产有限公司党支部书记丁琪，以“支部＋合作社＋公司＋农户＋群团”的发展模式，形成了“合作社带大户、大户带小户、小户带散户”的联动发展模式，把企业的发展和群众的增收紧密地结合在一起，带动上高桥乡1160户农户加入琦鑫合作社发展黄牛养殖。2015年以来，分别整合项目资金9.6万元，帮扶17户贫困群众建立储草棚1200平方米，种植人工草地450亩；整合资金12.16万元，补贴30户贫困群众购买母牛；帮助上高桥乡大寨、新民、红旗3个村316户贫困户解决养殖设施落后、饲草饲料紧缺等问题。

2018年，琦鑫公司为红旗、大寨、新民、打堡、团结、龙堡6个村部分贫困户发放红利20.4万元。2016年以来，累计为贫困群众申请创业致富贷款190万元发展黄牛养殖，在回收时以每头黄牛高于市场价500~1000元价格收购，解决群众后顾之忧。2019年年末，琦鑫黄牛养殖农民专业合作社出栏黄牛达1260头，存栏3670头，销售特色产品200余吨，销售额近2000万元，实现利润225万元，户均年收入净增6000元以上。

这样的脱贫故事，发生在昭通的各个角落。云南理世实业有限公司发展马铃薯深加工带富一方群众；大成农业开发有限公司发展青花椒产业带动椒农共同增收致富；云南滇龙生态科技公司用大山深处的小小板栗托起山区群众致富梦；昭通远大实业集团爱心助学，关注下一代成长；昭通绿健果蔬商贸有限公司带动发展苹果产业，齐心协力奔赴小康生活……

昭通民营企业通过产业帮扶促进互惠共赢，通过就业帮扶助力致富增收，通过技能帮扶激发内生动力，通过公益帮扶凝聚奋进力量，探索一种模式，带动一个产业，振兴一方经济，富裕一片百姓。

这些感人的事迹，都是“万企帮万村”行动的生动写照。

## 光彩事业，为昭通脱贫攻坚增光添彩

走进昭阳区北闸镇艾世香、洪翠昌两名学生的新家，电视机、电饭煲、电磁炉、沙发、冰箱等家居用品一应俱全。“以前，我一个人带着他们三姐弟一家4口人居住在一间60多平方米的房里，墙壁也没糊，冬天风一吹冷得睡不着。”艾世香的母亲徐声焕说，因为有好心人士捐赠的20万元资金和政府帮助，才修起了现在100多平方米的房子，日子越过越有奔头。

15岁的蒋周康就读于区二中，成绩优异，却因家境窘困面临辍学！不能言说的背后真相更令人唏嘘，更添怜惜！今年4月，其母亲及弟弟不幸身亡，姐姐也还在读书，70岁的奶奶腿脚不便，父亲在外打工收入不高。在昭通市光彩事业促进会的组织动员下，云南光莱科技公司向蒋周康同学捐赠了三万元生活补助金及慰问品，帮助他早日走出困境、渡过难关，化悲伤为动力，以饱满的精神状态投入到学业中。

扶持边远山区贫困群众发展产业，为搬迁群众购买生活用具，在深山村寨建设卫生室方便群众就近看病……近年来，市光彩事业促进会以民营经济人士为参与主体，以推动光彩事业为准则，创新帮扶方式，民营企业发挥独特优势，实施公益捐赠、招商引资、消费扶贫等工作，治病根，拔穷根，打赢深度贫困地区脱贫攻坚战，实现精准脱贫。深刻诠释了“致富思源，富而思进，扶危济困，共同富裕，义利兼顾，德行并重，发展企业，回馈社会”这 32 字的“光彩精神”。

同昌保险昭通分公司捐赠扶贫资金 215 万元，帮助昭阳区田坝乡、彝良县海子镇、威信县长安镇等贫困乡村开展产业扶持；云南昊龙实业集团连续 10 年每年捐款 500 万元助力教育脱贫；昭通远大实业集团捐款 16.6 万元改善纸槽村委会基础设施和购买村集体产业魔芋种子……一个个企业、一次次行动、一笔笔资金，为昭通脱贫攻坚凝聚起了磅礴力量。

自 2017 年以来，昭通市光彩会通过广泛联系，组织开展了“光彩助教行动。乌蒙行”“光彩捐建行动·老区行”“抗击肺炎疫情。光彩行”等系列活动，努力争取到捐赠资金 1000 万余元，建成了村级应急避难场所 9 个，帮助 5 个村解决避难场所建设缺口资金；修建村级卫生室 7 个，安装太阳能路灯 2190 盏，净水器 2000 台，在村级建设了大量的基础设施，较好地发挥了社会扶贫资金使用灵活的优势，解决了一些财政资金不能解决而又必须解决的具体困难，为脱贫事业添砖加瓦。

作为昭通市工商联的一名负责单位扶贫工作的工作人员，自参加工作以来，作为民营企业的“娘家人”“贴心人”，我在与民营经济人士一次次的接触中，聆听他们的规划和远景、倾听他们的诉求和想法，为他们“鼓与呼”。

一位民营经济人士说：“我们每个人都是社会大家庭中的一员，只有社会和谐了，我们个人、我们的企业才能发展，不管企业大小，履行社会责任，就是建设和谐社会的一种表现。”唯其艰难，才更显勇毅；唯其笃行，才弥足珍贵。从“万企帮万村”精准扶贫行动、光彩事业行到抗击新冠肺炎，还有消费扶贫、东西部扶贫协作，民营企业以不获全胜、决不收兵的坚定意志，以一鼓作气、乘势而上的奋斗姿态，为助力脱贫攻坚、抗击新冠肺炎贡献着力量。

2018 年 10 月 20 日，习近平总书记给“万企帮万村”行动中受表彰的民营企业家回信说，“看到有越来越多的民营企业积极承担社会责任，踊跃投身脱贫攻坚，帮助众多贫困群众过上了好日子，我非常欣慰。”昭通的民营企业家认真践行习近平总书记要求，在中华民族强起来的新时代里，坚定理想信念，把企业做大、把产业做强，坚持与党委政府同心同行，与全市人民群众携手奋进，只争朝夕，不负韶华；实干担当，不负时代！以“万众一心加油干”的实干精神，不负党的重托和人民的期望，创造出更加灿烂辉煌的明天。

（作者系昭通市工商联宣调科工作人员）

# 天星镇脱贫攻坚工作纪实

吴维忠

教育扶贫是国家脱贫攻坚工作的重要组成部分，治贫先治愚，扶贫先扶教。但是近些年来，随着大学的扩招，大学生就业难的局面，让很多人产生了“读书无用论”的想法。毕业意味着失业，这让很多农村孩子对教育的功能失去了原有的判断。教育扶贫不是让每个孩子都去上大学，更重要的意义在于让适龄的孩子读书，接受完整的、系统的、良好的教育。

为了打赢“控辍保学攻坚战”，我县全面排查义务教育阶段失学辍学人员情况，县教育局实行网格化管理，将教育局干部职工、各中小学校长分片挂到乡（镇）村，开展信息收集、业务指导、问题研判和困难解决等工作。同时教育局牵头，整合乡镇党委政府、学校、派出所、村“两委”等一切力量，在各乡镇开展控辍保学和教育清零工作，坚持以法控辍、以德控辍和文明控辍的原则，大力宣传《义务教育法》，让家长履行好职责，配合学校帮助子女完成义务教育。

为了让学生能返校，稳得住，读毕业，我县根据学生实际，采取随班跟读、开设职初班、补偿教育、送教上门等方式，把教育清零控辍保学工作做真做实，助力全县完成脱贫摘帽任务。控辍保学是工作的重中之重，我们一定要全力以赴。

教育好一个孩子，可以彻底挖掉一个家庭的穷根。

杨群，女，苗族，家住天星镇绿南村凉风社村民小组。她小学毕业后，就不想接着上学了。学校、村“两委”和乡镇分管人员曾多次到她家做动员工作，她都一直不答应去上学。

我了解这一情况后，决定带着工作队，再一次上门动员，无论有多难我也要把她劝回学校读书。我们走在崎岖而又湿滑的小路上，映入我眼帘的是一座苗寨村庄，顿时心情十分沉重。终于见到了杨群同学，这是一个腼腆的女孩，工作队晓之以理，动之以情，但两个小时过去了，杨群同学仍没有答应。工作队只能改变方法，让一名本村的苗族女教师单独和她谈，一个小时后，杨群同学终于说出了她不读书的原因，了解到杨群同学的真实想法，我抓住时机，耐心地与她谈心，给她分析了当前的情况，杨群同学认真思考后，终于答应回学校上学，我拿了 300 元贴补她。当听到杨群愿意回校时，她的母亲露出了欣慰的笑容，工作队也总算松了一口气。

看到杨群的辍学，我难过，可下面这两个男孩却让我痛心。

李德强，男，汉族，家住天星村大水沟社村民小组。他初一休学在家，复学时间到了，久久不愿复学，老师多次联系无果。学校、村“两委”和乡镇分管人员曾多次到他家做动员工作。他家门前就是岔彝二级路和洛泽河，家庭条件也不差，整天与另一家孩子沉溺于网络且不吃饭不回家，更不用说帮父母做点力所能及的事，有时还殴打自己的母亲，父母也焦头烂额。

我了解这一情况后真是痛心疾首，心里也暗暗下定决心：无论如何都要挽救这个孩子。第一次来到他家，他母亲愁容满面，不停地诉说孩子是如何骂她、打她的，家长也希望他去上学，而且找了很多亲戚给他做思想工作，他就是不去。遗憾的是，这次到访我都没见上孩子的面。

第二次我们到他家后，他母亲说：“李德强在梅家，我去把他喊回来，你们先躲在屋里，不要出来，不然的话，他看到你们又要跑。”当他们母子刚到坝子里，一个老师正准备出去看看他们来没有，李德强顺着旁边小路就开始逃，他妈妈大声喊，那个老师奋力从另一头堵他，才把他追回来。他母亲紧紧地攥住他的手，然后就絮絮叨叨地说孩子的不是，我示意她放开李德强，不要再说了。

我单独与他母亲交流：不要当着孩子的面说他的缺点，尽量说他的优点，鼓励一下他。我又语重心长地与李德强讲话，可是，无论我们怎样给他做工作，他就是低着头一句话也不说，我们无功而返。

我决定“三顾茅庐”。这一次，我联系了镇上的、学校的相关人员以及他的新任班主任（他的语文老师）一同前往。可我们到他家后，只遇到了他父亲，他父亲带着我们一行人去梅家。来到梅家房门紧闭，找来梅家老爷爷，才打开门。只见两个脸色苍白的孩子躺在床上打游戏，我说充着电玩手机，不安全，而且伤眼睛。他俩无视我们一行人，好比空气一样。李德强的父亲火冒三丈，伸手砸了手机，然后孩子就冲出梅家，我们以为他要跑，出乎意料，他回家了。我们走进他家，同样被忽略，班主任走到他身边亲切地说：“李德强，同学们都问你，怎么还不去学校，他们都想你了！尤其是蔡文渊和邓明涛经常问。老师也很久没见你了，你是个懂事的孩子，一直以来我都认为你是个说话算话的人，跟老师回学校，好吗？明天让你爸爸送你去学校行吗？”“不要跟我提他！”李德强忽然大声怒吼。我爱抚地拉着他的手，细心地跟他说我小时候的一些事情，并耐心地开导他，给他讲了沉溺网络的一些案例。他沉默了很久后才说，他愿意去学校，但不想早上去，我同意他下午去学校，晚上可以不上晚自习。他说，明天下午让他母亲送他去学校。此时此刻，我如释重负！

随后了解到这个孩子一直坚持了下来。这就是李德强的变化。

油菜花香，金黄村野；细雨如丝，丝丝缕缕；清风入身，身身凉爽；也只有看见这真正的田野，才有这般欣慰，这般惬意，我回来了，一切都还是那么熟悉，记忆犹新，仿佛闭着眼都能知道哪条泥泞的路，是家的方向。可郑伟这个孩子，找不到回家的路。

郑伟，男，汉族，家住天星鱼孔村鱼孔坝社村民小组。他也是初一下半学期开始辍学，他是来了又去，去了又来，反反复复，每次去学校待不了几天，不是打架就是拿别人的东西，学校和老师也很无奈。“不让一个孩子掉队”，这是原则。我又一次踏上征程，来到郑伟家。这次屋里只有他母亲一人，她很热情地接待了我们。

他母亲是个能说会道的人。她说，她也没办法了，也希望孩子去上学，可孩子总是不听话，瞎扯！她打电话让郑伟回来后，我们认认真真地给孩子做思想工作，后来母子二人爽快答应周末去学校。

孩子是一个家庭的未来和希望，在孩子的教育问题上，不仅要有好的政策去引导，更要有适宜的教育环境。不要让一代又一代农村的孩子，像他们的父辈一样，离开故土，背井离乡，靠苦力生存。

一串串的记忆涌入脑海，我在家乡扶贫的点点滴滴，撩拨着我的思绪，轻抚着我的灵魂。我在想，我还是很爱很爱她。月照故里，淡淡乡愁在心中涟漪；古树未枯，乡音仍回响于心；茶似往昔，浓烈乡情正荡漾在心。

（作者时任大关县政协副主席）

# 用担当诠释初心　用实干践行使命

马玉书

自2016年4月以来，我作为永丰镇镇长助理并挂钩元龙社区，带领元龙社区“两委”，全力推进脱贫攻坚各项工作，如期实现贫困村脱贫摘帽和全社区601户建档立卡贫困群众脱贫出列。

## 一、强化班子建设，夯实基层堡垒

火车跑得快，全靠车头带。几十年来，不论是作为元龙村的党总支书记，还是挂钩领导，我始终把抓班子、带队伍作为主责和主业来抓，认真履行党建工作第一责任人的职责，以身作则，率先垂范，打造了一支坚强有力的社区班子队伍。

### （一）当好带头人

作为“一班之长”，我始终严格要求自己，认真履职，以身作则，积极带领党员干部认真学习党的各项方针政策和习总书记系列重要讲话精神，贯彻落实党和国家各项惠民政策和措施，从自身做起，工作干在一线、落实在一线，要求别人做到的，自己率先做到；要求别人不能触碰的原则、底线，自己坚决不违背，用实际行动践行了共产党员的先锋模范作用。

### （二）当好协调员

元龙社区“两委”的成员，都是来自最基层的普通群众，我们所处的角度、思考问题的角度都是不同的，在工作中难免出现意见不统一的情况。我常说：“懂团结是真聪明，会团结是真本事。”我从维护团结、凝聚力量的角度出发，充当“润滑剂”，敏锐观察班子成员动态，及时化解班子成员间的隔阂和分歧，把不同脾气、不同性格的干部理顺到一起，让大家各尽其责、各显所能，形成凝心聚力谋发展、全心全意搞服务的良好的工作局面。

### （三）当好监督者

工作安排了、部署了，关键还在于要落实好。我对班子成员放权而不放任，时刻把跟踪问效摆在当面。我要求班子成员按照各自职责分工，做到“出门满把抓、进门才分家”，无论什么工作，都要深入到群众家中和田间地头，了解群众实际困难和问题，认真听取群众意见建议，寻求解决问题的最佳方案，把党和国家惠及群众的好事办好、实事办实。对于落实工作有差距的班子成员，我会毫不留情地当面进行批评教育，帮助其理清思路、细化措施，确保各项工作落到实处。

## 二、强化基础建设，奠定脱贫基石

基础设施建设是脱贫攻坚中的一项重要工作。这些年来，我带领社区“两委”班子成员，抢抓发展机遇，积极争取协调，全力推进元龙社区基础设施建设，有效改善群众生产生活条件，为元龙社区实现出列奠定了坚实的基础。

### （一）美丽乡村

元龙社区的陈家营自然村，包含 8、9 两个村民小组，有群众 176 户、556 人。长期以来，群众居住分散，房屋布局凌乱，道路不通、沟渠不畅的现象十分突出，村庄人居环境比较落后。2016 年，我带领社区“两委”班子，紧紧抓住“易地扶贫搬迁”这一千载难逢的机遇，严格按照“科学规划、设施齐备、生态环保”的要求，对陈家营自然村道路、沟渠、垃圾处理和污水排放等进行整体规划布局，着力构建绿色、生态、可持续的农村生态文明发展机制，得到了各级领导的高度认可。在规划中，严格按照“高标准规划”和“一次性规划、分步实施”的要求，村内主干道不低于 8 米、串户路不低于 5 米，厨卫入户、人畜分离，对生活污水和垃圾实行集中无害化处理；群众建房实行集中退让和统一风貌建设，保留村中古树、古井，原址改扩建水体公园和活动广场，做到房屋建设和基础设施相互协调、相得益彰，努力建设“望得见山、看得见水、记得住乡愁”的农家田园风光。在建设过程中，成立了由镇、村、组干部及党员群众代表共同组成的工作组，严格按规划划定了道路、广场等位置，实行道路统一退让、房屋统一规划、公共设施占地统一分摊，在不扩大村庄占地面积的基础上，有效解决了原村庄房屋布局凌乱、道路不通、沟渠不畅等问题。同时监督群众严格按设计和风貌进行建设，确保实现水电配套、厨卫入户和人畜分离，切实改变了原有的生活模式，有效提升了人居环境。建设完成后，组织群众充分讨论，制定、完善了《元龙陈家营环境卫生管理制度》《元龙陈家营生活垃圾治理收费制度》《门前“三包”责任制》和《〈门前‘三包’责任制〉评比制度》等制度，明确了群众作为生态文明建设的主人翁地位，必须承担应有的责任和义务，为生态文明建设提供制度基础。同时积极申请对接妇联、团委、卫计等部门，进村入户开展“革除卫生陋习，树立文明新风”宣传培训，手把手教群众收拾家务，面对面向群众传授文明卫生习惯，经此培训，群众文明素质得到有效提升。在我的带领下，陈家营自然村“生态、文明、可持续”的农村生态文明发展机制正逐步建立，“新农村、新产业、新发展”的美丽画卷正徐徐展开。

### （二）旧貌换新颜

元龙社区是移民大村，村内全部回族群众均在1956年修建永丰水库时，由布嘎乡搬迁到此，目前已有群众678户2516人。2015年年底，根据上级安排部署，永丰镇纳入云南省第二批中型水库移民避险解困集中安置项目申报，全镇共申报480户1998人，其中元龙村集中安置点安置移民群众411户1698人。由于情况复杂，申报程序烦琐，项目最终于2019年10月启动建设。在建设过程中，由于原有道路狭窄，很多地方都需要对部分群众围墙、畜圈等进行拆除来完成扩建。加之村庄人烟密集，且普遍有养殖牛羊的习惯，对拆除工作造成了极大的阻力。针对这一问题，我带领村组干部，组建了由村、组干部和群众代表共同参与的建设指挥部，共同商议决策移民安置点科学规划建设相关事宜，综合考虑基础设施、公共服务、产业发展、生态修复、民族传统文化和生产生活实际需要，完善民居式样和内部功能结构建设新村，有效提升了群众居住质量和生产生活水平。同时，我还成立了由村组干部、农村中德高望重的老人组成的劝导组，对村中生活琐事、房地界限等矛盾进行及时排查调处，有效化解了群众矛盾，营造了和谐的生活氛围。在我的带领下，群众群策群力、情绪高涨，在短短3个月时间就基本完成了主要建设内容，完成道路硬化50余条，面积6万余平方米，污水管道3357米，雨水排水沟1702米，强电入户200余户，给水管道3843米，路灯200盏。自此，元龙社区所有道路全部实现了硬化，群众全部饮上了自来水，主要道路沿线安装了路灯，晚上灯光明亮，一个崭新的移民新村呈现在眼前，每当走在整洁平整的道路上，群众都对我赞不绝口。

### （三）“团结和谐”的民族文化广场

元龙社区是回族聚居村落，每遇民族节日，热闹非凡，但是场地的窄小在很大程度上制约了活动的开展。2017年，经过我多方争取和汇报，一个投资500余万元、占地10亩的民族文化广场破土动工了。建设刚开始，就遇上了困难。现有的场地无法满足需要了，需要拆迁扩建，人们都不太愿意捐之毫厘。几经思量，痛下决心，我率先拆除自家围墙，把院坝无偿提供出来。在我的引领下，周边群众深受感动，纷纷破除自家院墙，无偿提供院坝。不久，一个宽敞、整洁的民族文化广场就顺利建设完成了。现在，每遇民族节日，元龙社区回族群众就在清真寺门前这个“气派”的广场上开展活动，整个场上都洋溢着团结、和谐的节日气氛。

## 三、抓实产业发展，筑牢脱贫根基

元龙社区也是全镇三个贫困村之一，全村有601户2225人建档立卡贫困群众。脱贫致富小康路上，一个也不能掉队。但元龙社区人多地少，群众底子也较为薄弱，如何在脱贫攻坚道路上迎头赶上，是我一直在思考的问题。我与社区“两委”班子一起，经过认真、细致的分析和研究，制定了“进城”“在家”等卓有成效的脱贫攻坚路径，确保群众全部达到脱贫出列各项标准，带领群众在脱贫攻坚道路上迈出了坚实的步伐。

### （一）进城

元龙社区人多地少，要想通过发展产业让群众增收致富，无疑是“难于上青天”。短时间内要让群众实现“不愁吃不愁穿”，外出务工是最好的途径。于是，我带领社区“两委”班子成员，通过与企业对接送走一批、村子里小“包工头”率队带走一批、实施培训提升技能外出一批等方式，大力动员闲置劳动力外出务工。据初步统计，2019年，元龙社区有1600余名群众长期在外务工，人均务工收入3.5万元，直接实现工资性收入5000余万元，有力确保了群众脱贫出列。

### （二）在家

除了外出务工的，仍有部分群众在家，这部分群众单靠种地是无法解决脱贫问题的，怎么办呢？我想到，元龙的群众有养牛的传统，何不发扬光大呢？说干就干，我带领“两委”班子成员，对全村的养殖基本情况进行全面的排查梳理，动员有基础的、有条件的先养起来。但是由于养牛所需成本较高，部分群众无垫本，根本无法实施，我是看在眼里、急在心头。经过多方集思广益，我决定动员元龙信龙合作社的伯格勒养殖基地，先向群众提供小牛，待养大后再由合作社进行收购，并从中抵扣小牛成本。如此一来，终于解决了“无钱可养”这一大难题。同时，我还积极协调农村信用社，向群众发放小额贷款，使养牛的群众逐渐多了起来，形成了奠定脱贫出列的坚实支柱产业。截至目前，全村共有养殖户400余户，养殖黄牛2000余头，年增收达1500万元。

### （三）安居

房子是家的港湾，有了房子，才能让人体会到家的温暖。元龙社区一直以来地少人多，住房一直是困扰群众的一大难题。但建房不是小事情，所需要的资金也不是一个小数目。为切实解决这一关乎民生的大难题，我带领社区“两委”班子成员，一方面牢牢把握“农村危房改造”这个政策，动员群众按照“原拆原建”的要求，拆除危旧房屋，严格按照风貌和层高进行建设；另一方面凭借元龙社区“移民”这个独特的身份，积极申报国家“大中型水库移民避险解困”项目，严格按照要求实施集中安置，切实解决群众住房困难问题。同时，针对部分群众经济困难、暂时无力建房的实际情况，我积极争取汇报纳入修缮加固项目进行改造，确保房屋达到基本搞垮要求。自 2016 年以来，通过多方争取项目和政策扶持，元龙社区共实施拆除重建 800 余户，实施修缮加固 68 户，确保了所有群众全部实现安全住房，真正把家建设成了温馨的港湾。

在脱贫攻坚工作中，我始终牢记着习近平总书记说过的话：“全面建成小康社会，一个不能少；共同富裕的道路上，一个不能掉队。”我始终把脱贫攻坚当作重中之重摆在工作首位，带领村社组长、村民代表和工作队走访全部建档立卡贫困群众，经过几轮“回头看”，科学制定了到户到人的切实可行的帮扶措施并落到实处，经过几年的持续努力，2019 年年底，元龙社区 601 户建档立卡贫困户 2225 人全部脱贫出列，元龙社区实现了整村脱贫。

（作者时任昭阳区永丰镇政府镇长助理）

# 精准去穷根　光彩在行动

左佳翃

贫困是人类历史发展中一道硬伤，古今中外，众多仁人志士、励志明君，为国富民强、大众平等而奋斗千百年，都没有走出一条成功的道路。

习近平总书记在 2015 年 11 月召开的中央扶贫工作会议上提出“消除贫困，改善民生，逐步实现共同富裕”，这次会议的本质要求，是中国共产党人的重要使命，并庄重向全国人民和全世界承诺：2020 年全面脱贫，让全中国所有贫困地区和贫困人口实现全面小康社会，中国将创造性地走出一条人类实现消除两极分化、共同富裕的发展之路。

昭通市光彩事业促进会，是民营经济人士和民营企业的慈善机构，通过产业扶贫、消费扶贫、抗震救灾、教育扶持、基础建设等项目助力国家脱贫攻坚这一历史性的艰巨工作，本着“致富思源、富而思进、扶危济困、共同富裕、义利兼顾、德行并重、发展企业、回馈社会”的“光彩精神”，积极投身扶贫工作大潮中。

昭通是全国脱贫攻坚任务最重的地级市，全市建档立卡贫困对象 422937 户 1850742 人，12356 个贫困村，相当于东部地区八九个省的贫困人口总和，脱贫任务十分艰巨困难。2020 年，为全面实现脱贫任务，昭通成为全国脱贫攻坚的主战场，根据我市的实际情况，结合光彩会章程和发扬“光彩精神”的特点，我们班子研究，提出适合我市特点的三大行动：“光彩助教·乌蒙行”“光彩捐建·老区行”“光彩大爱·健康行”。

## 一

“光彩助教·乌蒙行”活动，为全市贫困卡户、特殊原因返贫的群众子女能上学、上得起学、学有所成，实现一户有一个学生学成就业，就能实现该户人家脱贫的目标。我们深入到镇雄、彝良、昭阳、永善等区县的县区中学、职中和乡镇中小学、贫困卡户、特别困难的家庭等调研走访，听取学校老师、家长和教育职能部门干部的意见和建议，把教育帮扶卡户和特殊困难学生能上学、上得起学，完善困难地方学校基础设施等作为光彩会助力脱贫攻坚的主战场。

为改善教育基础，光彩会积极争取各地、各企业对贫困山区教学条件简陋和困难的学校给予帮助，昊龙、北京、东莞、中山和民主党派等为我市昭阳布嘎乡、公租房小区小学、鲁甸梭山乡、龙头山镇、水磨乡、镇雄罗坎镇、场坝乡、水富太平镇等20所小学建校舍、球场，增添桌椅、电脑、书籍、体育器材及设施，改善了教学条件。五年来，光彩会为11县市区的近20所中小学投入基础设施教学设备、教学帮扶、贫困学生助学达1500余万元。

我们把教育帮扶作为光彩会助力脱贫攻坚的主战场，2018年，市光彩会在省光彩会的支持帮助下，在区光彩会的配合下，与捐资助学的爱心人士一道对昭阳区北闸镇二位特困学生精准帮扶，爱心人士从小学帮扶到初中。当我们走进这两名同学的家中，贫寒程度让我和爱心人士落泪：一户是母亲带着三个孩子，生活十分困难，全家4口人住在一个30多平方米的五六十年代的土坯危房中，屋内黑暗，家具稀少又破，屋外垃圾堆紧靠墙体，门前污水横流；另一户建有一层60多平方米的房屋，但是家徒四壁，门窗都未完整安装，其父是残疾人，生活十分困难。但这两家的两个学生学习刻苦，成绩优秀。

爱心人士积极筹措20万资金，帮助两个学生的家庭改善生活及其环境。我和区光彩办同志在镇、村二级政府工作人员的帮助下完成了对这两户人家的住房改造工程：从选地基、规划、设计到施工，全程帮扶落实，为二人家庭各修了80—100平方米的新房，添置了家具、电视、冰箱等生活用品，彻底改变了两位学生的生存、生活和学习环境。

2020年6月2日，昭阳区二中蒋周康同学的母亲和弟弟不幸溺水身亡，其父亲打工支撑家庭，市光彩会与云南光莱科技公司一道为蒋周康同学捐赠三万元生活补助金，帮助他完成高中学业。

为让更多的贫困学生早日成才，市光彩会与昊龙集团共同成立了“昭通教育扶贫专项基金”，从2019年起每年投入500万为全市贫困学生和特困教育提供学习、教学帮助，重点对市一中、民族中学、鲁甸一中投入360万元资金，对三校贫困建档立卡户、特困学生进行帮助，该项目的扶贫基金补助再叠加国家低保户、助学金等政策补助，每个特困、贫困生每月可达到1000—1500元，同时还对重大疫病生活困难教师进行了帮助。因为这三所学校是昭通和鲁甸的重点中学，是层层考核选拔起来的较突出和优秀的学生，是全市品学兼优学生中的代表性学子，是各类大学的储备人才。如果让他们因贫辍学，这是家庭的不幸，也是国家的损失。

## 二

贫困的根源缺产业，脱贫的任务在兴产业。我市贫困群众收入少且不稳定的主要原因就在于缺乏有力的产业支撑。

要让群众彻底脱贫，不仅输血，更重要的是造血。我光彩会根据当地的实情，针对威信适合猕猴桃产业发展，开展了“光彩捐建·老区行”活动。2018年年初，光彩会在同昌保险昭通分公司捐助下，在威信长安镇的瓦石等四个村投资80万元建设四个种植基地300余亩，从贵州引进优质苗种，从四川请来技术骨干，对土地有效合理整合，解决数百人就业，经过两年的规范、科学发展，引导带动长安和周边地区种植上千亩。“公司＋合作＋农户”的模式正稳步推进，当地农户不出村就能就业，地方产业正逐步形成。

仅同昌公司这几年就在昭阳区田坝乡、威信长安镇、彝良县海子镇等贫困乡村开展魔芋、花椒、猕猴桃等产业投资，投资乡村园区道路累计达1000余万元，为改善贫困乡村群众生产生活环境和条件做出了不懈的努力。

镇雄县委、政府大力发展竹产业，光彩会积极配合县委十万亩竹产业的规划，结合扶贫产业项目的实施，出资给工商联挂钩扶贫点，聘请省农大著名竹产业专家董文渊，在罗坎镇召开全县竹产业技术培训会，并聘为镇雄县竹产业发展顾问。光彩会还重点帮扶罗坎镇竹产业发展，仅纸槽村就发展1万亩，两年多来，竹子基地已成形，群众对此产业从怀疑到认同、到积极参与。几年后，可成为群众致富的一个可靠经济来源。

昭通群众的贫困，基础设施落后是一个重要原因，长期以来制约着群众的生产生活发展，光彩会为鲁甸水磨乡、昭阳区田坝乡、巧家县红山乡、威信县长安镇等乡镇投资近200万元修建村和村社园区的道路，改善群众出行难、生产难的现状。为水富太平镇、镇雄罗坎、彝良农安、大关天星、吉利等投资近100万元，修建避难场所和安装太阳能路灯，改善了贫困山区群众的应急困难。

## 三

昭通贫困群众脱贫难的一个原因是因病致贫，因病返贫，体现在看病难。

要使群众顺利脱贫，改善就医条件是一个重要环节。光彩会开展“光彩大爱·健康行”活动，给群众的健康生活提供保障。2018年，光彩会争取广东同心圆慈善基金会、侨通公司投资57万元，在威信县扎西镇、高田乡、双河乡、巧家县红山乡等边远贫困山区的村镇修建了七所卫生室，完善农村基础医疗健康体系基础一环，极大地改善了当地村民的看病就医条件，缓解了群众因病致贫、小病难治、大病难医的局面。

五年来，我和光彩事业一道走过了艰辛，走过了误会，也收获了欣慰。五年共投入近四千余万资金，实施三大行动，为我市贫困地区完善基础设施，改善生存环境，助推产业发展，帮扶贫困学生，用实际行动践行“光彩精神”，实现党中央全面脱贫、共同富裕的目标，做出了积极的努力和贡献。

（作者时任昭通市光彩事业促进会副会长、昭通市工商联副调研员）

# 昭通远大实业集团的扶贫故事

马永艳

## 一、马永华的扶贫理念及其践行

谈到扶贫，昭通远大实业集团董事长马永华坚定地说：“中国的扶贫，不仅仅是政府的事、机关单位的事，也不仅仅是国有企业的事，而是全社会的事。民营企业作为中国社会组织的一个重要组成部分，主动积极地投身到国家的扶贫壮举当中，应当是我们民营企业家的责任担当与使命担当！”

这位集地产、商贸物流、农业、教育、医疗、服务、金融七大板块经营项目于一体，拥有千余职工规模的综合性集团老板所说的“积极主动、责任担当、使命担当”为何意，以下故事可以充分证明。

### 家乡的扶贫路就是致富路

2012 年，远大集团发展虽有一定起色但企业效益并不十分好。有一次，马永华从昭通城回老家昭阳区小龙洞乡广东河村探亲，走在大约只有 2 米宽连小车都开不进的烂泥路上，看到不少乡亲挑着沉重的装满大红苹果的挑箩，深一脚浅一脚吃力地走在泥泞路上，他内心深处突然颤动起来。

于是，他停下来，走到在路坎边歇脚的乡亲身旁，蹲下身与他们聊天。

从乡亲们的口中，他了解到，这条土路是乡政府费尽心力才弄到一点资金修建的。但就算是这样泥泞的毛坯路，也足够让村民们对政府感恩戴德。因为有了路，今后出村入城不用再绕崎岖坎坷的山路了，村里的果实、庄稼也多少能够挑进城里卖点钱补贴生活了。村民们对党和政府朴实的感恩之情，让马永华受到触动：这就是传统美德“滴水之恩，当涌泉相报”！

马永华想，如果能将这条路再拓宽一点并硬化起来，让车辆可以较为通畅地出入，把农特产品运进城或者引商家入村购销，乡亲们就可以不再吃这么多苦、遭这么多罪，就能帮助他们脱贫致富！

回到老家后，他立即找到村上的干部以及乡老们，把自己愿意出钱修路的想法和盘托出。听到这番言论，大家自然高兴，就是投入太大，没有一百万投资不可能完成。马永华拍拍胸脯，毅然向大家保证不必担心资金问题。只要乡亲们团结起来筹集资金，剩下的钱都由他来补。

就这样，经过村干部的宣传动员，乡亲们热情高涨，积极捐资、献地、出力，马永华捐资 70 万元，将火车南站至广东河村的路扩建完成。

### 社会责任为企业发展之重任

2014 年 8 月，昭通市鲁甸县龙头山镇发生里氏 6.5 级强震，地震共造成 617 人死亡，112 人失踪，3143 人受伤，22.97 万人紧急转移安置，灾民生活于“水深火热”之中。

地震发生的翌日，昭通远大实业集团立即行动起来，购买了 6 万元的大米，运送到鲁甸县火德红乡捐给灾民，以解决灾民的缺粮难题。看着受灾群众吃上了地震后的第一顿热乎饭，脸上露出幸福的笑容时，马永华当即决定再向鲁甸灾区捐款 60 万元！这笔捐款，直接送到鲁甸县社会捐助接收工作站，由接收站根据灾情需要安排使用。此次地震，小龙洞乡广东河村也受影响，村民们日常活动的公共区域的建筑物损毁，若不及时修缮，必然会出现严重的安全隐患。昭通远大实业集团急乡亲之所急，毅然捐款 260 万元，用于广东河村震后公共区域改造。而今，广东河村的村民们遇到红白喜事，总会到这个宽敞明亮、干净整洁、设备齐全的场所来操办这些大事。

作为昭通远大实业集团的掌舵人，马永华不仅是云南省工商联常委、昭通市工商联副主席，也是昭阳区工商联副主席、昭通市政协委员。而工商联作为党领导的人民团体和商会组织，也有自己的挂钩扶贫点——镇雄县罗坎镇纸槽村。

2017 年 9 月，马永华跟随市工商联到纸槽村扶贫，看到当地的基础设施状况，主动捐款 6.6 万元，用于改善村委会的基础设施。2018 年，当他得知纸槽村的村民们想通过发展魔芋产业实现脱贫目标，却因为缺乏起码的垫本资金购买魔芋种子时，他又立即主动捐款 10 万元，解决了纸槽村 24 个村民小组缺乏资金购买种子的难题。

### 健康扶贫，助力脱贫攻坚

2018 年，昭通远大实业集团在昭阳区工商联的组织下，与小龙洞乡政府、布嘎乡政府签订了“万企帮万村”协议，定点帮扶小龙洞乡小米村与布嘎乡新街村。

采取哪种方式帮扶才能真正取得帮扶实效？

经过反复的调研，马永华了解到外出打工是这两个村脱贫致富最主要的途径。但是，外出务工带来的弊病也是显而易见的：体弱多病的留守老人很难独立生活，子女的生活质量也得不到保障，这些都是青壮年们外出务工的牵绊。

为了解决这一问题，马永华决定：由公司出资，在自己参股的昭通安康肾脏病医院设立建档立卡户留守老人医疗救助金，凡是这两个村患有肾脏病的老人，均可到安康肾脏病医院就医，65 周岁以上老人可免费到医院进行全面体检，且所有医疗与食堂用餐费用全部由远大实业集团承担。

到目前为止，昭通远大实业集团已经为这两个村建档立卡户留守老人及昭通其他乡镇的肾病患者支付了 124 万元的医疗费及用餐费，享受人员高达 380 人！这一举措不仅在一定程度上延长了肾病患者的生命，还提升了他们的生活质量。

马永华说："帮扶也是很有讲究的，什么样的帮扶措施最能解决贫困村民的难题，最能得到贫困户的认可？必须实事求是地调研，做科学的措施选择。"

**爱心助学，关注下一代成长**

除了上述的帮扶措施，昭通远大实业集团还成立了远大教育集团有限公司。从成立之初，集团就秉承着这样的理念：通过在农村普及幼儿教育，帮助农民子女获得良好的学前教育，从根本上改变农村家庭因缺乏文化知识而难以改善生活的窘况。马永华毅然决然地将 2000 余万元的资金投入到承办的 4 所乡镇幼儿园中去。

这也是昭通远大实业集团立足长远可持续扶贫的大眼光！因为他们聚焦的是："可持续扶贫""从根本上消灭贫困"！不仅如此，他们还在这 4 所农村幼儿园推出了更进一步的帮扶政策：1. 孤儿学费全免；2. 建档立卡户学生学费减免；3. 根据实际情况，对特困家庭条件的学生学费全免。据统计，截至目前，已经有 220 名学生享受到远大集团的这项帮扶政策，合计帮扶资金达到 38.4 万元。

38.4 万元，这是什么概念？哪怕是城里的幼儿园，也要收成百上千的学生才能勉强赚到 38.4 万元的利润。

可是，昭通远大实业集团却直接减免！而且，这种政策还将持续地执行下去！

当然，昭通远大实业集团的教育扶贫行为还不仅仅止于这 4 所农村幼儿园。当马永华看到昭阳区第三小学图书室虽然建了起来，但是还没有装修、没有书籍，学校里的孩子们不能很好地开展阅读时，便主动与昭阳区工商联商议，由远大实业集团捐资 20 万元，为区三小打造一个像样的图书室。还通过昭阳区光彩事业促进会捐助了 10 万元给昭阳区第一中学，以奖励优秀教师为培养农村学生而付出的艰苦努力。当然，不仅如此，远大实业集团还走入偏远的农村，在自己的能力范围内尽力解决村里的一些急需。比如，他们走进小龙洞乡小米村，捐资 1.9 万元解决贫困老党员的生活困难。

马永华说：人，总是要有一点情怀的。“教育扶贫”这一新选项，就是作为民营企业的昭通远大实业集团的博大情怀。

## 二、马丽的教育扶贫故事

### 扶贫中流露出伟大的母爱

其实，在昭通远大实业集团，“人人为扶贫献爱心”已经成为一种共识，一种自觉的行为。集团内员工自觉参与扶贫，主动投入扶贫的故事很多，无法在一篇文章中讲完。因此，我们仅取两例展示给大家。

2017 年，昭通远大实业集团的下属公司“远大教育集团”董事长马丽，在与朋友聊天的过程中，无意间听到小龙洞乡宁边村有一贫困户家的女婴因无力养育而被送人的事后，连续几天心神不宁，感觉心里堵得慌，吃不香睡不着。她一直在想，把自己的亲骨肉送人，这家人该有多困难呀，因为不到万不得已，谁能忍心将宝宝送人？我能为这个家庭做些什么？怎么样才能让这名女婴不被送人而继续留在亲人身边？

她想：虽然这家人与我非亲非故，但是，我一定要把这件事情搞清楚，帮助他们解决困难。功夫不负有心人，四处打听后，马丽终于找到了这户人家。天一亮，她就亲自驾车带着集团内的三名同事直接去到这户人家，亲自弄清楚这户人家的实际状况。

不去不知道，一去吓一跳！可以说，这是一个赤贫的家庭，其家庭窘境让人实在无法直视，不忍接受。

她们首先见到了女婴的奶奶。老人家已经70多岁高龄了，但是看上去却像90岁的样子，手里拄着一根脏脏的木棍，佝偻的身子差不多要贴到地面上了。

虽然老奶奶被生活的重担压得直不起腰来，但是思维还算清晰，说话也不糊涂。她告诉马丽："我也不知道我具体有多少岁了，丈夫走得早，留下我一个人照顾娃娃们。"老奶奶顿了顿，接着说，"我实在是没本事，对不起我的这些孙子。"她指着一个蜷缩在火塘旁的小孩说："你看这个娃娃，是马关彭的儿子，前不久脚摔断了，借钱带去医院打钢针上了夹板，现在已经过了取钢针的时间，因为没钱，打算把家里这头小牛拉去卖了再带他去取。如果再把刚刚生下来的娃娃带回家养，就直接养不活了哟……"

说着说着，老人家哽咽起来……

听到这里，眼泪直在马丽的眼眶里打转，她的心翻江倒海，在颤抖，在流血：这已经是什么年代了啊，还有这样赤贫的人家！

她强迫自己平静下来，握着老奶奶的手，柔柔地告诉她："老人家，您放心，我们回去后马上制订一个帮扶计划，共同帮您把您的孙孙们养大，抚养成对家庭、对社会都有用的人。"

回城的路上，马丽的心情异常沉重，一句话也不说。但是，她的内心却在激烈地跳动，大脑不停地运转，她在思考如何才能有效地救助这家人，救助要被送人的女婴。

回到集团公司后，支部书记张伟立即召开党支部会议，召集党员同志和入党积极分子共同商议如何帮扶这户贫困户。支部会上，大家踊跃发言。

"慈善，不是为了捐多少钱物，也不是为了拯救多少人。这世上的穷你救不完，这世上的病你救不尽。但是，我们可以用我们的实际行动，把自己身边每个人的善念唤醒，让他们心里感受到什么是爱，什么是我们要做的事情。慈善的意义，不分大小，而在于点滴的坚持！"马丽提议大家捐款为小宝贝买衣服，给尚在月子中的女婴母亲买红糖、鸡蛋和米面。其中马永艳捐款3000元、马思琪捐款5000元、顾开鹏捐款3000元，其他同事也都三百五百地献出了自己的爱心。

支部会后，马丽立即决定：由远大教育集团拿出钱来，对这户赤贫家庭每个月帮扶 1000 元，直到这个婴儿进入到集团旗下的幼儿园或者接受义务教育为止。善款集齐后，婴儿服、红糖、鸡蛋、米面、食油……迅速送到了女婴家中。但是，马丽的思考并没有结束。

她认为："授之以鱼不如授之以渔。我们能帮他家一时，不能帮他家一世，我们要鼓励有劳动力的出来工作。"经过不断鼓励动员，马关彭在昭阳区一个工地找到一份比较稳定的工作，工资发放也准时，工作激情越发高涨，生活的积极性也越来越高。

在区委区政府的关心支持下，他们一家搬入了昭阳区红路馨居，搬离了大山，住进了高楼，这是他们一家从没想过的。现在每年都能领到低保 8400 元，在政府部门的关心下，他们家真正摆脱了贫困。脱贫后，为了让马关彭工作积极性不减，集团把对他家 1000 元的帮扶金改成了 2000 元。

马丽说："我们的员工参与实例有很多，其中开办在昭阳区布嘎乡中心幼儿园的园长孙露老师，就是集团公司众多扶贫热心人当中的一员。"

布嘎乡中心幼儿园创建后，一位老大爷送来了一个小朋友，名叫"王可"。王可小朋友很特别，根本不与其他小朋友一起玩一起闹，也不爱说话，更不与老师交流，有一种极度的自卑倾向。

幼儿园晨检时，老师发现王可小朋友全身伤痕累累，脚背与其他部位甚至在化脓流脓，感染得太严重了，老师们都不忍直视。孙露园长带领她的小团队立即开展调查：这孩子到底是怎么回事儿，会有如此的伤痕？

据了解，王可小朋友是一个重组家庭的苦命孩子，继父董荣建本身有三个小孩，与王可生母重组家庭后，王可随母亲到了继父家。但是，王可母亲与董荣建重组家庭后又失踪了，把王可独自留在董荣建家。而继父因危房改建欠下贷款无力偿还，又找不到王可的母亲，再加上不是亲生儿子，也就甩手不管了，把年幼的王可丢给继爷爷董明英抚养。董家本来就有三个小孩，再加上王可，无疑是让本就困难的生活"雪上加霜"。面对前来了解情况的孙露园长，董家爷爷请求园长让他的两个孙子免费到幼儿园上学，如果不能免费，这两个孩子就不能上幼儿园了，因为家里实在没钱。

孙露将这一情况报告到公司。远大教育集团董事长马丽当即做出指示：“给董家孙子全免费，生活费、保教费一分不收，让两个孩子在我们幼儿园好好地接受教育。”

手拿着孙露传给她的王可小朋友的照片，看着王可流脓的伤口，马丽的母爱再次爆发，眼圈又红了，她指示孙露园长：“先给王可治病治伤，要特别关爱这个孩子，特别是要让他从心灵上感受到社会的爱、老师的爱、同学们的爱，用慈爱去消除他现在的自卑情绪，让他回到正确的情感养成……”

接到指示的孙露，立即扮演起了王可妈妈的角色，天天按时背他到乡卫生院看病疗伤，吃药打针都一直陪伴在王可小朋友身边。

慢慢地，王可的伤治好了！性格也发生了极大的变化：开朗起来了，能够主动与同学们一起玩儿一起交流了……

但是，事儿还没有完——

王可母亲失踪了，继父董荣建也不知道王可母亲的户籍在哪里，因此，王可实际上是一个没有户籍的“黑人”。

为了让王可名正言顺地在幼儿园接受教育，马丽又叫孙露园长向布嘎乡派出所递交王可的上户口申请，派出所听到消息立即展开了寻找王可生母的行动。

经过无数次的努力，不仅王可的户口上了，而且还找到了妈妈。一个几乎被抛弃了的孩子，在政府相关部门协调下、在远大教育集团员工的关爱下，终于过上了正常孩子的生活。

（作者时任昭通远大实业集团董事长助理）

# 《昭通市脱贫攻坚大决战实录》后记

经过半年的筹划，历时一年的编撰，《昭通市脱贫攻坚大决战实录》〔全套书共 19 卷，其中市级 8 卷、县（市、区）11 卷〕终于在党的百年华诞之际与广大读者见面了。这既是政协昭通市第四届委员会文史工作的成果展示，又是对我市脱贫攻坚工作客观真实的记录，更是用真实的故事展示历史资料的大胆尝试。

反贫困是世界性难题，也是现代国家面临的迫切任务。党的十八大以来，以习近平同志为核心的党中央把扶贫开发摆到治国理政的重要位置，提升到事关全面建成小康社会、实现第一个百年奋斗目标的新高度，纳入“五位一体”总体布局和“四个全面”战略布局进行决策部署，加大扶贫投入，创新扶贫方式，出台系列重大政策措施，扶贫开发取得巨大成就。

昭通作为全国、全省脱贫攻坚的主战场，是最难啃的“硬骨头”。2015 年习近平总书记首次离京考察就到昭通，对昭通脱贫攻坚工作提出了“三个更加”的重要指示要求。昭通全市上下牢记习近平总书记的殷切嘱托，坚持把脱贫攻坚作为全市工作的主题主线，坚持“双统领”“双保障”“双推进”，践行“133”工作思路，汇聚中央和省定点单位、东西部扶贫协作、社会扶贫和各族干部群众磅礴力量，在昭通脱贫攻坚主战场上打响了一场史无前例的脱贫攻坚大决战，长期困扰昭通发展的主要“瓶颈”得以突破，实现根本性跨越，全市 185.07 万贫困人口全部脱贫、1235 个贫困村全部出列、10 个贫困县（区）全部摘帽，昭通大地发生了翻天覆地的变化，困扰昭通千百年的绝对贫困得到历史性解决。

为充分发挥政协文史资料“存史、资政、团结、育人”功能，客观、真实地记录昭通市在脱贫攻坚中各项建设和群众生活发生的变化，记述各级干部群众在脱贫攻坚工作中可歌可泣的感人故事，市政协党组拟组织相关部门、专家对 2015—2020 年我市开展脱贫攻坚的重大事件、典型故事进行搜集整理，编撰《昭通市脱贫攻坚大决战实录》丛书。

在市政协成联远主席亲自关心和指导下，编委会拟订了编撰工作的初步方案和《昭通市脱贫攻坚大决战实录》的整体框架，并于 2019 年 8 月 7 日向市委报送了关于编撰《昭通市脱贫攻坚大决战实录》的请示，市委杨亚林书记批示“此项工作很有意义，同意组织编写，请联远主席牵头负责”。按照市委的批示，市政协党组迅速行动，成联远主席亲自安排、统一部署，及时组织专家拟出了《昭通市脱贫攻坚大决战实录》编撰任务分解方案，经反复讨论、多次修改后，于 2020 年 3 月 30 日上报市委，市委杨亚林书记批示“同意所报方案，客观精准务实地做好工作”。

2020 年 4 月 14 日，市政协组织召开了《昭通市脱贫攻坚大决战实录》专题会议，市委副书记朱家伟出席会议并作动员讲话，编撰工作在全市正式启动，会议统一了认识、明确了要求。为进一步细化任务、落实责任，编委会于 2020 年 4 月 23 日印发了《昭通市脱贫攻坚大决战实录》编撰任务分解方案的通知，加强对市级单位和县区市编撰工作的指导。随后，市政协副主席陶仁带领专家对 11 个县（市、区）的编撰工作进行了调研、培训、指导、督促，推动各县（市、区）编撰工作有效开展。针对全市编撰工作存在的问题，编委会经反复研究，统一思想，召开了由 40 多个市级部门参加的征求意见协商座谈会，在此基础上，进一步完善了编撰任务细化量化分解方案，印发到各县市区加强指导，并于 2020 年 7 月 16 日召开了《昭通市脱贫攻坚大决战实录》编撰工作推进暨培训会议，推进编撰进度，提升编撰水平。

为把《昭通市脱贫攻坚大决战实录》打造成“建党一百周年特别献礼工程”“昭通脱贫攻坚工作特别纪念”，市政协抢抓时间，及时出台系列配套文件，明确了市政协机关各委室联系各单位、部门及市政协委员，专门负责催稿工作，2020 年 10 月底稿件收集基本结束。为使编辑审稿工作有序推进，落到实处，市政协从昭通学院和市委党史研究室聘请专家对编辑工作进行审稿（其中，昭通学院教授唐靖负责市级篇章《综合卷》和《巧家卷》，市政协原经农委主任王华国负责市级篇章《产业就业扶贫卷》和《鲁甸卷》，昭通学院教授傅奠基负责市级篇章《基础设施建设卷》和《盐津卷》《大关卷》，昭通学院教授陈玥负责市级篇章《易地搬迁扶贫卷》和《永善卷》，昭通学院教授王琼负责《民生扶贫卷》和《镇雄卷》，昭通学院教授任继敏负责市级篇章《挂钩帮扶及社会扶贫卷》和《水富卷》，昭通学院教授周玲负责市级篇章《扶贫协作卷》和《彝良卷》《威信卷》，市委党史研究室副主任翟昭明负责市级篇章《组织保障卷》和《昭阳卷》《绥江卷》）。2020 年 11 月 18 日，市政协陶仁副主席主持召开《昭通市脱贫攻坚大决战实录》统稿工作会，统一了丛书形式和内容、结构和逻辑框架。

在市政协党组的坚强领导下，在各位编撰专家、市直各单位、市政协机关各委室、各县市区政协以及编撰办公室成员的大力支持和共同努力下，经夏历冬，数易其稿，2021 年 3 月初，《昭通市脱贫攻坚大决战实录》样书基本成型。2021 年 3 月 17 日，市政协副主席陶仁主持召开《昭通市脱贫攻坚大决战实录》样稿讨论会，进一步推动《昭通市脱贫攻坚大决战实录》编辑出版工作。

首先，本丛书的编撰出版得益于各级领导的正确领导，特别是市委杨亚林书记、市政府郭大进市长、市委朱家伟副书记的指导和支持。其次，本丛书的编撰出版得益于市政协党组的坚强领导，特别是成联远主席亲自指挥，亲自督战，亲自修订纲要，并亲自撰写总序和文章。第三，本丛书的编撰出版得益于全市 200 余家单位和部门的积极参与，全市领导干部，基层工作人员，脱贫攻坚督导员、驻村工作队员，政协委员，他们不仅是脱贫攻坚一线指战员，同时还撰写亲身经历脱贫攻坚工作的真实故事。据统计，全市共有1700余人参与《昭通市脱贫攻坚大决战实录》撰稿工作中，收到初稿2526篇。应该说，本丛书的编撰工作是我市脱贫攻坚工作的有机组成部分，同样也凝聚着全市干部群众的智慧和心血，是集体智慧的结晶。最后，特别要提的是昭通学院对本丛书编撰工作的支持和帮助。昭通学院党委大力支持《昭通市脱贫攻坚大决战实录》的编撰工作，在师资紧缺的情况下，委派出周玲、傅蓂基、唐靖、陈玥、任继敏、王琼等六位教授参与编撰工作中，为编撰工作注入了智慧和力量。

在编撰《昭通市脱贫攻坚大决战实录》时，编撰专家精心筛选、整理、提炼，力求将那些散落于基层的珍珠捡拾起来，洗尽铅华，还原本真，形成真实的历史故事。这套书注重文史资料“亲历、亲见、亲闻”原则，以第一人称行文，部分新闻通讯、消息类稿件，在公开媒体上发表过，体现新闻的真实性，也作为资料收录，补充《昭通市脱贫攻坚大决战实录》内容。编者旨在通过真实、感人的故事让脱贫攻坚工作在时代的聚光灯下接受检阅，给过往和经历者以心灵的依稀穿越，获取一种灵魂的战栗和反思。同时，给不曾经历，甚至不曾听闻过的后人以另一种历史的演绎，告诉他们当年自己的祖先那段荡气回肠、可歌可泣的脱贫史。

虽说《昭通市脱贫攻坚大决战实录》丛书已呈现在读者面前，但由于编撰时间紧迫、人手不够、水平有限，不免存在内容欠全面、认知不到位、归类难把握等问题和瑕疵，恳请各位方家在阅读过程中批评指正，不吝赐教，我们定当虚心接受意见建议，进一步加以修改完善，以遗后人，真正达到“存史、资政、团结、育人”之目的。

编委会办公室